本书为国家社科基金重点项目"少数民族权利保护与国家安全问题的国别比较研究"（项目号17AMZ006）及国家社科基金重大招标项目"21世纪民族主义的发展及其对未来世界政治走向的影响研究"（19ZDA132）的阶段性成果

土耳其民族问题与民族政策研究

周少青 著

中国社会科学出版社

图书在版编目（CIP）数据

土耳其民族问题与民族政策研究／周少青著 . —北京：中国社会科学出版社，2024.11

ISBN 978 - 7 - 5227 - 3170 - 4

Ⅰ.①土… Ⅱ.①周… Ⅲ.①民族问题—研究—土耳其②民族政策—研究—土耳其　Ⅳ.①D737.4

中国国家版本馆 CIP 数据核字（2024）第 050096 号

出 版 人	赵剑英	
责任编辑	安　芳	
责任校对	郝阳洋	
责任印制	李寡寡	

出　　版	中国社会科学出版社	
社　　址	北京鼓楼西大街甲 158 号	
邮　　编	100720	
网　　址	http://www.csspw.cn	
发 行 部	010 - 84083685	
门 市 部	010 - 84029450	
经　　销	新华书店及其他书店	
印　　刷	北京明恒达印务有限公司	
装　　订	廊坊市广阳区广增装订厂	
版　　次	2024 年 11 月第 1 版	
印　　次	2024 年 11 月第 1 次印刷	
开　　本	710×1000　1/16	
印　　张	17.25	
插　　页	2	
字　　数	245 千字	
定　　价	98.00 元	

凡购买中国社会科学出版社图书，如有质量问题请与本社营销中心联系调换
电话：010 - 84083683
版权所有　侵权必究

目　录

序　言 …………………………………………………………（1）

第一章　土耳其共和国国情概述 ………………………………（13）
　第一节　国土资源 ………………………………………………（13）
　　一　自然地理 …………………………………………………（13）
　　二　自然资源 …………………………………………………（14）
　第二节　国家结构与行政区划 …………………………………（15）
　第三节　政治和法律制度（体系） ……………………………（16）
　　一　以宪法为中心的基本政治法律制度 ……………………（16）
　　二　土耳其政治法律制度的重要转型 ………………………（22）
　第四节　经济状况 ………………………………………………（26）
　第五节　社会结构与文化结构 …………………………………（30）
　　一　人口与阶层结构 …………………………………………（30）
　　二　族裔—文化结构 …………………………………………（31）

第二章　奥斯曼帝国的建立与发展 ……………………………（40）
　第一节　奥斯曼帝国的建立 ……………………………………（40）
　第二节　奥斯曼帝国的发展 ……………………………………（42）
　　一　地跨三大洲帝国的最终形成 ……………………………（42）
　　二　奥斯曼帝国发展的原因分析 ……………………………（43）

第三章　奥斯曼帝国的灭亡与土耳其民族国家的初生 (50)

第一节　奥斯曼帝国的灭亡 (50)
一　奥斯曼帝国灭亡的制度因素 (50)
二　奥斯曼帝国灭亡的体制性因素 (52)
三　奥斯曼帝国灭亡的价值观因素 (54)
四　奥斯曼帝国灭亡的时代因素 (55)
五　奥斯曼帝国的灭亡与民族主义 (55)

第二节　土耳其民族国家的初生 (57)
一　土耳其民族国家产生的历史背景 (57)
二　土耳其民族主义登上历史舞台 (59)
三　土耳其民族国家的诞生 (60)

第四章　土耳其共和国的整固与发展 (63)

第一节　全面构建"土耳其民族" (63)
一　构建土耳其的人种归属 (63)
二　提出新的"土耳其史观"和文明观 (64)
三　改造文字：再造土耳其的语言文化 (67)
四　再造"土耳其民族" (70)

第二节　狂飙挺进的世俗主义 (72)
一　伊斯兰教的历史作用和现实局限性 (72)
二　激进的世俗主义政策及实践 (73)
三　基于世俗主义的其他社会改革 (76)

第五章　库尔德问题的形成与演变 (79)

第一节　库尔德人概述 (79)
一　人口与地理 (79)
二　历史与文化 (81)

第二节　库尔德问题的产生 (82)

  一　"库尔德问题"的含义及形成和发展的几个历史
　　　　阶段……………………………………………………（82）
  二　库尔德问题的历史缘起…………………………………（85）
 第三节　库尔德问题的进一步演变与发展………………………（87）
  一　《洛桑条约》的签订与库尔德人的历史命运…………（87）
  二　"土耳其化"的建国运动：库尔德人的民族
　　　　意识被唤醒………………………………………………（88）
  三　民主化进程进一步强化库尔德人的民族主义意识……（90）
  四　政党政治化解民族问题的失败…………………………（94）

第六章　亚美尼亚人（族）和希腊人（族）问题……………（110）
 第一节　亚美尼亚人（族）………………………………………（110）
  一　亚美尼亚人的概况………………………………………（110）
  二　关于对"亚美尼亚事件"（种族灭绝）
　　　　真相与和解………………………………………………（112）
  三　"亚美尼亚人问题"的历史成因及其历史影响 ………（116）
  四　亚美尼亚人未来发展趋势………………………………（119）
 第二节　希腊人（族）……………………………………………（122）
  一　希腊人（族）概述………………………………………（122）
  二　希腊人（族）在奥斯曼帝国中的地位及帝国晚期
　　　　希腊人的独立运动………………………………………（124）

第七章　土耳其民族国家的国家认同问题……………………（138）
 第一节　前土耳其民族国家时期的"认同"问题………………（139）
  一　前奥斯曼帝国时期的认同问题…………………………（139）
  二　奥斯曼帝国早中期的认同问题…………………………（141）
  三　奥斯曼帝国晚期的认同问题……………………………（146）
 第二节　土耳其民族国家构建时期的国家认同问题……………（151）

第八章 土耳其族群政策和立法的历史演变及其内在价值逻辑 (155)

第一节 土耳其的族群政策和立法的历史演变 (156)
一 土耳其共和国成立至民主化开启时期（1923—1949年）的族群政策和立法 (157)

二 土耳其民主化前期（1950—1983年）的族群政策和立法 (162)

三 土耳其民主化后期（1984—1999年）的族群政策和立法 (164)

四 欧盟助推时期（2000年至2015年6月）的族群政策和立法 (166)

五 后欧盟助推时代（2015年6月至今）的族群政策和立法 (171)

第二节 土耳其族群政策和立法演变的内在价值逻辑 (174)
一 国家安全的价值理念 (174)

二 权利平等的价值理念 (177)

三 尊重和保护人权的价值理念 (180)

四 保存多元文化的价值理念 (182)

五 几种价值理念的分析与评价 (184)

第三节 小结 (186)

第九章 影响土耳其民族问题的外部因素 (188)

第一节 周边国家对库尔德民族问题的影响 (189)
一 伊拉克及其库尔德人群体对土耳其库尔德民族问题的影响 (190)

二 伊朗及其库尔德人群体对土耳其库尔德民族问题的影响 (193)

三 叙利亚及其库尔德人群体对土耳其库尔德民族问题的影响 (194)

第二节　大国、区域性组织及非国家主体对土耳其库尔德民族问题的影响 …………………………………（196）
  - 一　美国 ……………………………………………（196）
  - 二　欧盟 ……………………………………………（200）
  - 三　欧洲（西欧）各国的散居库尔德人对库尔德民族问题的影响 ………………………………………（208）
  - 四　非国家主体如"伊斯兰国"（IS） ………………（210）
  - 五　外来宗教、民族极端（保守）主义思潮的影响 ……（211）
第三节　小结 ……………………………………………（212）

第十章　土耳其政府处理民族问题的经验和不足 …………（216）
第一节　土耳其民族问题的形成 ………………………（217）
  - 一　以"伊斯兰教"立国的帝国漠视一切形式的"民族"主义 ……………………………………（217）
  - 二　奥斯曼帝国晚期构建"国族主义"的尝试 ………（219）
  - 三　"被动的土耳其民族主义"催生下的土耳其民族问题 ……………………………………………（220）
第二节　土耳其民族问题的特点 ………………………（225）
  - 一　民族问题与国家安全之间存在着一种历史—结构性的联系 …………………………………（225）
  - 二　民族问题与宗教问题深度勾连 …………………（226）
  - 三　土耳其民族问题事关全局性 ……………………（230）
  - 四　民族问题具有强烈的"外部性" …………………（233）
第三节　土耳其处理民族问题的经验与不足 ……………（234）
  - 一　在土耳其民族主义构建与处理库尔德问题上的经验与不足 …………………………………（234）
  - 二　在处理土耳其民族主义与传统文化方面的经验与不足 ………………………………………（238）

  三　世俗主义与国家整合及社会团结方面的经验与
　　　不足 ………………………………………………（240）

**附录　有关土耳其民族（宗教）问题的四个案例及实地
　　　调研** ……………………………………………（245）
  一　土耳其修宪中的世俗主义观念之争 ……………（245）
  二　土耳其新课改——去世俗化的关键一步？………（248）
  三　"土耳其人的民族主义和宗教情怀相互交织" ……（250）
  四　"圣索菲亚现象"带给世界的思考 ………………（253）

奥斯曼—土耳其大事简表 ……………………………（257）

参考文献 ………………………………………………（259）

序　言

　　土耳其共和国是一个十分年轻的国家。如果把 1923 年"土耳其国父"宣布宪法颁布的时间视为土耳其建国的标志的话，那么，该国迄今为止不过百年而已。但是如果追溯其前身奥斯曼帝国，则它的历史至少有六七百年之久；如果从土耳其政府回溯并建构的历史角度看，则土耳其的历史可能以千年计数。在这片古老的土地上，曾经发生过许多改变历史进程的伟大战役，如著名的荷马史诗《伊利亚特》中描述的希腊联军与特洛伊军队之间宏大的战争就发生在这里。

　　大约一千年前，亚洲内陆、中国以北的游牧部落，迁徙到小亚细亚，他们和后来陆陆续续迁移而来的大批讲突厥语的部落或部族一道，成为影响小亚细亚/安纳托利亚地区的重要力量。公元 14 世纪，一支由奥斯曼领导的部落迅速崛起，并最终成长为横跨欧、亚、非三大洲的帝国。奥斯曼帝国先后征服、统治欧洲的大片土地，并深度介入欧洲事务。这个军事上的霸主和宗教上的"他者"，几度成为欧洲人的梦魇。民族国家及工业革命兴起之后，这个庞大的宗教帝国最终在欧洲民族主义革命和列强干预、入侵的风暴中走向衰亡。

　　20 世纪初，奥斯曼帝国迎来它的最后时刻，此时已处于绝对支配地位的西方列强，决心肢解这个曾经带给他们无数梦魇的东方"专制主义堡垒"和"异教徒"之国。《色佛尔条约》就是欧洲列强颁发给奥斯曼土耳其的"死亡证书"。在生死历史关头，国父凯末尔横空出世，领导奥斯曼土耳其的抵抗力量，打败希腊等国的入侵，最终通过《洛桑条约》，为土耳其赢得了独立，也为长达数百年的奥斯曼帝国赢得一个最后的容身之处（避免了灰飞烟灭的命运）。

奥斯曼帝国的解体，不论是对土耳其人自身，还是对中东地区都产生了巨大影响。实际上，近百年来，"中东所经历的种种动荡、冲突和灾难，包括近几年的 ISIS 问题，无不与奥斯曼帝国的解体（及其背后不同时期的帝国主义阴谋）有着密切的关系，这个主题在巴尔干地区也是适用的"[①]。

现代土耳其国家从奥斯曼帝国的废墟中站立起来，带着对手留给它的巨大耻辱和斑斑伤痕。此时的土耳其不论是在"器质"层面，还是在精神文化层面都充满着严重的残缺不全感和挫败感。为了重振山河，重拾昔日的雄风和自信。土耳其人政治精英选择"全盘西化"，在政治、经济和文化上彻底倒向曾经的对手和敌人。为此他们彻底割断了帝国留下来的文化遗产——改换了书写文字，将帝国时期具有弥漫性影响的伊斯兰教强力驱逐出政治权力结构和公共领域；与此同时，在这片充满多元性的土地上，通过各种形式和手段，包括人口交换、驱逐甚至种族清洗和同化等，来锻造西欧式的民族主义国家。

土耳其建构民族国家的历程具有相当的代表性，它通过学习昔日对手和敌人的民族主义理念、制度和机制，在一个充满族裔、文化和宗教多样性的东方大国，建立起一个类似西欧的民族国家。土耳其一度也被认为是除日本外，第二个成功实现了现代化的非西方国家。

近百年来，土耳其国家和社会经历了巨大的变迁，由曾经的"西亚病夫"一跃成为有影响的地区大国和世界第十七大经济体。土耳其是联合国的特许成员，是北约组织、国际货币基金组织和世界银行的早期成员，也是经合组织（OECD）、欧安组织（OSCE）、黑

---

① 昝涛：《土耳其革命史三题：国际法、领袖与帝国》，澎湃新闻网，2018年1月13日。

海经合组织（BSEC）、伊斯兰会议组织（OIC）和二十国集团（G20）的创始成员。土耳其也是欧盟的重要候选国家。①

土耳其既在欧洲又在亚洲，既传统又现代，既世俗化又充满伊斯兰教文化的韵味，既建构民族（主义）国家，又试图将其打造成一个现代民主的公民国家。这些相互矛盾的品质，既表现出土耳其国家的内在张力，又反映了其独特的认同文化。尽管许多世俗主义精英对于外界将土耳其称为"伊斯兰国家"或"穆斯林国家"心有不快之处，但事实上，土耳其经常被视为穆斯林占多数的国家包容与和平的灯塔。

正义与发展党（以下简称正发党）上台执政以后，土耳其的政治经济格局发生重大变化，经济快速增长，政治上确立了有利于国家长期稳定和发展的总统制。如今的土耳其虽在经济上遭遇一定的挫折，但国家中长期的发展不会受到很大影响。土耳其政府和民众依旧期待建国100周年的"2023年愿景"，甚至憧憬2053年奥斯曼帝国建立600周年的"辉煌"。

在比较成功建立和发展现代民族国家的同时，由于独特的历史经历、照搬西欧民族国家的经验和理念、地缘政治等多种原因，土耳其也出现了比较严重的"民族问题"。自20世纪初以来，土耳其强行推行"土耳其化"（Turkification）政策。在土耳其这块土地上，先后经历过对亚美尼亚少数族群的驱逐与清洗，对希腊（族）人的驱逐和人口交换，对其他少数族群则一律采取不予承认的态度。②

土耳其的"少数民族政策"基于1923年的《洛桑条约》，声称仅受该条约的约束。按照该条约，土耳其政府只承认和保护三个少数群体，即亚美尼亚东正教基督徒、希腊东正教徒和犹太人。值得注意的是，这些群体只被视为宗教少数群体，而不是族群（ethnic）。

---

① 1995年加入欧盟海关联盟，2005年开始加入欧盟谈判，经历了多年的曲折之后，2017年因公投议会制改为总统制，而被欧盟以"土耳其走向专制的道路"为由实际上停止了入盟谈判。

② 从20世纪60年代开始，土耳其政府在其人口统计中，再也没有使用过"族裔"等身份性统计口径。最后一次相关统计发生于1965年。

其他少数族群，如库尔德人（the Kurds）、阿拉维人（the Alevis）、拉兹人（the Laz）、切尔克斯人（the Circassians）和罗姆人（the Roma）等都没能得到土耳其宪法的承认。

土耳其早期的民族政策（加上少数族裔主义和地缘政治等因素）在实践中导致了严重的民族问题尤其是库尔德问题。20世纪90年代以来，土耳其政府逐步调整其民族政策：1991年，以非土耳其语出版的图书不再受法律的禁止。2002年，土耳其宪法解除了对媒体语言的限制，逐渐放宽对广播、电视使用当地语言和少数民族语言的限制。2007年埃尔多安当选总理后，有条件承认库尔德人的"少数民族"地位；2012年，土耳其进行了教育改革，引入了包括库尔德语在内的少数民族语言的宗教选修课。① 近年来，随着中东局势趋于恶化，土耳其政府与库尔德人的关系再度趋于紧张。

尽管土耳其政府在其少数族群的权利保护方面取得了一些积极进展，但总的来说，它的保护标准仍然严重低于欧洲和其他国际标准。② 在履行少数群体权利保护的国际条约义务方面，土耳其政府虽然签署（批准）了《公民权利和政治权利国际公约》和《经济、社会及文化权利国际公约》两个重要公约，但对前者的第27条有关"少数人"权利保护做出了保留，提出将根据土耳其宪法和《公约》的有关规定和规则，加以解释和适用；对后者则提出将根据土耳其宪法第3条、第14条和第42条的规定，对《经济、社会及文化权

---

① 倪兰、高艺：《土耳其语言政策与现代化进程密切相关》，《中国社会科学报》2015年4月20日。

② 土耳其历届政府坚持的《洛桑条约》少数群体保护标准大大低于目前国际社会和欧盟的有关标准。在实践中，非穆斯林少数族群只能拥有有限的财产权、面临对"基金会法"（foundation）的干涉，并禁止他们培训自己的神职人员。穆斯林少数民族如阿拉维人很难拥有属于自己的宗教场所，因为当局认为阿拉维人是文化少数群体（a cultural group），而不是宗教少数群体。只有非穆斯林学童才能免于伊斯兰教关于"宗教、文化和道德知识"（religious, culture and knowledge of morality）课程，这些课程以逊尼派为导向，有时甚至蓄意煽动对宗教少数群体的仇恨。此外，有报道称所有宗教少数群体领导人仍然受到政府监督。虽然根据《洛桑条约》，非穆斯林宗教少数群体有权以自己的语言进行语言教育，但在实践中，却受到诸多的阻挠。Almairac, "Turkey: A Minority Policy of Systematic Negation", in International Helsinki Federation for Human Rights（IHF）, 2006, p.1.

利国际公约》第 13 条第 3 款和第 4 款关于受教育权的问题作出保留。① 同时，土耳其也没有签署《欧洲保护少数民族框架公约》和《取消一切形式种族歧视公约》。

土耳其在应对民族问题，或者说在对待少数族群权利保护问题上的政策和实践，不仅导致国内库尔德问题长期紧张，从而在总体上影响到土耳其国家发展与国家安全，而且招致国际社会尤其是美国和欧盟诸国的批评和谴责，甚至影响到土耳其与美国的外交关系以及土耳其的入盟。

作为一个后起的、年轻的亚（欧）洲新兴国家，土耳其从奥斯曼帝国的废墟中崛起，通过学习和践行西欧民族国家的政治理念、制度和体制，成功地建立起一个"民主、世俗和宪政共和国"。土耳其民族问题具有以下四个特点：第一，民族问题与国家安全之间存在着一种历史—结构性联系；第二，民族问题与宗教问题深度勾连；第三，土耳其民族问题事关全局性；第四，民族问题具有强烈的"外部性"。

在构建民族国家及处理民族问题上，土耳其既有相对成功的一面，也留下了许多值得重视和研究的问题。② 研究这些问题，对于深入认识发展中国家的民族问题，构建繁荣、富强与和谐的现代多民族国家无疑具有重要的意义。

研究土耳其民族问题的中国意义和中国关切，除了国别研究所具有的一般学术意义之外，中国人研究土耳其还有着其独特的历史情怀和现实关切。从历史的角度来看，早在甲午战争之前，清廷就有人开始关注奥斯曼帝国面临的危机，关注其试图通过改革的救亡图存。自近代资产阶级改良主义运动以来，怀抱救国情怀的中国知识分子及资产阶级改良派、革命者都对土耳其民族国家的建构及现

---

① European Commission, Turkey 2005 Progress Report, November 2005, http://ec.europa.eu/enlargement/key_documents/pdf/2005/package/sec_1426_final_en_progress_report_tr.pdf.

② 这些问题中，土耳其民族主义的构建与库尔德人，以及世俗主义与国家整合及社会团结是两个比较核心的议题。

代化之路充满着关切,他们关注奥斯曼帝国的存亡,关注他们发起的改革(良)运动、革命及独立运动以及现代化的改革之路。

由于相似的历史命运或者说"同病同形的"国家境况①,在中国近代以来的政治舞台上,资产阶级改良派如康有为、革命派如孙中山、当权派如蒋介石以及后来的中国共产党及其领导人毛泽东等都对土耳其的政治、经济、社会、文化及政教关系有所分析和评价,有些还基于此提出其对中国革命的镜鉴意义。康有为在其1888年的上书中,向清廷提出,希望以土耳其的衰落为鉴,实行改革。10年之后,他以"突厥削弱记"为名向光绪上书,痛陈中国之现状与土耳其极为相似,认为中国的出路在于"立宪与维新"。1908年康有为再次以土耳其为镜鉴,提出效法青年土耳其党人的"立宪运动"。此外,康有为还受土耳其外交的启发,提出了"联英"的外交主张。辛亥革命后,面对革命后的"乱象",康有为又在他的《突厥游记》(1913年)中,以"青年土耳其党人"学法国"致祸乱",来影射和批评中国的革命派,他甚至以土耳其资产阶级暂时的妥协状态——保留了政教合一——来为他的立儒教为"国教"张目。

革命派同样关注土耳其的国运之发展态势,并从中汲取相关的经验教训。1905年成立的同盟会通过观察同时代的青年土耳其党,从他们身上找出了符合自身政治理念的指导思想。在利用土耳其的实例宣传"革命"思想问题上,最为突出的当属同盟会成员、国民党元老胡汉民,他在《驳总汇报惧革命召瓜分》(1908年)一文中,以土耳其为例驳斥改良派所宣传的"革命必致外国干涉说",认为问题的关键在于"中国民族"能否像土耳其民族那样显示出自己的力量。胡汉民还以青年土耳其党为例,说明争取军队反对专制的重要作用。

1909年胡汉民发表《就土耳其革命告我国人》,再次强调策反

---

① 有学者将近代世界格局中的土耳其与中国相提并论,认为它们都是受到西方列强侵凌的"老大帝国",都面临着"保国""保种""保教"的三大压力,都在最后选择放弃"保教",以实现"保国""保种"。

军队的重要性。同年，胡汉民发表《土耳其革命》，深入比较了土耳其革命与中国革命的不同之处。他不无见地地指出，"在土耳其，建立君主立宪是可行的，因为统治者是土耳其人（族），要求立宪的被统治者也是土耳其人（族），但是在中国，情况却有所不同，因为统治者与被统治者属于不同的种族，两者之间无法调和"。他认为"中国的情况可以和希腊相比较，希腊人在土耳其已经宣布立宪后，仍然坚持革命斗争，并最终获得成功"。在胡汉民看来，希腊作为"文明民族"，不愿意接受"落后民族"土耳其人的统治，因此，汉族应该效仿希腊人，从"落后的满人"那里取得"民族独立"。[①]

胡汉民是晚清时期比较实质性地触及中国革命与民（种）族问题关系的代表人之一，在他看来，中国革命比土耳其革命更有力的因素是，中国革命的对象既是封建（帝制）统治者，又是"异族"，既然在土耳其，统治者与被统治者都是土耳其人（族）的情况下，后者都不满足于简单的苏丹易位和君主立宪，而要进行彻底的资产阶级革命，那么在中国，"异族"统治下的"中国民族"则更应该起来革命。

这一时期，孙中山也在《中兴日报》撰文指出，鉴于革命已经解决了"近东病夫"土耳其被瓜分的命运，那么中国当效仿之。新民主主义革命时期，为反对中国共产党领导的革命及苏联的支持，胡汉民又提及土耳其，认为凯末尔是摆脱苏俄控制，独立自主、走自己道路的典范，同时批评苏俄"扰乱"土耳其不成，又来"扰乱"中国。

在认识土耳其问题上，胡汉民经历了一个从宏观到微观、从外部观察到内部深入了解的过程。1928年胡汉民得机考察土耳其，在回国后的一次演讲中，他提及向土耳其教育部部长问的两个问题，第一个是土耳其以民族主义代替伊斯兰教，能不能成功？第二个是建国不久的土耳其，过于强调民族主义，而对民权和民生关注不够。

---

① 转引自海裔《游荡在伊斯坦布尔：近现代中国为何关注土耳其》，澎湃新闻网，2015年6月14日。

这两个问题可谓切准了新兴土耳其共和国的命门。

作为一个长期关注中国前途和命运的资产阶级革命家，胡汉民在土耳其共和国刚刚成立不久，就能够敏锐地发现其民族主义与传统的伊斯兰教之间的复杂关系。其时，雄心勃勃、蒸蒸日上的土耳其资产阶级革命派怀着强烈的振兴国家的愿望，用炽热的民族主义情感来改造宗教，或者确切地来说，来试试彻底的政教分离，从当时的情况来看，确实非常成功。胡汉民不无羡慕地提到，凯末尔要求土耳其人在 24 小时内摘掉头上的费兹帽，命令迅速得到贯彻。尽管如此，身处当时宗教改革热潮时期的胡汉民，依然看到了伊斯兰教作为一个有着漫长历史影响的文化传统，对土耳其人的影响和土耳其国家未来的影响。这一点甚至超过了身在局中的土耳其官员和政治家。

民国初期，国民党为了论证其统治的合法性，大力宣传土耳其"一党建国""国家统一""反共清党"等经验。① 总之，19 世纪 20 年代前后，中国社会各阶层、各种政治力量都对土耳其革命的成功及建国给予充分的关注，并试图从中吸取对中国革命或自身有益的东西。从革命到建设，从"西亚病夫"到逐步崛起的独立强国，土耳其国家的每一次变化，每一个进步，都可能在中国的政治精英和知识分子中引起关注，激起某种情绪上的波澜或涟漪。土耳其已经是致力于或研究中国革命的政治家和知识分子绕不过去的话题。

1940 年，毛泽东在其著名的《新民主主义论》中，在回答"中国向何处去"以及寻找"民族的解放道路"过程中，对所谓"土耳其经验"进行了深刻总结。他指出："如果说，由于特殊条件（资产阶级战胜了希腊的侵略，无产阶级的力量太薄弱），在第一次帝国主义大战和十月革命之后，还有过一个基马尔式的小小的资产阶级专政的土耳其，那末，在第二次世界大战和苏联已经完成社会主义建设之后，就决不会再有一个土耳其，尤其决不容许有一个四亿五

---

① 陈鹏：《"近代中国人的土耳其认知"研究的回顾与展望》，《民族史研究》2013 年总第 12 辑。

千万人口的土耳其。由于中国的特殊条件（资产阶级的软弱和妥协性，无产阶级的强大和革命彻底性），中国从来也没有过土耳其的那种便宜事情"[1]。在毛泽东看来，土耳其资产阶级革命的成功具有独特的时代及国情条件，这两个条件在当时的中国并不存在。因此，中国人不能陷在土耳其经验里，而应该探索自己的道路。

总之，从历史的角度来看，土耳其在中国近代无数先驱者探索国家命运或出路的过程中，起到某种参照或坐标性的作用——不论是作为晚期的奥斯曼帝国，还是土耳其共和国；不论是作为教训的供给者，还是作为经验的提供者，抑或是随着形势的发展，其经验和教训已不足以为中国所鉴取。在研究和分析土耳其的过程中，近代以来中国的政治家及知识分子，形成了认识自我和世界的独特视阈。在这个视阈中，既有对"他者"深刻的观察，更有对自身深刻的反省。由此，土耳其构成近现代"中国问题"的一个独特镜像。

从现实的角度来看，尽管从各个方面来说，中国与土耳其的情况已大不相同，但是从历史经历和心态、面临的问题与挑战，尤其是在选择与西方国家不同的发展道路问题上，中国与土耳其之间存在着不少相似点。

从历史经历和心态上来讲，中国与土耳其的前身奥斯曼帝国都曾是幅员辽阔、人口众多的大帝国，都曾经在所在区域甚至更大范围内成为有世界影响力的国家，尤其是土耳其的前身奥斯曼帝国，曾经深刻影响了亚、欧、非三大洲的地缘政治和历史文化传统及民族心理。

中国人自豪于悠久的历史和深厚的文化传统，土耳其人醉心于其"突厥先祖"数百年对欧亚以及非洲部分领土的统治。这两种历史经历对两个国家现实的影响是，中国人试图通过努力实现中华民族伟大复兴，土耳其人则想通过综合国力的发展实现自己地区乃

---

[1] 毛泽东：《新民主主义论》，载《毛泽东选集》（第二卷），人民出版社1991年版，第680—681页。

至世界性大国的梦想。2013年，当时任总理的埃尔多安，在土耳其共和国成立90周年时，提出了土耳其建国100周年的"土耳其梦"目标，即使土耳其成为全球十大经济体之一；至少发展出10个全球公认的土耳其国际品牌；将伊斯坦布尔建成全球金融中心之一，如此等等。埃尔多安甚至还提出了2071年的"千年土耳其梦"。这个梦想的历史原点是1071年塞尔柱突厥人击败拜占庭帝国的曼兹科特战役。由此可以看出，现代土耳其国家的"帝国梦"。

在选择发展道路方面，中国与土耳其也有着较多的相似点，自20世纪七八十年代以来，中国和土耳其都经历了快速发展时期。经济社会的发展以及政治体制的适应性变革，迫使两个国家在发展道路上，做出根本性、战略性的选择。这种选择的一个要害性的问题是，如何找到一条不同于西方的、适合自身国情的发展道路。中国最终选择了走"中国特色社会主义道路"，而埃尔多安治下的土耳其仍然在"脱亚入欧"与"东向战略"之间摇摆。可以说，土耳其自凯末尔开国以来，在发展道路尤其是政治体制选择问题上，一直处于徘徊不定状态，其关键性的一个问题是，如何处理传统文化（伊斯兰教）与现代化的关系。在这个问题上，中国模式实际上也处于不断调整和发展中。从这个意义上来说，中国和土耳其仍有一定程度的可比性。这也是为什么中国学界常把土耳其视为"中东的中国"的原因之一。

对于中国来说，土耳其在一定程度上是一面镜子、一个参照，从中我们不仅可以映照出中国自身发展的得失，而且有助于我们全面认识变化中的世界，尤其是"第三世界"。

从另一个维度来看，中国学者关切或关注土耳其的一个重要原因是困扰中国国家安全的"东突"问题，而土耳其的与之关联，表现在包括其国家认同、历史观以及外交和战略发展等一系列方面。

首先，从国家认同的角度来看，为了构建近代土耳其共和国的国家认同，土耳其当局及学者有意重构甚至虚构历史，他们首先构建了一个历史不间断的"突厥民族":把内陆亚洲地区讲阿尔泰语系不同方言的游牧部族一律称为"突厥人",按照这一认知逻辑,历史上的匈奴、鲜卑、畏吾儿等古代民族都被视为"突厥人",这一人为构建显然服务于明确的政治意图。① 此种解释,不仅夸大了土耳其的"内亚属性"(Inner-Asianess),制造了"土耳其人""悠久的历史",而且将包括中国维吾尔族在内的一些亚洲国家内部族群构建到土耳其人的"同宗同族"谱系中,这种族裔、文化和血缘上的想象和虚构,直接影响到它与中国的关系。

其次,在构建"悠久历史"的同时,土耳其民族主义精英还虚构了"突厥民族"的"伟大的历史功业"。按照这一观点,历史上土耳其人的先祖们骁勇善战,四处征伐,先后建立 16 个"突厥人的"帝国。在此过程中,处于定居或农业社会的中国人不可避免地遭到贬抑。

最后,从外交和国家发展战略角度来看,随着土耳其国力的逐渐发展壮大,其历史早期处于抑制状态的文化和民族自信,逐渐开始外溢。表现最为明显的是其外交和国家发展战略中的"双泛"思想,即泛伊斯兰主义与泛突厥主义思想和观念,开始向外输出。这种状况不仅深刻影响着中东伊斯兰国家的内政和外交事务,而且对远在东亚的中国也构成某种挑战。土耳其政府和民间多次对中国国内的民族问题尤其是所谓"新疆问题"表示关注,后者还在国内发起程度不同的"抗议"活动。这也是为什么不少中国人,对这个在地缘政治上其实与中国没有什么瓜葛,在全球性的政治、经济竞争与合作也没有什么直接利害关系的国家,一直抱有一定负面态度的直接原因。2017 年土耳其政府将"东突"列为政府重点监控的恐怖组织名单,这在一定程度上缓和了双方存在的"敏感的政治关系",减少了中国民间社会对土耳其的负面评价。

---

① 在中国不论是在学术语境,还是在政治话语中,"突厥人"都不是一个具有历史连续性和明确指谓的"民族",相反,它是一个历史概念,专指历史上存在过的、现在已经消失的古代部族。

今天，对于中国学者而言，了解和研究土耳其，包括它的历史和现状，不仅是出于学术兴趣，更是出于对中国相关问题的关注和情怀。同时，深入研究土耳其，也是中国融入并深入了解这个全球化世界的一部分。

第 一 章

土耳其共和国国情概述

第一节 国土资源

土耳其共和国地跨亚欧两大洲，国土面积为 769630 平方千米，人口为 82482383 人（2021 年）[①]，国土的绝大部分（约 97%）位于亚洲西部的安纳托利亚地区，小部分（约 3%）位于欧洲东南部的巴尔干半岛。

一 自然地理

土耳其国土主要由小亚细亚半岛（安纳托利亚半岛）和南欧巴尔干半岛的东色雷斯地区组成。三面环海，北临黑海，南临地中海，西临爱琴海并与希腊、保加利亚接壤，东南与叙利亚和伊拉克接壤，东部接壤的国家有格鲁吉亚、亚美尼亚、阿塞拜疆和伊朗。

土耳其与亚美尼亚等 8 个国家相邻，陆地边界线总长 2816 千米，其中，与叙利亚的边界线最长（899 千米），与伊朗的边界线为 534 千米，与伊拉克的边界线为 367 千米，与亚美尼亚的边界线为 311 千米，与格鲁吉亚、保加利亚、希腊和阿塞拜疆的边界线分别

[①] 参见 https://www.cia.gov/the-world-factbook/countries/turkey/#people-and-society。

为273千米、223千米、192千米和17千米。

土耳其三面环海，海权在其主权构成中占有重要地位。根据美国中情局提供的资料，土耳其的海权主张大致为：爱琴海6海里，黑海和地中海12海里；专属经济区主张只存在于黑海，限于与苏联商定的海上边界。

在安纳托利亚半岛和东色雷斯地区之间，是举世闻名的土耳其海峡，该海峡由博斯普鲁斯海峡、马尔马拉海和达达尼尔海峡组成，是连接黑海与地中海的唯一航道，交通（战略）位置十分重要。土耳其的地理位置十分独特，它是连接欧亚的十字路口，具有十分重要的地缘政治和战略意义。

二 自然资源

土耳其的国土面积为769630平方千米，农业面积占国土面积的50.1%，其中可耕地面积占国土面积的26.82%，永久农田占4.27%。[1] 土耳其的森林覆盖面积也从1990年的9.62万平方千米增加到了2015年的11.71万平方千米，相应的，其森林覆盖率从12.5%增加至2015年的15.22%。[2] 土耳其位于半干旱地区，人均水资源仅占北美、西欧等水资源丰富地区人均水资源的五分之一。[3] 幸运的是，流经土耳其的幼发拉底河和底格里斯河及其较为丰富的湖泊资源、日益攀升的森林覆盖率及土耳其地处亚洲、欧洲汇合处的区位优势，造就了该国的生物多样性。土耳其全境植物种类达1000多种、蝴蝶类380余种、哺乳动物160余种、鱼类250多种、鸟类

---

[1] "Turkey-Forest area (% of land area)", https://tradingeconomics.com/turkey/forest-area-percent-of-land-area-wb-data.html.

[2] The Statistics Portal, "Proportion of Turkey covered by forest area from 1990 to 2015 (percentage of land area)", https://www.statista.com/statistics/436022/forest-area-as-percentage-of-land-area-turkey/, retrieved on September 20, 2018.

[3] "Turkey's Policy on Water Issues", http://www.mfa.gov.tr/turkey_s-policy-on-water-issues.en.mfa.

480 多种。①

作为特提斯欧亚成矿带的一部分，"土耳其的矿产总产量位居全球第 28 位，而矿产多样性则跻身全球第 10 位"②。为实现 2023 年跻身十大经济体的宏伟目标，土耳其计划将国家出口额增加到 5000 亿美元，矿产部门的目标是到 150 亿美元的出口份额。③ 硼矿、铬矿、煤矿、钍矿等总价值超过 2 万亿美元。其中，天然石头和大理石资源尤为丰富，品种、数量均居于世界首位，储量占到世界 40%。硼矿储量为 7000 万吨，价值高达 3560 亿美元；钍矿储藏量占世界总量的 22%；铬矿储量高达 1 亿吨，居全世界前列；煤矿储藏量为 155 亿吨。④ 但是，土耳其的石油、天然气资源匮乏，需要大量进口。

第二节 国家结构与行政区划

土耳其属于单一制国家结构。在单一制的框架下，全国划分为 81 个省，每个省又分为若干区（district），全国共有 923 个区。为了便于从地理、人口和经济上反映土耳其的特点，土耳其又同时分为 7 个区域和 21 个亚区域，但这种划分没有行政区划的意义。

---

① Performing a Review of the Natural Resources & Biodiversity Sector in Turkey, https://www.afd.fr/sites/afd/files/2018-02-02-24-04/afd-dkm-turkey-biodiversity-report.pdf, retrieved on September 20, 2018.

② 《土耳其矿产及自然资源概述》，非常土耳其网，http://www.goturkey.cn/i/1222.html。

③ Zeynel Tunç and Aslı Kehale Altunyuva, Paksoy, "Mining in Turkey: Overview", https://uk.practicallaw.thomsonreuters.com/4-616-5262?transition Type = Default & context Data = (sc. Default) & first Page = true & comp = pluk & bhcp = 1. Also see Turkey's mining industry: A new day for mining dawns for a fast-growing regional power, https://www.gbreports.com/wp-content/uploads/2014/08/Turkey_Mining 2014.pdf, retrieved on September 20, 2018.

④ 商务部国际贸易经济合作研究院、中国驻土耳其大使馆经济商务参赞处、商务部对外投资和经济合作司：《对外投资合作国别（地区）指南（土耳其）》（2017），file:///Users/hehongmei/Desktop/%E5%9C%9F%E8%80%B3%E5%85%B6%E5%95%86%E5%8A%A1%E9%83%A82017.pdf。

在管辖方式上，统一决策的权力集中在中央政府，这一管理模式也被许多学者诟病，认为妨碍了地方的善治。不满情绪在库尔德人集中居住的地方更加明显。自2004年以来，地方分权改革在土耳其就是一个急迫而富有争议的话题。土耳其的分权改革，不仅是其国内如何释放地方活力和自主性的问题，而且也与其加入欧盟的努力密切相关。欧盟的区域性立法和规范如《欧洲地方自治宪章》及"欧盟法"第22章地区政策与结构性工具的协调（Regional Policy & Coordination of Structural Instruments）都对地方自治和分权做出了要求。

土耳其首都安卡拉，伊斯坦布尔是其最大的城市和主要的文化和商业中心，同时也是有重要影响的全球大城市之一，其他大城市主要有伊兹密尔、安塔利亚、布尔萨、埃斯基谢希尔、梅尔辛、科尼亚和阿达纳，等等。

第三节 政治和法律制度（体系）

一 以宪法为中心的基本政治法律制度

土耳其是一个世俗的、统一的议会制共和国，按照土耳其宪法，土耳其是一个议会制民主国家，也是一个统一的中央集权国家。自其诞生之日起，就确立了强大的世俗主义原则。宪法在土耳其政治中居于中心地位，它规定了土耳其国家的法律框架，确立了政府必须遵守的主要原则。总统为国家元首，由国民大会直接选举产生，任期五年。塔伊普·埃尔多安是第一任由直接投票选出的总统。土耳其的总统很大程度上是象征意义的，没有多少实权。获得议会多数席位的政党领袖被总统授权任命为总理，总理为政府首脑，掌握行政权。

土耳其自建国以来，共制定过三部宪法，第一部宪法1924年4

月由土耳其国民议会通过。该宪法规定了立法权、行政权、司法权以及"人民权利"等内容。1924年宪法最重要的一个内容是明确了土耳其人的"公民权",宣称凡是在土耳其长期居住的人,不分宗教和种族,一律为平等的土耳其公民。在此之前,土耳其人只是苏丹统治下的伊斯兰臣民,而没有任何公民和国籍的观念。

1924年宪法经历了两次重要的修改,一次是1928年删除了"伊斯兰教为国教"的内容,从而在宪法上真正确立了土耳其国家的世俗主义性质。另一次是1937年,在宪法总则中明确了土耳其共和国的六个基本原则即"共和主义""民族主义""平民主义""国家主义""世俗主义"和"改革主义"。这次修宪还明确了妇女平等的政治参与权,规定年满22岁的女性及男性公民享有选举权,年满30岁的女性和男性公民享有被选举权。

1961年土耳其制定第二部宪法,这部由政变后军政府主导的法律具有鲜明的时代特点。为了防范之前民主党政府对公民权利和自由的不当限制和侵犯,宪法明确申明"任何人都享有不可侵犯、不可剥夺和不可放弃的基本权利和自由"。同时,为了防范过去十余年权力过分集中在某个部门、某个党派或某个政治领袖的弊端,1961年宪法明确规定,土耳其实行多党议会民主制,采用"三权分立""互相制衡"原则。立法权、执法权和司法权分别交由议会、总统和内阁以及法院行使。

关于多党制,宪法规定"无论是执政的或在野的政党,都是国家民主政治生活中不可缺少的实体","国家对在最近一次大选中获得总有效选票5%的政党提供财政资助",这一规定为多党制的存在和发展提供了一定的物质保障。同时,1961年选举法规定,众议院实行比例选举制,参加竞选的各政党按照各自得票的多少,按比例分配议员席位,这一规定为政党积极进入议会参政提供了立法上的保障。[1] 为了贯彻分权制衡的原则,1961年宪法及其他相关法律采取了以下措

---

[1] 参见魏本立《土耳其1982年宪法与1961年宪法的比较研究》,《西亚非洲》1985年第6期。

施：第一，将一院制议会改为两院制，使立法权本身受到限制；第二，削弱总统权力，行政权主要由内阁行使；第三，保障法官独立行使职权。

1982年宪法即现行宪法在保持国体（民主的、非宗教的"共和国"）、国家结构（单一制）、国家机构的组织与活动原则（"主权在民""三权分立"、法制主义）不变以及确认20世纪20—30年代世俗改革法案依然有效的前提下，鉴于以往的教训和新的形势，在很多方面对1961年宪法进行了幅度较大的修改和补充。

1982年宪法在保障公民权利和自由的前提下，对这些权利和自由的内涵、行使条件和克减情况做了规定。宪法第12条规定"每个人生来享有不可侵犯、不可转让和不可剥夺的基本权利和自由"，同时规定，这种权利和自由"也包含个人对社会、家庭和其他个体负有的义务和责任"。第13条规定"为了维护国家的领导与民族不可分割的整体性，为了维护国家主权、共和国、国家安全、公共秩序、普遍和平、公共利益、公共道德和公共卫生，或出于宪法有关条款规定的特殊原因，基本权利和自由可以依据宪法的文字和精神，由法律加以限制"。

基于上述规定，1982年宪法对新闻出版自由尤其是结社自由做出了明确限制。关于新闻自由的限制，宪法第28条规定"凡是撰写或出版各种威胁国家内外安全和国家的领土与民族不可分割的完整性，或蓄意煽动骚乱或暴动，或泄露国家机密的消息或文章的人，凡是出于上述目的的刊印或传递这类消息或文章的人，都要依照有关这些罪行的法律规定追究责任"。关于结社自由的限制，宪法第33条规定"社团不得违反第十三条规定的一般限制，不得追求政治目的，不得从事政治活动，不得接受政党的支持或支持政党，也不得同工会、公共职业组织及基金会联合行动"。

为了消除80年代前政党政治的乱象，1982年宪法对政治结社——政党的成立、活动规则及取缔程序做了严格限制。宪法第68条首先肯定了政党政治对国家民主政治建设的价值，指出"政党是民主政治生活不可缺少的成分","成立政党无须经事先许可",但同时规定"政党应在宪法和法律规定范围内活动";"政党的章程和纲领不得违反国家的领土和民族不可分割的整体性原则,不得违反人权、国家主权、民主的和非宗教的共和国的原则"。第 69 条规定"政党不得从事不符合党章和党纲的活动;不得违反宪法第十四条规定的限制,违反者将予永久取缔";"政党不得出于推行和加强本党政策的目的同协会、工会、基金会、合作社、公共职业组织及其上级组织建立政治关系或进行政治合作,也不得接受它们的物质援助";"政党不得接受外国、国际组织、外国的协会或集团的物质或金钱援助,不得接受它们的命令,参加它们的危害土耳其独立和领土完整的决议和活动。凡违反本款规定的政党也将被永久取缔";"对政党的财务审计由宪法法院执行"。

宪法第 69 条还规定了取缔政党的基本程序,"取缔政党由宪法法院在共和国首席检察官司办公室提出起诉后裁决";"共和国首席检察官办公室应优先审查建政党的章程、纲领和建党人的法律状况是否符合宪法和法律的规定,同时监督其活动"。明确规定"被永久取缔的政党的创建人和各级领导人不得成为新政党的创建人、领导人和监督人;不得建立以被取缔的政党的成员为主体的新政党",等等,这些规定具有强烈的改造现实的意图。[①]

为了避免 1961 年宪法实施以来参政的议会政党数量过多的情形,1982 年宪法规定参政党的议会党团的组成人数至少需 20 人,这样不少较小政党就被挡在门外。

1982 年宪法限制政党的基本立法精神也体现在随后颁布的政党法中。根据新的政党法,政府将不再为新建政党提供财政资助,这使得一些小政党很难生存下去。此外,新政党法还规定"政党参加

[①] 1982 年宪法临时条款取缔了 1980 年 9 月 12 日军管前的主要执政党和反对党,规定这些政党的领导人从宪法经公民投票通过之日起,10 年内不得再组建政党和成为政党成员,也不得以任何形式与政党建立联系或在政党中担任任何职务(包括名誉职务),如此等等。这些临时条款以宪法的形式大大降低了旧的政党精英在新的时期参政或发挥政治作用的有效性和可能性。

竞选需至少在全国半数省份内组成的政党方可参加"，并且"自成立以来连续两届不能参加竞选的政党得自行解散，否则司法机关将强令其解散"。① 这些立法措施大大限制了政党的生存和发展空间。

关于总统的权力，1982年宪法在保留1961年宪法的基础上，增加或补充了以下内容：总统负责监督宪法的实施和国家机构有序、协调的运转；总统有权解散议会，决定重新大选；有权根据总理的建议，解除内阁各部长的职务；有资格担任武装部队最高统帅，并可动用部队；有权选择并决定宪法法院、最高军事法院、最高军事行政法院、最高法官委员会和最高检察官委员会的全部成员以及最高行政法院的四分之一的成员；可以选择和决定最高法院的共和国检察长和副检察长。此外，总统还可以通过其直接领导下的国家监察委员会和总统顾问委员会对国家的所有行政机关进行监察和对国内外的所有重大问题做出最后决策。②

总的看来，1982年宪法所确定的总统权力在类型上可以归类为一种"半总统制"或"半议会制"，这种类型下的政体特征是总统除了享受一般总统制国家的总统在行政、立法和司法方面的权力外，还享受着一般总统制国家总统所不能享有的权力如解散议会的权力。

此外，1982年宪法对总统候选人的来源做了拓展，规定大国民议会在其三分之二议员的书面建议下，可以从非议员人士中推出总统候选人。该宪法还对总统的选举程序做了详细规定。

1982年宪法取消了1961年宪法的两院制，规定大国民议会由全国普选产生的400名议员组成（第75条）；大国民议会的选举每五年举行一次（第77条）。大国民议会行使以下职权：制定修改和撤销法律；监督内阁和内阁部长；授权内阁就特定事项颁发具有法律效力的政令；讨论和通过预算和决算法草案；决定印制货币和宣战；

---

① 参见魏本立《土耳其1982年宪法与1961年宪法的比较研究》，《西亚非洲》1985年第6期。

② 参见魏本立《土耳其1982年宪法与1961年宪法的比较研究》，《西亚非洲》1985年第6期。

批准国际条约；宣布实行大赦或特赦（但犯有宪法第十四条列举的罪行而被判刑者除外）；核准法院判处的死刑；以及本宪法其他条款赋予的职权。

总之，1982年宪法在坚持前部宪法的权力分立与制衡原则基础上，对土耳其的基本政治和法律制度做了较大幅度的补充和调整。宪法限制并规范了一度过分活跃的政党政治；提升了总统的权力并同时对议会权力有所遏制；继续强调司法权的独立性，"司法权由独立法院以土耳其人民的名义行使"（第9条）。

在应对民族宗教问题方面，1982年宪法强调"全体公民不问其语言、种族、肤色、性别、政治观点、哲学信仰、宗教、教派等等如何，在法律面前一律平等；不得赋予任何个人、家庭、集团或阶级以特权；国家机关应依照法律面前平等的原则处理它们的一切事务"（第10条）。规定"宗教和道德的教育应在国家的监督和控制下进行"（第24条）。在语言问题上，非常有针对性地坚持"不得使用任何为法律所禁止的语言刊印出版物"（第28条），如此等等。

1982年宪法多处强调"忠于阿塔图尔克的原则和改革方针"，为了防范通过修宪而更改土耳其国家的共和国国体和世俗主义、民族主义，"维护祖国和民族不可分割的完整性，维护无条件的民族主权"，宪法第4条规定"本宪法第1条关于国体为共和国的规定，第2条关于共和国的特征的规定以及第3条的规定均不得修改，也不得动议修改"。[①] 这种防御性的宪法立法，一方面反映了土耳其人坚决维护凯末尔所确立的土耳其国家特性的决心；另一方面也说明，土耳其国家的基本政治和法律制度实际上也存在着根基不牢的隐患。1982年宪法自确立以来尤其是近期发生的修宪活动（事件）证明了这一点。

---

① 第2条规定："土耳其共和国是一个民主的、非宗教的、社会的法治国家；致力于社会安定、民族团结和社会正义；尊重人权，忠于阿塔图尔克的民族主义，并以序言中所规定的基本原则为基础。"第3条规定："土耳其国家包括它的领土和人民，是一个不可分割的整体。官方语言为土耳其语。"

二　土耳其政治法律制度的重要转型

从很大程度上可以说，1982年宪法是土耳其特定社会阶段和特殊形势的产物，它既有贴近和反映社会现实的一面，又在一定程度上影响着土耳其社会的全面进步。在宪法实施的最初十几年里，宪法基本上发挥了其作为最高规范的引领作用。自1983年12月民主党政府成立以来，土耳其于1987年、1991年、1995年、1999年按宪法规定分别举行大选，政党活动和新政党组建也基本依法进行。①

随着民主政治的恢复和发展，土耳其的民主政府陆续开始清理军政府时期的一系列军事管制法，对1982年宪法严厉限制的政党组织和政党活动，也开始按程序解禁。1987年土耳其政府通过公民投票解除了对719名前政党、政府领导人和其他政治活动家的政治禁令。90年代初，正确道路党与社会民主人民党组成的联合政府开始恢复1981年由前军政权取缔的政党，允许被取缔的共和人民党、正义党、民族行动党和工会组织恢复活动。1995年7月，土耳其以投票方式修改宪法，共有23项修正案的宪法改革方案被批准成为法律。②

民主政治推进的一个副产品是伊斯兰背景政党登上了政治舞台。1996年以来，围绕世俗主义、政教关系以及相关政治法律制度，土耳其出现了以军方和民主党、正确道路党为代表的世俗主义派和以繁荣党为代表的亲伊斯兰教派，前者力挺凯末尔主义，坚持将宗教从政治中剔除出去，后者则坚持把伊斯兰教引入土耳其政治，并将其作为伊斯兰民族主义的基础。两派斗争的结果和高潮是军方再次介入土耳其政治生活。1997年2月，土军方控制的"国家安全委员会"向时任总理埃尔巴坎提出"20点计划"，该计划要求埃尔巴坎

---

① 陈德成：《土耳其的多党制半总统制政体》，《西亚非洲》2000年第2期。
② 修改后的宪法允许大学师生加入政党；当选议员，可以自由改变自己的党派；议员的人数从450人增加到550人；选民年龄从20岁降至18岁。陈德成：《土耳其的多党制半总统制政体》，《西亚非洲》2000年第2期。

政府强化反对宗教派别活动的禁令；禁止招募伊斯兰分子在政府任职；严格执行世俗宪法；对儿童的世俗教育从5年改为8年；反对和限制伊斯兰主义在国内的活动；对宗教教育实行严格监督；在政府机构中严格限制穿宗教服装；等等。[①]

随后，土耳其共和国最高检察官乌拉尔·萨瓦什以繁荣党"已成为土耳其反世俗主义的大本营"为由向土耳其宪法法院起诉，要求取缔这个伊斯兰教色彩浓厚的政党。

面对军方的压力、司法部门的反击以及土耳其社会广泛存在世俗主义民意基础，埃尔巴坎总理不得不提出辞职。1998年1月土耳其宪法法院做出裁决，裁定取缔繁荣党，并同时取消埃尔巴坎等6名繁荣党成员的大国民议会议员资格。至此，土耳其世俗国家取得了对宗教势力的一次重大胜利。

由于在维护世俗主义、政治自由等各方面取得的重要成就，1999年12月欧盟正式宣布土耳其为入盟候选国家。5年之后，欧盟正式启动与土耳其的入盟谈判。至少自20世纪90年代[②]以来，"加入欧盟"始终是推动土耳其政治法律制度改革的一个重要外部力量。为了满足欧盟的入盟标准，土耳其对1982年宪法持续进行改革——即使是被认为宗教色彩较浓的正发党执政也没有打断这一进程。2002年正发党上台执政，在推动有利于自身的宪法改革之后，正发党于2004—2006年再次对1982年宪法进行修改。此次修宪涉及10个宪法条文（即第10、15、17、30、38、87、90、131、145、160条），内容涉及废除死刑、性别平等、承认国际人权公约的效力高于国内法律、废除国家安全法院、限制军人的地位和作用，等等。

2007年正发党再次上台执政，继续对1982年宪法进行修正。修改的结果是立法年从5年更改为4年；总统由人民直接选举产生，

[①] 陈德成：《土耳其的多党制半总统制政体》，《西亚非洲》2000年第2期。
[②] 1987年土耳其提交加入欧共体的申请，1989年欧洲委员会决定无限期延迟这一进程，1995年土耳其加入欧洲共同体关税同盟，1997年欧盟决定再次迟延土耳其的入盟申请，1999年欧盟正式承认土耳其的入盟候选国的地位。

每届任期5年，连任不超过两届。在经历了两次所谓"宪法危机"后，2010年在正发党的主导下，土耳其进行了一次大规模的修宪活动，此次宪法修正案的主要内容如下。①

第一，改变了宪法法院的组成人员、选举办法和任职条件，宪法法院法官从11人增加至17人，总统保留了其在确定宪法法院法官人选中的巨大作用，直接或间接地确定17名法官中的14名。改革宪法法院的目的之一是限制宪法法院的监管作用，以满足欧洲标准。②

第二，改革法官和检察官高等委员会，宪法修正案规定，法官和检察官高等委员会由21名正式成员和10名候补成员组成。修正案取消了总统从司法机构提名委员的权力，但规定总统有权从法学教授和从业律师中任命4名正式成员。司法部部长和司法部副部长是当然成员。司法部部长虽仍然是委员会主席，但其作用被降为象征性和仪式性的。这一改革的目的是打破两大法院对委员会的长期垄断支配地位，使委员会更能代表整个司法机关，使低级别法院的法官和国家检察官在委员会中具有更强的代表性。

第三，建立监察专员（Ombudsman）制度，监察专员充任国家和公民之间的协调人，负责评估有关行政功能的诉讼。

第四，公民的基本权利和自由方面，修正案增加了"个人的隐私权"和"儿童权利"，前者规定"人人有权获取有关他或她的数据，获取或要求修改或删除这些数据，必须确认这些数据是否用于不可告人的目的"，后者规定"每个孩子都有权利享受充分的保护和照顾，有权拥有并保持与他（她）的父母的个人的直接关系，除非是与他（她）的利益相悖"。此外修正案还删除了1982年宪法第23条"公民的出境自由可以因公民义务而受到限制"的规定，强化了对公民居住和迁徙自由的保障。其他有关基本权利和自由方面的修

---

① 参见朱传忠《土耳其正义与发展党修宪政治研究》，《阿拉伯世界研究》2015年第2期。
② Tuğrul Ansay and Don Wallace, Jr. eds., *Introduction to Turkish Law*, Netherlands: Kluwer Law International, 2011, p. 49.

改主要涉及公民的劳工权利，如赋予公务员和其他公共雇员缔结集体合同的权利，放松对罢工权利的限制，等等。

第五，限制军事法院的司法权限，规定宪法法院有权审理军队人员。对1982年宪法第145条的主要内容修改为：在任何情况下，涉及军队服务和兵役的案件以及危害国家安全和宪法秩序的案件都应由民事法院审理。除战时外，军事法院无权审理非军事人员的犯罪。修改后的宪法第148条规定"土耳其军队总参谋长，陆海空三军和民兵司令因他们的罪行在最高法院的职责权限内接受审判"。

在基本权利和自由的保障方面，2010年的宪法修正案对个人诉讼作出了明确规定，即"人人有权在《欧洲人权宣言》所保障的人权范围内，就国家机构已经违宪的个人权利和自由，向宪法法院提出诉讼"。有关个人诉讼的程序和原则由法律规定。

2011年6月，正发党第三次赢得土耳其大选，实现了自2002年执政以来的"三连任"。在此次大选中，正发党获得550个席位中的327席，共和人民党（CHP）获得135席，民族行动党（MHP）获得53席。

埃尔多安自2014年当选土耳其总统以来，一直致力于改变土耳其的政治体制，他的目的是在土耳其实施总统制，使总统成为国家的权力中心。2015年正发党再一次以绝对优势赢得超过半数的议会席位，再次单独执政。2016年12月正发党向土耳其国民大会提交宪法修正案草案，该草案共包括18条内容，主要有：议员人数从550名增至600名，议员代表资格年龄从25岁降至18岁；议会和总统选举每5年于同一天举行；法官和检察官高等委员会由22人减少到13人，4人由总统任命，7人由议会任命，另外两人由司法部部长任命；总统由选民直接选出，向选民而不是向议会负责；议会的质询听证权将被取消，代之以议会调查辩论和书面质疑等方式；总统的权力实质性扩张（总理职位将被废除），总统有权任命副总统和内阁部长，有权发布行政命令并解散议会，有权宣布国家紧急状态，有权代表政府向议会提出预算案；总统可连任两期；取消总统的党派限制（即是说总统不中立于党派），担任总统后可继续担任政党领袖，如此等等。宪法修正案的核心内容是将土耳其的"议会制"改为"总统制"，这是土耳其政治制度的一个重大变革。

2017年4月，土耳其民众独立公投通过宪法修正案。总统制宪法修正案的通过，改变了土耳其自1923年以来实行的议会制（内阁制），按照这一修正案，土耳其将在2019年总统及议会选举后开始实施总统制，如此，自2003年开始执政的埃尔多安，将有望连任总统至2029年。如果议会在第二个任期内解散，总统可以连任至第三个任期。

总统制将会给这个国家带来什么样的影响，还有待于进一步观察。西方国家普遍认为，土耳其实行总统制可能改变这个国家的民主政治性质，使民选的埃尔多安政府日益走向独裁（对言论自由和新闻自由等的限制已经反映了这一点）。同时，国际社会对埃尔多安的正发党引进伊斯兰主义，逆转或破坏世俗主义政策，普遍表示担心。

笔者认为，从目前的情况来看，埃尔多安对土耳其政治体制的改革以及他对传统伊斯兰势力有条件的接纳，并不必然导致以他为首的政府或正发党走向独裁和反世俗主义。

第四节 经济状况

总的来说，土耳其仍属于新兴国家行列，属发展中国家。自20世纪80年代尤其是21世纪初以来，土耳其经济发展迅速，国内生产总值的增长速度高于同期人口增长速度。2012年土耳其人均GDP达到10457美元，属中等收入国家，但与发达国家还有一定差距。2017年土耳其人均GDP为10597美元。按照国际货币基金组织，土耳其在191个国家中名义国内生产总值排名第17位。

土耳其经济的支柱性产业是服务业，工业排在第二位，农业第三位。服务业中发展最快的莫过于银行业,在经历了2000—2001年的金融危机后,土耳其的银行业得到比较彻底的清理和整顿,银行业的规范化管理和透明度,以及国家的政治稳定吸引了大量外国银行入驻土耳其,它们与土耳其国内银行一道,分享土耳其不断崛起的中产阶级提供的巨大市场机会。

服务业的经济产值大部分来自旅游业及相关产业;工业体系有待于完善;农业方面,花生和小麦种植较发达。[①]

农业在国民经济中占有重要地位,解决了大量劳动力就业问题。粮食生产基本上实现了自给自足,出口棉花、烟草和蔬菜等经济作物赚取一定数量的外汇。

早期国内制造业发展落后,大量制成品需要从国外进口,造成国内经济受汇率影响波动较大和相当程度的失业率。近十几年来,土耳其在汽车制造、大型家电、家具、建筑业及相关制造业、石油化工、钢铁和机械工程发展迅速。一些跨国汽车制造商将土耳其作为欧洲市场的基地,而土耳其电视品牌则不仅在国内市场占据主导地位,而且在整个欧洲都是家喻户晓的品牌。[②]

土耳其总体上属于自然资源相对匮乏的国家,需要大量进口石油和天然气,煤炭、铁矿和铝土储量较为丰富,铬铁矿石多用于出口。

对外经贸发展迅速,与世界大多数国家都保持贸易往来,主要出口产品为食品、服装、电力和金属制品等。由于地理位置等因素的影响,土耳其对外贸易份额中,欧洲占据了三分之二。欧洲的巨大市场和欧洲企业在土耳其的大量直接投资,对于土耳其的贸易、制造业和现代集团化企业的形成和发展起到巨大支撑作用。除了欧洲以外,中东国家是土耳其的第二大贸易伙伴,包括伊拉克在内的

---

① Turkey:East Meets West,http://bfsu.fdi.gov.cn/1800000618_3_13279_0_7.html?style = 1800000618 - 3 - 10000019.

② Turkey:East Meets West,https://www.thomaswhite.com/world-markets/turkey-east-meets-west/.

四个中东国家与土耳其有着密切的贸易往来。土耳其对中东国家的出口量，从 2002 年占其贸易总量的 7% 上升到近年来的 20%，增长速度非常之快。

土耳其的经济受政治因素影响很大，在埃尔多安的正发党执政之前，经济发展受政治领导人多变、军队干预严重的影响，一直处于低速、不稳定状态。2002 年正发党上台后，经济持续高速增长，2002—2007 年，年均 GDP 增长率为 6.8%，受金融危机影响，2008—2009 年中断了继续增长的步伐，但 2010—2011 年又以平均 9% 的高增长率回归。埃尔多安政府改变了传统的贸易保护政策，大兴对外贸易，大力发展土耳其的制造业，使得贸易占国内生产总值的比例从 2002 年的 40% 上升到近年来的 50%，制造业对国内生产总值的贡献达到 24%。

在对外投资方面，土耳其最为引人注目的行业当属建筑业，这一本土成长起来的行业，不仅在国内建筑行业和基础设施建设中发挥了重大作用，而且涉足海外，将业务拓展到西方同行不敢轻易涉足的中东、北非及俄罗斯等国家的边远地区。不断扩大的建筑业，使得土耳其跻身于世界建筑大国，其规模和能力排名仅次于中国。

土耳其的经济和金融政策在力促经济高速发展的同时，也潜含着极大的不确定性和不稳定性，尤其是经济发展受外部影响很大。2015 年 11 月，土耳其击落俄罗斯战机，俄土关系全面恶化。俄罗斯宣布将"对土耳其采取大规模经济制裁"，制裁领域涉俄罗斯在土耳其的投资、旅游、交通、贸易、劳工及关税等方方面面。话音刚落，土俄冲突使得土耳其本已疲弱的经济遭遇重大冲击。2018 年受土美关系日益恶化的影响[①]，土耳其久已存在的经济危机和金融危机开始浮出水面，里拉对美元的汇率出现"自由落体般"暴跌，本已高企的通货膨胀率更加趋于恶化。为应对这种外部力量对经济的不良影响，土耳其向美国和欧盟施加压力，威胁退出北约和放任更多的难

---

① 土耳其在一些问题上——如与俄罗斯签订购买导弹合约、拒绝参加美国实施的对伊朗的经济制裁以及拒绝释放美国牧师安德鲁·布伦森等——与特朗普主政的美国持续交恶。

（移）民流入欧盟国家，但这种非常规的不对称的反制措施只能增加土耳其经济的不确定性。

土耳其旅游业发达，它的旅游文化遗产包括了从古罗马到奥斯曼帝国时期的气势恢宏的清真寺、教堂及一些著名的历史古迹遗迹。土耳其境内拥有世界七大奇迹中的两个：阿尔忒弥斯神庙和摩索拉斯陵墓，拥有世界上最古老的宗教遗址和众多的其他世界遗产遗址。

古老的蓝色清真寺、圣索菲亚大教堂，北连黑海，南接马尔马拉海及地中海，将土耳其分割在亚欧两大洲的博斯普鲁斯海峡，被认为是耶稣之母圣母玛利亚"最后的家"的以弗所古城，被列为世界文化遗产的棉花堡和格雷梅露天博物馆，连接东西方的加拉塔大桥，以及闻名遐迩的古老的大巴扎、拜占庭和奥斯曼帝国时期的地下水宫等，都是享誉世界的旅游资源。此外，共和国时期兴建的大国民议会大楼、凯末尔纪念堂等也是这个年轻的国家吸引游人的地方。

这片曾经盛开多元文化的古老的土地，还培育了闻名世界的郁金香花，这些花卉在奥斯曼帝国时期被引进欧洲，成就了现在的"郁金花王国"——荷兰。

尽管是一个穆斯林占绝对主体的国家，但土耳其社会的世俗化、现代化以及特有的多元的文化遗产，吸引了数以千万计的全世界游客。2017年土耳其全年接待的外国游客数量超过3200万人次。旅游业既是土耳其的支柱产业，也是土耳其经济发展的晴雨表。根据土耳其政府发布的"2023愿景计划"，到2023年土耳其有望实现年接待外国游客5000万人次的宏大目标，届时旅游业的收入可达500亿美元。

总的来看，土耳其的人口数量、年龄及社会分层结构为土耳其经济的长期发展提供了源源不竭的动力。8000万的总人口以及年轻人数量占比相对高的人口结构，为土耳其的消费品零售业和汽车业等行业提供了巨大的前景。1990年以来，经济的持续发展和贫困人口数量的不断下降，成就了土耳其较高的中产阶级人口比例。据统计，土耳其的人均收入从3500美元一跃上升到10500美元，中产阶级的数量达到总人口的40%，更重要的是，个人或家庭债务仅占国内生产总值的15%，这意味着该国存在巨大的消费潜力。

第五节　社会结构与文化结构

一　人口与阶层结构

截至2018年7月，土耳其总人口有81257239人。① 根据最新数据，男性平均寿命为72岁，女性为79岁。从建国初期到20世纪40年代，土耳其总人口中的农村人口占了很大的比重，占到76%—77%，相应的，城市人口的增速非常稳定且缓慢。② 20世纪50年代以来，土耳其的城乡人口比例实现了飞跃式发展。1955年，土耳其总人口为24270585人，城市人口占28.5%。1990年，土耳其的人口和城市人口的比例都在20世纪50年代的基础上翻了一番，人口数量增长至53921699人，城市人口达到59.3%。2018年，土耳其城市人口增长至59060906人，已占到总人口的72.1%。按照该增长速度，预计到2050年，土耳其城市人口数量将增长至79188556人，到时将占到总人口的82.8%。③

事实上，土耳其政府把这种将城市化视为其经济社会发展的助推器的方略，导致土耳其"火箭式"的城镇化发展与其工业化不足、

---

① CIA, 2018, "Turkey", The World Factbook, https：//www.cia.gov/library/publications/resources/the-world-factbook/geos/tu.html. Retrieved on September 1, 2018.

② Mehmet GUR et al., "Urban-Rural Interrelationship and Issues in Turkey", https：//www.fig.net/resources/proceedings/fig_proceedings/morocco/proceedings/TS1/TS1_6_gur_et_al.pdf, p.3, retrieved on September 20, 2018.

③ Worldometers（www.worldometers.info//）, Department of Economic and Social Affairs, Population Division. World Population Prospects：The 2017 Revision（Medium-fertility variant）. See also http：//www.worldometers.info/world-population/turkey-population/，retrieved on September 20, 2018.

城市基础设施滞后、城市的内生动力不足等形成明显的矛盾，这不仅威胁到了国家的社会、经济的稳定发展，也对土耳其政局的稳定产生了冲击。同时，"过度城市化形成了充满活力的现代化大城市经济与相对停滞的传统农村经济相对立的二元经济结构"①。

二　族裔—文化结构

土耳其所在的区域曾经是诸多文明的诞生地。从旧石器时代以来，在现今安纳托利亚地区出现过各类安纳托利亚古代文明。亚述人、希腊人、色雷斯人、弗里吉亚人（Phrygians）、乌拉尔人（Urartians）和亚美尼亚人等都曾是这里的主人。

今天的土耳其实际上仍然是一个多族裔的国度，但是由于政治的和法律的限制，其族裔—文化结构表现出一定的复杂性。依据土耳其1982年宪法第66条第1款，"具有土耳其公民身份的人就是土耳其人"。然而，基于与主流社会的宗教差异、历史和政治等因素，土耳其政府只承认了3种少数族群，占其总人口的0.1%。② 事实上，土耳其的族群是非常多元的。正如土耳其的一句谚语："土耳其有72.5个民族。"（In turkey, there are seventy-two and a half people.）③ 有学者称，土耳其境内的族群数量至少有47种。④ 根据美国中央情报局（CIA）的估算⑤，土耳其裔人（Turkish）约占总人口的

---

①《城市化：解开"土耳其魔咒"的钥匙》，人民网，http://culture.people.com.cn/n/2013/0109/c172318-20139367.html。

② CIA, 2015, "Turkey", The World Factbook, Retrieved on September 1, 2018.

③ "Restrictions on the Use of the Kurdish Language", In Human Rights Report, https://www.hrw.org/reports/1999/turkey/turkey993-08.htm, Retrieved on September 1, 2018. 当然，这是一种较为夸张的说法，表明了土耳其民族多样性。

④ Mutlu, Servet, "Ethnic Kurds in Turkey: A Demographic Study", International Journal of Middle East Studies, Vol. 28, No. 4, 1996, pp. 517-541.

⑤ 由于土耳其当局不承认其族裔多样性，也不愿统计其基于族裔、语言、宗教等的族裔数据，因此，数据只能估算。

70%—75%，库尔德人约占19%，其他少数族群约占7%—12%。[①]

(一)"获得承认的少数群体"(Recognized Minorities)

犹太人、希腊东正教基督徒和亚美尼亚东正教基督徒是土耳其政府公开承认的少数族群。自通过《洛桑条约》以来，土耳其历届政府在该条约框架下施行少数民族政策。根据该条约，少数族群的权利只是针对上述的三个少数群体，而这些族群仅被认为是宗教少数群体，而不是少数族裔。

1. 犹太人 (The Jews)

安纳托利亚（Anatolia）犹太人的历史可以追溯到公元前4世纪的爱琴海地区。犹太公园遗址的历史可以追溯到公元前3世纪，在萨迪斯（Sardis）和布尔萨（Bursa）附近以及爱琴海（Aegean）、地中海和黑海附近被发现。当奥斯曼帝国在1324年占领布尔萨并驱逐拜占庭人时，犹太人社区历经了几个世纪的拜占庭式压迫中解放出来，并随着土耳其帝国的征程而逐渐繁荣起来。由于来自欧洲的犹太人在14世纪初受到迫害并被驱逐出匈牙利、法国、西西里和巴伐利亚，许多人在土耳其帝国找到了安全的避风港。1492年，从西班牙和葡萄牙被驱逐的西班牙裔的犹太人在奥斯曼帝国受到了亲切的接待。15世纪，越来越多被驱逐出意大利和波希米亚的犹太人也在奥斯曼帝国定居。从16世纪到18世纪，犹太人在土耳其繁荣昌盛，享受着相对宽容的奥斯曼对待他们的态度。在第二次世界大战期间，随着第三帝国及其共犯迫害和消灭犹太人，土耳其再次成为受迫害犹太人的避风港。

今天，土耳其约有2.6万名犹太人。他们中的大多数人住在伊斯坦布尔，但在阿达纳、安卡拉、布尔萨、恰纳卡莱、伊斯肯德伦和柯克拉雷利也有重要的犹太社区。土耳其犹太人口中有96%是西班牙裔犹太人（Sephardic Jews），而其他4%是阿什肯纳兹犹太人

[①] CIA, 2016, "Turkey", The World Factbook, https://www.cia.gov/library/publications/resources/the-world-factbook/fields/400.html#TU, Retrieved on September 1, 2018.

(Ashkenazic Jews)。①

2. 希腊东正教基督徒（The Greek Orthodox Christians）

多年来，希腊语一直是生活在爱琴海群岛两岸的所有人的通用语言。希腊文化和后来的希腊东正教在所有拜占庭帝国中都是突出的，已有一千多年的历史。然而，随着土耳其帝国的征服，安纳托利亚的希腊人（作为色雷斯的土耳其人）注定要面对几个世纪的种族清洗和强迫皈依伊斯兰教。在第一次世界大战和随后的1922年希腊土耳其战争期间，安纳托利亚的希腊人成为种族灭绝的受害者。《洛桑条约》标志着希腊和土耳其之间战争的结束，希土双边的"人口交换"战略后，仍有11万希腊人滞留在土耳其。在第二次世界大战期间，系统性的迫害重新开始。1955年，大屠杀和其他迫害使在土耳其的希腊人口锐减至几千人。截至2006年，大约有5000名希腊人居住在伊斯坦布尔以及位于达达尼尔海峡（the Dardanelles）的西入口处两个岛屿上。②

3. 亚美尼亚东正教基督徒（The Armenian Orthodox Christians）

亚美尼亚人起源于南高加索和安纳托利亚东部，其历史可以追溯到3500多年前，包括波斯人、拜占庭人、阿拉伯人、蒙古人和阿斯曼土耳其人、俄罗斯人征服该地区的各个阶段的各民族的融合。直到19世纪后期，亚美尼亚人与奥斯曼帝国的其他民族相处融洽。当1877年至1878年战争结束时俄国人控制了大部分亚美尼亚定居点时，奥斯曼人对亚美尼亚人的迫害开始的借口是亚美尼亚人与俄罗斯帝国结盟并寻求独立。尽管，传统上许多亚美尼亚人在奥斯曼帝国的管理中担任着重要职务。这种猜疑导致青年土耳其党人统治期间的种族清洗运动。1915年到1916年期间，至少150万亚美尼亚人丧生，许多人被迫迁移至俄罗斯占领的亚美尼亚地区。今天，约

---

① Almairac, "Turkey: A Minority Policy of Systematic Negation", in International Helsinki Federation for Human Rights (IHF), 2006, p.10.

② Almairac, "Turkey: A Minority Policy of Systematic Negation", in International Helsinki Federation for Human Rights (IHF), 2006, p.10.

有6万名亚美尼亚东正教徒居住在土耳其。大多数亚美尼亚人都信仰《使徒信经》，但也有亚美尼亚人是天主教徒和新教徒。[1]

(二)"未获得承认的少数群体"(Non-Recognized Minorities)

虽然土耳其当局承认犹太人、希腊人和亚美尼亚人是宗教少数群体，但土耳其的其他少数族群或少数群体并没有得到正式承认。这些群体包括（但不限于）波斯尼亚人、保加利亚人、格鲁吉亚人、阿拉伯人、非洲人、亚齐迪人、亚述—迦勒底人、巴哈派教徒、新教徒和天主教徒基督徒、什叶派穆斯林和雅各布派（安提阿教会）社区。本书仅介绍如下几个少数民族：库尔德人、罗姆人、多姆人、阿拉维人、切尔克斯人和拉兹人。

1. 库尔德人

库尔德人是一个民族语言群体，居住在中东北部的山区（包括伊拉克北部、伊朗西北部、叙利亚东北部和土耳其东南部及高加索部分地区），统称为"库尔德斯坦"。在土耳其，库尔德人主要聚集在东南部的11个省份，称"北土库尔德斯坦"。库尔德人认为自己是赫里安人的后裔。库尔德人使用的库尔德语，由两种主要方言和几种亚方言组成，约50%的库尔德人居住在土耳其。库尔德人占土耳其总人口的20%，约为1500万人。[2] 他们主要操科尔玛姬儿语（Kirmanji），但是许多阿拉维库尔德人和一些逊尼派库尔德人居住在迪亚巴克尔北部和西部，讲扎扎语（Zaza）。20世纪八九十年代，土耳其当局以打击库尔德工人党的叛乱为借口，打击库尔德人，致使超过37.8万名库尔德人流离失所，3000多个村庄完全被摧毁。[3]

---

[1] Almairac, "Turkey: A Minority Policy of Systematic Negation", in International Helsinki Federation for Human Rights (IHF), 2006, p. 11.

[2] Almairac, "Turkey: A Minority Policy of Systematic Negation", in International Helsinki Federation for Human Rights (IHF), 2006, p. 12.

[3] Almairac, "Turkey: A Minority Policy of Systematic Negation", in International Helsinki Federation for Human Rights (IHF), 2006, p. 2.

2. 罗姆人

在土耳其，使用罗姆语的人数约有 5 万人。大多数罗姆人为穆斯林，也有少数是基督教徒。罗姆人被排除在主流社会之外，且常被"污名化"。伊斯坦布尔人权协会估计土耳其的罗姆人数量在 300 万人至 350 万人之间。[①] 普遍认为，罗姆人生活在色雷斯地区（这是土耳其的欧洲部分），实际上，罗姆人遍及土耳其全境。土耳其人对罗姆人存在固有的偏见，然而，罗姆人并没有在全国范围内组织起来捍卫自己的权利。1934 年，根据《定居法案》第 2510 条规定，禁止罗姆人在土耳其定居（罗姆人被称为"流动的吉卜赛人"）。此外，罗姆人经常被视为"二等公民"，在就业、住房和获得医疗等方面受到歧视。[②] 根据欧洲罗姆人人权研究中心的报告："罗姆人与土耳其裔人之间的区隔十分显著。'许多土耳其裔告诉我们，不要进入罗姆人的社区，那里非常危险。'"

3. 多姆人

多姆人（Dönme）自称弥赛亚的犹太信徒的后裔。1666 年，多姆人被迫皈依伊斯兰教。他们的教义兼具犹太人和伊斯兰的元素。土耳其语中多姆人有"皈依"（convert）之意，但它隐含"变节者"（turncoat）的意思。20 世纪末，多姆人口约为 1.5 万人，主要聚居于伊斯坦布尔、埃迪尔内和伊兹密尔。他们在商业和专业技术方面都取得了成功，但是从历史上看，他们并没有成为社会精英的一部分，因为犹太人和穆斯林都没有完全接受他们。20 世纪 80 年代以后，公开歧视已经减少，多姆人和其他穆斯林之间的通婚已经变得越来越普遍。[③]

[①] U. S. Department of State Turkey Country Report on Human Rights Practices for 1998（Washington: Bureau of Democracy, Human Rights, and Labor, 1998）. 该数据比其他来源的数据高出六七倍。

[②] "Roma Rights Field Report", Budapest: European Roma Rights Center, 1997, at http://errc.org/rr_spr1997/field.shtml. Retrieved on September 1, 2018.

[③] Nigar Karimova and Edward Deverell, *Minorities in Turkey*, Published by Utrikespolitiska Institutet, The Swedish Institute of International Affairs, 2001.

4. 阿拉维人

阿拉维信仰的宗教思想是一个混合体，兼具"伊斯兰什叶派和苏菲派的思想、基督教身心及安纳托利亚传统文化思想"[①]。"阿拉维"是一个很广泛的概念，包括大量的什叶派穆斯林社区，他们的实际信仰和宗教仪式的践行之间存在差异。讲阿拉伯语的阿拉维人（Alevis）聚居于土耳其南部，特别是哈塔伊（Hatay）和阿达纳（Adana）地区，他们是叙利亚地区阿拉维社区的延伸，与其他地区的阿拉维人没有任何的历史渊源。[②] 这部分阿拉维人的数量非常少，他们对土耳其的影响可以说微乎其微。但是，使用土耳其语与库尔德语的阿拉维人，都被认为是宗教信仰反叛部落的后代。[③] 阿拉维人又被分为几个不同群体，如图尔库曼斯人（Turkomans）、犹卢克人（Yoruk）和塔塔兹人（Tahtaci）。图尔库曼斯人属于高度被同化的一支，犹卢克人与周边群体之间有经济上的冲突。而塔塔兹人则自认为是图尔库曼斯人，比起其他阿拉维人，塔塔兹人被污名化程度更高。阿拉维人是土耳其四大什叶派之一，占全国什叶派穆斯林人口的70%。[④] 20世纪80—90年代，逊尼派右翼分子和阿拉维左翼分子之间的紧张局势凸显。然而，由于遭受普遍的偏见和歧视，阿拉维人即使是受到了逊尼派右翼分子的骚扰，也很少通过正式渠道获取官方的救济。大多数阿拉维人与土耳其裔人没有很大的差别，他们主要聚居在安纳托利亚中部和东部地区，使用土耳其语。其中，有300万人兼具阿拉维人和库尔德人的双重身份。[⑤] 对这部分人而言，应该忠于族裔身份还是宗教身份成为一个两难的选择。出于对潜在

[①] 李艳枝：《试论土耳其阿拉维派穆斯林的特征及处境》，《世界民族》2009年第1期。

[②] John Shindeldecker, "Turkish Alevis Today", http://www.sahkulu.org/xalevis1.htm, Retrieved on September 1, 2018.

[③] Martin van Bruinessen, "Kurds, Turks and the Alevi Revival in Turkey", http://www.arches.uga.edu/~godlas/alevivanb.html.

[④] Nigar Karimova and Edward Deverell, *Minorities in Turkey*, Published by Utrikespolitiska Institutet, The Swedish Institute of International Affairs, 2001, p.9.

[⑤] Nigar Karimova and Edward Deverell, *Minorities in Turkey*, Published by Utrikespolitiska Institutet, The Swedish Institute of International Affairs, 2001.

的宗教族群冲突的担忧，大部分人选择其宗教身份，愿与其他阿拉维人团结，而不愿与库尔德人结盟。[①] 土耳其的阿拉维人是穆斯林中的宗教少数群体，他们认为自己的信仰被曲解，因此很难在逊尼派穆斯林占多数的土耳其社会中公开自己的信仰，伊斯坦布尔的福利党市长一度试图关闭阿拉维人用来礼拜的教堂。[②] 另外，国家过分干预阿拉维人的宗教事务，特别是在礼拜场所和宗教教育方面。国家推行的"土耳其化"政策加剧了对阿拉维群体权利的挤压，如剥夺其在国家宗教事务部门的代表[③]，政治领域的代表远远低于其人口比例，受到就业歧视等。

5. 切尔克斯人

切尔克斯人（Caucasians Groups，土：Cherkess）起源于高加索山脉，属于高加索人的一支，是三个小而有鲜明特色的群体中的一个，另外两个是格鲁吉亚人和拉兹人。[④] 18世纪末，约有7万名切尔克斯穆斯林移民定居于阿达纳地区，并繁衍生息。[⑤] 如今，土耳其成为切尔克斯人最多的国家，已达300万人。[⑥]

6. 拉兹人

土耳其至少有50万拉兹人。[⑦] 大多数人住在土耳其东北部，沿着特拉布宗东部黑海岸边的一片土地。安纳托利亚西北部以及伊斯

[①] U. S. Department of State, "Turkey Country Report on Human Rights Practices for 1998", the Bureau of Democracy, Human Rights, and Labor, 1998.

[②] Kevin Boyle and Juliet Sheen, eds., *Freedom of Religion and Belief: A World Report*, London and New York: Routledge, 1997, p. 391.

[③] Gunnar M. Karlsen, ed, *Freedom of Religion in Turkey: The Secular State Model, the Closing down of the Welfare Party, and the Situation of Christian Groups*, The Norwegian Helsinki Committee 1998.

[④] Nigar Karimova and Edward Deverell, *Minorities in Turkey*, Published by Utrikespolitiska Institutet, The Swedish Institute of International Affairs, 2001.

[⑤] Nigar Karimova and Edward Deverell, *Minorities in Turkey*, Published by Utrikespolitiska Institutet, The Swedish Institute of International Affairs, 2001.

[⑥] 参考尹婧《土耳其切尔克斯人问题探析》，《世界民族》2017年第2期。"大多数西方学者认为，土耳其大约有200万—300万切尔克斯人。但是，据土耳其高加索基金会（Caucassian Foundation）的数据，土耳其约有700万切尔克斯人。"

[⑦] Almairac, "Turkey: A Minority Policy of Systematic Negation", in International Helsinki Federation for Human Rights (IHF), 2006, p. 10.

坦布尔和安卡拉也有拉兹社区。拉兹人曾经信奉基督教，现在大多数人是逊尼派穆斯林，讲的是与格鲁吉亚和南切尔克斯相关的语言。

从宗教结构上看，由于历史上的人口交换、驱逐甚至清洗，完成民族国家建构的土耳其在其所重视的宗教结构方面，已接近于单一，土耳其伊斯兰教信徒占总人口的近99%。

（三）多元的文化遗产

土耳其共和国兴起于奥斯曼帝国的废墟，其民族国家的建构、发展以及内部民族关系的结构与奥斯曼帝国有着千丝万缕的联系。土耳其共和国既是奥斯曼帝国失败的产物，也是其文化、政治遗产的最大继承者。

文化上现代土耳其融汇了奥斯曼帝国、欧洲、中东和中亚的各种传统，是典型的"文化大锅"（cultural cauldron）。凯末尔之后，土耳其彻底结束了由宗教驱动的奥斯曼范式，在其国家（政治）文化建构中，主动吸纳现代西方文明，将土耳其逐步改造成一个现代国家。凯末尔政府大力扶持现代艺术，土耳其在绘画、雕刻和建筑方面都有不俗的表现。在后凯末尔时代，土耳其在坚持世俗化、现代化发展方向的同时，开始重视挖掘和保留传统文化，努力使传统文化和现代化在土耳其现代国家达成某种平衡。2006年10月，土耳其现代小说家奥尔罕·帕慕克（Orhan Pamuk）获得诺贝尔文学奖，这一奖项的获得可视为土耳其在平衡现代与传统文化所做出的重要成就。奥尔罕·帕慕克出生于土耳其伊斯坦布尔，他在土耳其文学艺术上史上具有很高的地位。其一系列具有重大影响的文学创作都建立在他对西方现代文明和土耳其传统文化的双重珍视之上，建立在一种跨文化的意识形态之上。奥尔罕·帕慕克曾说："一个作家，他的内心世界还隐藏着另外一个'我'，他的工作就是经年累月地、充满信心地去慢慢发现那片塑造了另外一个'我'的世界。'我'感觉到'我'为自己营造了一个新的世界，也塑造内心世界的另外一个'我'。"①

土耳其文化的混合型特征也可以从著名的"土耳其浴室"（土耳其语称其为"哈曼"）得到说明。哈曼最早源于古罗马，热衷于洗浴的古罗马人建造了很多装有蒸汽、冷热水池的洗浴中心或公共浴室。奥斯曼土耳其人夺取君士坦丁堡以后，将其改造成符合伊斯兰教风格的土耳其浴室。在奥斯曼帝国历史上，土耳其浴室也是妇女进行公共聚会的重要场所。② 今天土耳其浴室已成为土耳其文化遗产的重要组成部分，人们在享受浴室带来的种种放松和惬意之后，已很难将之归类为"外来文化"。

---

① ［土耳其］奥尔罕·帕慕克：《父亲的书箱——在诺贝尔文学奖颁奖典礼上的演讲》，刘钊译，《译林》2007年第2期。

② 著名的画布油画"土耳其浴室"，就是法国画家让·奥古斯特·多米尼克·安格尔于1862年创作的，油画描绘了一群形态各异的奥斯曼妇女在一间浴室中聊天、饮水、梳头、跳舞和慵懒睡觉的场景。该画被认为体现了"浓厚的中东风情和异国情调"，现保存于法国卢浮宫。《第一影响力艺术宝库》（蓝卷），北京出版社2005年版，第98页。

第 二 章

奥斯曼帝国的建立与发展

奥斯曼帝国创始于13世纪末。这个在很大程度上缘起于中世纪"宗教战争"的帝国，经过一系列的体制及制度创新，到苏莱曼时代，发展为一个横跨三大洲的庞大帝国。统治着包括今天的土耳其、埃及、希腊、保加利亚、罗马尼亚、马其顿、匈牙利、以色列、约旦、黎巴嫩、叙利亚以及阿拉伯半岛的部分地区和北非。民族、种族、族群或宗教方面，奥斯曼帝国更是囊括了形形色色、差异性巨大的各个民族、种族和族裔。奥斯曼帝国也是历史上唯一一个本土与周边"异族"相守相连的大帝国。

第一节 奥斯曼帝国的建立

奥斯曼帝国兴起于13世纪末，它是一个由中亚西迁到小亚细亚的突厥部落——据称是乌古斯部落的一支建立的。关于突厥人[①]早期的历史，史学家众说纷纭，莫衷一是。相对而言，奥斯曼帝国本身的建立或形成过程倒是具有一定的历史清晰度。

[①] 由于历史的不可考性和所谓的"突厥民族"自身情况的复杂，有学者主张用"突厥语族"来指称相关历史情境中的"突厥民族"或"突厥人"。本书将根据具体行文背景来使用这些概念。

第二章 奥斯曼帝国的建立与发展

某种意义上可以说，奥斯曼帝国缘起于中世纪的"宗教战争"。从公元 10 世纪开始，大批突厥人开始皈依伊斯兰教。13 世纪蒙古帝国的崛起，迫使大量突厥穆斯林从中亚和伊朗高原迁往安纳托利亚，这大大改变了安纳托利亚的人口结构，为奥斯曼人的崛起提供了重要的社会支撑。帝国的发源地安纳托利亚地处伊斯兰世界与基督教世界的中间地带，长期以来这里频繁演绎着基督教徒与穆斯林的宗教战争，形成了深刻的宗教对立。信仰的狂热和对"异教徒"土地和战利品的渴望，促使一代又一代的突厥人（奥斯曼人）前赴后继。可以说奥斯曼国家的兴起正是穆斯林圣战的逻辑结果和历史产物。[①]

因其首领奥斯曼而得名的奥斯曼人与为其崛起创造了历史条件的塞尔柱人[②]同属突厥乌古斯部落联盟的分支，他们属于伊斯兰教逊尼派，长期居住在伊朗高原东北部的呼罗珊地区，过着游牧生活。13 世纪初，乌古斯部落联盟的分支凯伊部落被迫西迁至两河流域上游，该部落在其首领苏莱曼死后分裂为两支。其中一支在苏莱曼的儿子厄尔图格鲁尔的率领下，进入安纳托利亚西北部，依附于塞尔柱人建立的罗姆苏丹国，致力于守边及与基督教徒的圣战。[③]

1290 年厄尔图格鲁尔死后，32 岁的奥斯曼继承了父亲的首领之位，在其岳父苏菲教团长老艾德巴里的帮助下，以圣战的名义袭击拜占庭帝国，开疆扩土。1299 年奥斯曼在其领土范围内初步建立了

[①] 哈全安：《土耳其通史》，上海社会科学院出版社 2014 年版，第 19 页。

[②] 塞尔柱人大约公元 9 世纪建立自己的国家，10 世纪末皈依伊斯兰教。他们先后在中亚、西亚地区扩张。1071 年塞尔柱人击败拜占庭军队，导致其防御体系崩溃，大量突厥移民如潮水般涌进安纳托利亚。从 1071—1243 年，约有 100 万突厥人进入安纳托利亚。塞尔柱人对拜占庭的胜利，加速了基督教安纳托利亚地区的突厥化和伊斯兰化。不仅如此，塞尔柱人建立的帝国在扬弃游牧文化的基础上，吸收伊朗—伊斯兰文化，逐渐发展出一种综合了多种元素的复合文化——塞尔柱文化。所有这一切为日后奥斯曼帝国的崛起提供了不可或缺的文化、社会和人口基础。塞尔柱帝国内部的反对派在安纳托利亚建立的罗姆苏丹国，也为奥斯曼帝国的兴起提供了某种基础，正是在罗姆苏丹国崩溃后出现的众多突厥小诸侯国的相互争夺和西域地区长达百年的危机和动荡中，奥斯曼土耳其人崛起了。参见昝涛《现代国家与民族构建——20 世纪前期土耳其民族主义研究》，生活·读书·新知三联书店 2011 年版，第 51 页。

[③] 参见哈全安《土耳其通史》，上海社会科学院出版社 2014 年版，第 19—20 页。

奥斯曼人自己的国家。自此以后，自称"加齐"①的奥斯曼和安纳托利亚的无数加齐们开始了以圣战为号角的征服战争。1302年奥斯曼创建奥斯曼埃米尔国，定都卡拉加希萨尔（原为希腊人的主教驻地）。1326年奥斯曼去世，其子乌尔汗（Orhan）即位，将埃米尔国的首都从卡拉加希萨尔迁至位于安纳托利亚西北部的布尔萨。迁都布尔萨被后来的史学家视为奥斯曼帝国之开端，乌尔汗也被视为奥斯曼帝国的真正建立者。②

第二节　奥斯曼帝国的发展

一　地跨三大洲帝国的最终形成

从奥斯曼创立奥斯曼突厥人自己的国家开始，"整整十代人，奥斯曼家族的首领个个都是能征善战，勤政善治的君主，就在这么一个家族里，这种由父及子的延续，十代人中从未出现过中断，在最伟大的苏莱曼大帝时达到顶峰。这种情况在历史上是没有先例的"，及至苏莱曼时代，奥斯曼公国最终发展成一个地跨欧亚非三大洲的世界性帝国："从亚得里亚海的阿尔巴尼亚延伸至波斯边境，从埃及扩展到高加索；匈牙利和克里米亚成为其附庸；欧洲的领主们在内讧时经常带着礼物来请求奥斯曼人的帮助；苏莱曼大帝的军队伫立在通往东方的大道上；他的军舰称霸地中海；北非承认其宗主国地位；君士坦丁堡在其手中；他还想称霸世界——1580年，他叩击维

---

① "加齐"最早指中世纪发动伊斯兰圣战的人，后来奥斯曼土耳其人也采用了这个称号。奥斯曼帝国早期的苏丹们都亲自领兵打仗，自然获得了加齐称号。后来那些不亲自带兵打仗的苏丹也继承了这一传统，只不过他们的加齐称号一般是伊斯兰教长所赐予的。参见昝涛《现代国家与民族构建——20世纪前期土耳其民族主义研究》，生活·读书·新知三联书店2011年版，第50页。
② 哈全安：《土耳其通史》，上海社会科学院出版社2014年版，第21页。

也纳的大门攫住基督教世界的咽喉。"[1]

至1595年顶峰时,奥斯曼帝国的国土面积超过500万平方千米,人口达1500万人以上,囊括了今天的土耳其、埃及、希腊、保加利亚、罗马尼亚、马其顿、匈牙利、以色列、约旦、黎巴嫩、叙利亚以及阿拉伯半岛的部分地区和北非。在民族、种族、族群或宗教方面,奥斯曼帝国更是囊括了形形色色、差异性巨大的各个民族、种族和族裔。奥斯曼帝国也是历史上唯一一个本土与周边"异族"相守相连的大帝国。

二 奥斯曼帝国发展的原因分析

那么,是什么因素成就了这个被誉为世界上存续时间最长的帝国?奥斯曼帝国成功的背后有着复杂的政治、经济、文化和宗教的动因,体现为各类制度和体制的创新。

在述及各类制度和体制的创新之前,让我们先简单分析一下奥斯曼帝国的文化底蕴或文化基础。奥斯曼是一个以伊斯兰教为"国教"的帝国,但帝国的文化却不是单一的伊斯兰文化。从文化渊源上来看,奥斯曼帝国的文化至少包含了阿拉伯文化、波斯文化、拜占庭文化乃至古希腊和罗马文化,这些丰富的文化渊源,为奥斯曼帝国发展以伊斯兰教为主,兼收并蓄多元的文化提供了巨大的活力。

奥斯曼帝国丰富的多元文化,不仅极大地推动了帝国在政治、军事、经济和社会维度上的扩张和进步,而且由于其地处东西方交通枢纽的位置,对于东西方文化的交流和不同文明的交往起到极大的促进作用,唤醒了长期处于黑暗的中世纪的欧洲。事实上,正是奥斯曼帝国文化的西进,才导致了欧洲知识界的觉醒,继而引发了改变西欧历史进程的文艺复兴的到来。

---

[1] Eliot Grinnell Mears, *Modern Turkey: A Politico-economic Interpretation, 1908–1923*, New York: the Macmillan Company, 1924, p.7;转引自昝涛《现代国家与民族构建——20世纪前期土耳其民族主义研究》,生活·读书·新知三联书店2011年版,第53页。

（一）奥斯曼帝国早期的推进力来源及帝国初步的制度建设

帝国早期，推动扩张的重要动力显然来自宗教热忱和巨大的物质引诱。在圣战思想的鼓舞下，那些以半宗教性质组织起来的商人、牧民和手工业者热情地加入奥斯曼扩张事业，他们在传播宗教的同时掠地劫财，在精神和物质上获得了巨大的效益。在奥斯曼统治时期，他的突厥小公国俨然是一个"信仰武士"的国度。[1]

随着帝国扩张的逐渐推开，奥斯曼人在借助"信仰和掠夺"之力的同时，开始注重帝国的机构和制度建设。最先意识到这个问题的是奥斯曼之子乌尔汗。为了将传统的加齐社会结构改造成富有成效的国家行政组织，乌尔汗仿效突厥塞尔柱人的军事采邑制，对立下赫赫战功的人一律赏赐一定数量的土地并加以分封。与此同时，乌尔汗引进突厥塞尔柱人的圣典和统治方式，从而使奥斯曼人的司法体系开始由习惯法向成文法过渡。[2] 此外，乌尔汗还开始重视教育，注重为帝国培养人才。他在尼克米底亚城兴办清真寺学校，使该城在很长时间内成为帝国重要的教育中心。乌尔汗改革军队，组建常备军，改善统治结构，等等，这一切为帝国早期霸业的顺利推行打下了良好的制度基础。

（二）帝国中期的制度建设和体制创新

及至巴耶济德一世（约1354—1403年）时期，奥斯曼人在扩张的凯歌猛进中仍然不忘建构包容性的制度和体制，如他们对深受贵族压榨和身陷宗教纷争的巴尔干农民同时采取了轻赋税和宽容其宗教信仰的政策，导致巴尔干农民宁愿接受奥斯曼人的统治，也不愿生活在巴尔干贵族的治下。与此同时，巴尔干的封建贵族也享受到

---

[1] 参见黄维民《中东国家通史：土耳其卷》，商务印书馆2007年版，第50页。

[2] 把原有部落的习惯记录下来，在伊斯兰法与突厥塞尔柱人成文法典的基础上，根据新的需要酌加损益，编纂成奥斯曼人自己的成文法典。黄维民：《中东国家通史：土耳其卷》，商务印书馆2007年版，第53页。

奥斯曼人的"平等优惠政策",巴耶济德一世以对待穆斯林的同样原则对待巴尔干诸国的封建贵族,将"蒂玛"① 授予他们。在奥斯曼帝国早期,大多数"蒂玛利奥"即"蒂玛"的享有者,要么是穆斯林家庭出身的军人,要么就是苏丹或高级军事首领的奴隶,到了巴耶济德一世统治时期,蒂玛也被授予许多基督教徒,这些基督教徒都是巴尔干地区领兵打仗的封建贵族成员。"他们已经与奥斯曼征服者共荣辱,同命运。"②

这方面最典型的是巴尔干地区的瓦兰几亚、特兰西瓦尼亚和摩尔达维亚,作为奥斯曼帝国的基督教附庸国,他们长期追随苏丹东征西战,分享战利品,接受土地封赐。基督教力量的加入,使得极端依赖对"异教徒"进行宗教圣战的奥斯曼帝国俨然是一个跨越民族和宗教的封建军事帝国。

为了防止巴尔干地区一些地方统治当局滥用职权,逼迫农民,奥斯曼中央政府还颇为超前地赋予这些地方的农民一种类似法律诉讼的权利,允许他们状告地方当局,这一做法不仅有效地保护了当地农民的利益,避免了这些地区的社会动荡和不安,而且最大限度地使被统治者的利益与统治者一致,有效地维护奥斯曼在新征服地区的统治。

此外,这一时期,奥斯曼人还对征兵制度进行改革,将过去的必须服兵役改为缴纳现金的方式,这一制度创新不仅利于被统治人民灵活承担封建义务,而且有利于改进帝国中央对地方的管理方式。

随着帝国扩张和征服的不断推进,奥斯曼帝国的各项制度也不断趋于完善,这些制度中,最重要和最有影响的莫过于"米利特"制度和以伊斯兰教为中心形成的帝国司法制度。

---

① 奥斯曼帝国从各省所收的农业岁入中,支付军人服兵役的报酬,军人的这种收益叫作"蒂玛",享受这种收益的人称为"蒂玛利奥"。
② 参见黄维民《中东国家通史:土耳其卷》,商务印书馆2007年版,第57页。

（三）米利特制度

在奥斯曼帝国的诸种制度创新中，最有影响、最有代表性的是米利特制度。随着帝国在军事上的不断成功，奥斯曼帝国境内出现了大量的不同民族（种族）、宗教和文化群体，为了维护帝国的有效统治，使这些差异化的群体能够在帝国的政治、经济、社会和文化生活中和谐相处，或者说至少形成一种可控的社会秩序，奥斯曼统治者学习、借鉴前人的统治智慧尤其是阿拉伯帝国统治差异化群体的经验，提出并实施一种名为"米利特"的制度。[①]

所谓"米利特"（土耳其语 millet），阿拉伯语发音为"milla"，意指"社区""社群"或共同体。狭义来说，米利特指的是"穆斯林国家内有宗教信仰的集团"[②]，广义上看，米利特既指其他的宗教共同体，也指伊斯兰宗教共同体[③]。从伊斯兰世界看，早在其创始时期，新产生的伊斯兰教徒（穆斯林）就已经开始面对与不同的宗教群体如犹太教的相处问题了。随着伊斯兰教支配地位的逐渐形成，其他宗教群体如犹太人开始向穆斯林共同体缴纳"人头税"，以换取对方的保护和继续以前的宗教文化生活方式。按照伊斯兰教法，非穆斯林之所以需要上缴人头税，是因为，第一这是免除军事义务的需要，第二非穆斯林不需要像穆斯林那样履行缴纳"天课"（2.5%的宗教财产税），而军事义务和税收是穆斯林共同体或国家存在之必需。

到了伊斯兰教第一个帝国倭马亚王朝时期（661—750年），面

[①] 严格来说，米利特制度既不是伊斯兰教的首创，也不是奥斯曼人的首创。早在波斯的萨珊帝国时期，帝国的统治者就对聂斯脱利派基督徒和犹太人采取过类似的制度措施。以前者为例，具体做法是，波斯国王与聂斯脱利派大主教之间订立合约，按照合约，大主教享有政治和宗教大权，他一方面履行宗教职能，另一方面确保其信众效忠波斯统治者和国家。聂斯脱利派基督徒因此获得信仰自由的权利以及在其成员之间的民事案件方面的司法管辖权，作为回报，聂斯脱利派基督徒还须向波斯国王缴税。参见昝涛《现代国家与民族构建——20世纪前期土耳其民族主义研究》，生活·读书·新知三联书店2011年版，第55页。

[②] ［英］杰拉尔德·豪厄特主编：《世界历史词典（简本）》，商务印书馆1988年版。

[③] Bernard Lewis, *The Political Language of Islam*, Chicago University Press, 1991, p. 38.

对多民族、多宗教的现实，帝国的统治者开始运用信仰兼民族的标准，将其臣民划分为四个等级：第一等级是阿拉伯穆斯林，第二等级为其他民族身份的穆斯林，第三等级为信仰其他宗教的"顺民"，第四等级为奴隶。其中第三等级即"顺民"得到保护并能够维持原有宗教信仰的前提条件是缴纳人头税和土地税。这一做法可视为后来奥斯曼帝国米利特制度的直接来源。

1453年奥斯曼军队攻陷君士坦丁堡[①]之后，面对基督徒和犹太人聚集的偌大城市，苏丹穆罕默德二世开始实施典型的米利特制度。他先后任命了希腊正教的大教主、亚美尼亚教派的主教[②]以及犹太教大拉比为各自教区的首领。这些被任命的教区领袖包括他们手下的各级教职人员，不仅被赋予了管理宗教事务（包括与之有关的教育和慈善的权力），而且还逐步控制了所在教区或社群的司法权和税收权。

奥斯曼帝国的这种依据宗教信仰和教派的不同而划分统治单位的做法，一方面大大减少了直接统治或管理所带来的冲突，节省了大量的统治成本，另一方面也为被征服地区的其他（宗教）群体提供了难得的可以保全自身文化传统和生活方式的机会。这个制度选择的法理来源一个是《古兰经》的明文规定"宗教绝无强迫"，另一个是伊斯兰教先知穆罕默德及其继承者后来宽容异教徒特别是"有经人"的实践。从统治或管理形式上来看，这是一种典型的间接统治，即通过"他者"群体自治或自我管理的方式来实现帝国的统治。从现代政治学或法学的角度来看，这是一种典型的分权式治理方式。虽然缺乏"民主""平等""自由"等现代性理念，并且从实质来看，它所依托的是一种十足的"等级制"[③]，但从实际效果上来

[①] 攻占后更名为伊斯坦布尔，该城是一座典型的多宗教、多元文化之城。16世纪伊斯坦布尔的70万人口中，穆斯林、犹太人和基督徒（包括东正教和亚美尼亚人基督徒）分别占58%、10%和32%。参见哈全安《土耳其通史》，上海社会科学院出版社2014年版，第57页。

[②] 而在此之前，拜占庭帝国将亚美尼亚教会视为异端，禁止他们在君士坦丁堡修建教堂。

[③] 在这种等级制下，穆斯林为一等公民，其他宗教或信仰人群为二等公民。前者享有特定的权利，后者则被明确排除在某些权利之外。当然，某种微妙的平衡是：基督徒和犹太人可以自由皈依伊斯兰教，而穆斯林改宗其他宗教或信仰则面临着严重的公众舆论甚至法律的惩罚。

看,这种实行于古代时期的律制显然有利于宗教或文化上的少数群体的生存和发展,有利于他们的政治参与,有利于他们保存和发展自己的文化,从而也有利于保存人类的多元文化财富。从这个意义上来看,或许我们可以把米利特制度归类为古代社会的"多元文化主义政策"。

事实上,正是这种包容多元宗教和族群的制度,赢得了被征服地区不同宗教民众的人心。最能体现这一点的是,帝国在征服巴尔干地区时,许多非伊斯兰教团体或社群都"心甘情愿"接受奥斯曼人的统治,而不愿再"忍受拜占庭帝国和哈布斯堡王朝统治下对(异质性)宗教和文化的限制和迫害"[①]。奥斯曼人包容"异教徒"的政策大大减轻了征服战争中的阻力,使奥斯曼的征服和扩张事业以难以想象的速度推进。

(四)奥斯曼帝国的司法制度

司法制度在国家和社会治理中发挥着重要作用。奥斯曼是一个在族群、语言、宗教及文化传统上十分多元的帝国。如何在这样一个庞大的区域内,进行有效的治理是摆在奥斯曼人面前的一件大事。为了适应多元化的统治对象,奥斯曼除了对其治下的广大各族穆斯林(伊斯兰教徒)实施伊斯兰教法外,还逐渐发展出了多种法律渊源。处在帝国法律金字塔顶端的是伊斯兰教法,它不仅影响着帝国的政治、经济、文化和社会生活,而且也深刻地影响着帝国境内的穆斯林各民族,从信仰、婚姻、家庭生活到民事活动乃至刑事法律规制,穆斯林的私人与公共活动,无一不与伊斯兰教法有着深刻的关联。但是,这种严格的宗教法律对于不信仰伊斯兰教的民众并没有约束力,因而对帝国境内的非穆斯林群体没有造成精神和生活上的压力。

[①] 事实上,不仅巴尔干地区深受压迫的农民愿意接受"奥斯曼人统治下的那种宽松的生活",而且生活在欧洲的犹太人也更愿意生活在奥斯曼人的领土上。参见黄维民《中东国家通史:土耳其卷》,商务印书馆2007年版,第90页。

第二种法律渊源叫"卡农",它是苏丹发布的敕令(行政命令)。卡农既可以是对伊斯兰教法没有做出明确规定的补充,也可以是对宗教以外的其他事项作出的具有立法意义的判断。这种立法形式有利于苏丹根据实际情况,灵活处理国家政治生活和军事征战中过程中出现的种种教法没有明确规定的问题。

第三种法律渊源为"阿德特",意为习惯法,包括奥斯曼人和被征服地区各族人民的习惯法。阿德特是典型的"属人法",它的适用原则是"属于什么民族就适用什么习惯法",即被征服的各族民众不论身处哪里,一律都适用本民族的习惯法,而其他民族即使是在某个地方住了很久,也不受该地方主要民族的法律保护。阿德特实际上是一种身份法律,它在尊重各个族群自主性和权利的同时,将他们的身份固化。

第四种法律渊源叫"乌尔夫",它专指在位苏丹的意志和权威。

上述四种法律渊源中,卡农可以改变阿德特和乌尔夫,乌尔夫可以违反阿德特,但这三种立法形式都不能改变伊斯兰教法。尽管如此,奥斯曼帝国多样化的法律存在为生活在那里的多民族(族群)、多宗教的广大民众提供了相对宽松的法律环境,特别是对阿德特(习惯法)普遍的认可,为奥斯曼帝国的广大非穆斯林族群提供了多元的法律上的保障,使他们长期相安无事地生活在"异教"占统治地位的国度。

第 三 章

奥斯曼帝国的灭亡与土耳其民族国家的初生

尽管创造了世界帝国史上的奇迹，奥斯曼帝国最终还是不可避免地走向衰败乃至灭亡。奥斯曼帝国的灭亡有着复杂的制度和体制上的原因，更有着深厚的时代原因——伴随着欧洲宗教改革、文艺复兴、科学和理性主义的兴起，曾经凯歌奋进、海纳百川的奥斯曼帝国逐渐被历史淘汰。面对西欧咄咄逼人的民族主义，奥斯曼帝国仍然醉心于以宗教划分臣民身份，以伊斯兰教为黏合帝国"统治民族"的工具。直到在第一次世界大战面临彻底解体的危难之际，才祭出了（土耳其）民族主义的大旗，从而在奥斯曼帝国的废墟上挽留住一个名曰"土耳其"的民族国家（而不是宗教帝国）。

第一节 奥斯曼帝国的灭亡

一 奥斯曼帝国灭亡的制度因素

奥斯曼帝国在形成和发展过程中，创制了一系列军事、政治、文化和社会制度。一方面，这些制度对于帝国数百年的稳定和发展起到巨大作用；另一方面，帝国的没落和最终覆灭也是伴随着这些制度的废止、瓦解或者在实践中的负效应日现而渐成的。

最引人注目的是，对稳定帝国的军事基业和有效管理地方事务的传统的征兵制度的破坏，其次是对作为帝国经济基础的封建采邑制的破坏。① 在影响帝国社会凝聚力方面，米利特制度在实践中逐渐显露的负效应非常突出。

对奥斯曼帝国的延续和发展起过重要作用的米利特制度自身也存在着解体帝国的基因。米利特制度包容了对奥斯曼帝国来说异质性的力量，对于化解帝国内不同群体的冲突和纠纷，进而维护帝国的统一与完整起到重要的作用。然而，这种按照宗教信仰划分社群乃至政治单位的做法，不仅导致帝国境内始终无法形成一个有凝聚力的核心群体，而且成为奥斯曼历史上反复出现离心运动的渊薮，并最终在外部力量的打击和干预下，使奥斯曼帝国走向解体。

帝国境内的各民族按照宗教信仰的差别大体分为四大群体，分别为"穆斯林米利特、希腊人米利特、亚美尼亚人米利特和犹太人米利特"②。其中穆斯林米利特包括的范围可谓巨大，帝国境内凡是信奉伊斯兰教的族群如突厥人（土耳其人）、阿拉伯人、库尔德人、阿尔巴尼亚人、希腊人以及巴尔干和高加索地区的斯拉夫人等，均属于穆斯林米利特。由于民族（种族）、文化、语言等方面的巨大差异，穆斯林米利特在很大程度上是一个松散的利益联盟，这种联盟使他们共享着"统治族群"荣耀，也分享了巨大的政治、经济利益③，却很难使他们形成一个类似近现代意义上的"民族"核心。在帝国存续的绝大部分时间里，奥斯曼人并没有试图以某种"民族"特性去改造和整合帝国的臣民，他们实际上也没有采取更有效的措

---

① 详见黄维民《中东国家通史：土耳其卷》，商务印书馆2007年版，第103—106页。

② 至于小的宗教或派别构成的米利特（社群）更是多得无法准确计数。

③ 作为伊斯兰帝国，奥斯曼帝国与其之前的阿拉伯帝国有所不同：帝国时期的阿拉伯人并没有严格遵守其先知的教导即"阿拉伯人不比非阿拉伯人更优越"的普遍平等理想，但奥斯曼帝国却基本上坚持了穆斯林一律平等的伊斯兰理想，其税收等制度的设计只区分穆斯林和非穆斯林；体制或官员制度的设计不考虑民族或种族方面的差异，帝国历史上许多重要职位如大维齐尔（宰相）及其他高级职位都是非土耳其族的其他民族（如斯拉夫族和阿尔巴尼亚人）的穆斯林担任的。

施来夯实"穆斯林民族"的团结。这种仅以宗教的热忱黏合起来的政治共同体，不仅难以抵御欧洲兴起的民族主义，甚至也难以在教派斗争的狂热中存活。

二 奥斯曼帝国灭亡的体制性因素

奥斯曼帝国的灭亡首先与其自身政治体制的顶层设计尤其是新苏丹的产生机制有关。在新君主（苏丹）的产生机制方面，奥斯曼帝国既不同于西欧，也与中国古代的嫡长子继位传统不同。理论上苏丹所有的男性子嗣（不分长幼）都有权继承苏丹的权位，这一传统的一个最大弊端是，每当苏丹权位需要更迭时，所有具有同等继承权的"王子们"都面临极大的"政治危机"，即在政治上的危险和机遇。苏丹乌尔汗去世后，继位的穆拉德一世为防范众兄弟觊觎其皇位（守护苏丹权力的安全），处死了其他所有兄弟。自此以后，奥斯曼帝国在长达两百多年的时间里延续了苏丹继位上的丛林法则。

苏丹继位上的丛林法则，在展示皇权斗争的残酷野蛮血腥的同时，往往也为奥斯曼帝国选出得力、精明能干的君主。艾略特·格林奈尔·米尔斯曾这样描述奥斯曼帝国的前十位苏丹："整整十代，奥斯曼家族的首领，个个都是能征惯战、勤政善治的君主。就在这样一个家族里，这种由父及子的延续，十代人中从未出现过中断，在最伟大的苏莱曼大帝时达到顶峰。这种情况在历史上是没有先例的。"[1] 显然，这种"没有先例的"出色的君主集体与奥斯曼帝国残酷的"自然淘汰"规则密切相关。

此外，前十代奥斯曼苏丹的优秀或者卓越，还与帝国的前期培养方式不无关系。"在他们还是王子的时候，遵照奥斯曼帝国的传统，不管年龄多小，都得照例离开帝国首都去各省机构任职，取得

---

[1] Eliot Grinnell Mears, *Modern Turkey: A Politico-economic Interpretation, 1908 – 1923*, New York: The Macmillan Company, 1924, p. 7. 转引自昝涛《现代国家与民族构建——20 世纪前期土耳其民族主义研究》，生活·读书·新知三联书店 2011 年版，第 53 页。

政治方面统治的经验,有时还得随军出征打仗,积累有关军事方面的经验。"①

16世纪末17世纪初,奥斯曼苏丹继承问题上的丛林法则开始发生变化②,新即位的苏丹不再不加区别地践行残忍的杀兄戮弟的"卡农"惯例,③ 而是将苏丹权力的竞争者和继承者与世隔绝,导致其长期生活在无知与恐惧的状态中,当在位苏丹驾崩,这些长期生活在无知与恐惧状态的继承者便会出来治国理政。不仅如此,自1617年苏丹艾赫迈德病逝由其弟弟穆斯塔法继位后,奥斯曼帝国的君主(苏丹)继承规则开始改变:当在位苏丹去世或因某种原因退位后,其继承规则不一定遵循父子相传的惯例。在一些情况下,往往由帝国王室中最年长的男性成员继承苏丹大位,这些继位的"储君"由于长期生活在被囚禁和恐惧的状态中,其治理水平可想而知。

总之,从奥斯曼帝国政治权力顶层设计的角度来看,前期丛林式的父子相传法则连续造就了十代治理能力超凡、功勋卓著的君主,这种继承规则被搁置或废止后,后期的苏丹一代不如一代。历史往往就是这样吊诡和令人不解,旧的"卡农"惯例,使得众皇子中,一人得位,其余得诛,而基于人道的矫正机制实施后,苏丹的统治能力则严重萎缩和低下,最终导致奥斯曼帝国从权力的顶层设计开始衰退。

其次,奥斯曼帝国的灭亡与其后期的内政高度腐败密切相关。苏莱曼大帝去世后的几个世纪,奥斯曼帝国的肌体就开始一点一点

---

① 黄维民:《中东国家通史:土耳其卷》,商务印书馆2007年版,第99—100页。
② 新上台执政的穆罕默德三世为了巩固皇位,借依"卡农"习惯法,派人杀死了他的19个兄弟,此举震惊了朝野。穆罕默德三世同时废除了委派苏丹子嗣到各省任职的惯例,将他们软禁于宫内,与外面的世界隔绝。1603年,穆罕默德三世去世时,其继承人只有两个未成年的儿子,如果按照惯例杀掉其中一个,那么在位的苏丹万一有所闪失,那么奥斯曼帝国便将面临无皇位继承人的危险。鉴于此,继位的艾赫迈德一世在辅佐臣工们的劝导下,饶恕了他弟弟穆斯塔法的性命,但条件是将其软禁在后宫女眷居住的地方,不得与外界有任何接触。此后新即位的苏丹大多选择将权力的可能挑战者(兄弟们)软禁起来。
③ 实际上,直到1876年帝国宪法颁布后,这种野蛮残忍的王室杀戮惯例才逐渐废止。

腐烂。[①] 宫廷钩心斗角，任人唯亲之风盛行，卖官鬻爵司空见惯；司法方面，"衙门八字开，有理无钱别进来"，法官普遍收受贿赂，社会公正遭到严重践踏；最严重和最致命的是军队系统的腐败，它使得以"武功"立世的奥斯曼帝国从根基上开始垮塌。

最后，奥斯曼帝国的没落直至灭亡，与其"统治族群"低下的经济管理能力不无关系。长期以来，从政和参军是奥斯曼的统治族群穆斯林的垄断性业务，除此以外，他们还从事农业和传统的商业活动。而被排除在从政和参军之外的基督徒臣民往往在从事农业活动之外，只能从事一些商业性活动。19世纪以来，伴随着奥斯曼帝国对西方列强经济依赖的加强，那些善于现代商业活动的基督徒发现了自己的职业机遇，他们在奥斯曼与西方的经济往来中，逐渐扮演了中间人甚至是奥斯曼帝国财政和外贸方面全权代表者的角色，其结果竟然导致奥斯曼帝国失去了对帝国经济命脉（财政、关税及其他税收）的控制权。不仅如此，这些基督徒还竞相获得外国公民资格并因此通过"个人豁免权"而获得各种经济特权，这一系列行为不仅导致奥斯曼帝国的经济主权严重受损，而且使得统治族群穆斯林在自己的土地上变成"二等公民"。更严重的是，这些本来就在政治和文化上享有米利特自治权的基督徒，在经济实力变得雄厚以后，其"不服从"和反叛趋向加剧。他们勾结西方列强，在奥斯曼内部不断制造分离主义事件。

三 奥斯曼帝国灭亡的价值观因素

除了制度和体制的因素以外，奥斯曼帝国中后期的价值观崩塌和道德沦丧也是帝国最终走向覆灭的重要因素。奥斯曼帝国的崛起有着多种成因，价值观上的"圣战"品格和道德指引，显然是这个

[①] 按照美国学者戴维森（Roderic H. Davison）的观点，早在苏莱曼大帝当朝的时候，奥斯曼帝国内政的腐败和帝国的没落之旅就开始了。［美］戴维森：《从瓦解到新生：土耳其的现代化里程》，张增健、刘同舜译，学林出版社1996年版，第63页。

宗教帝国不断取得成功的重要"密钥"。然而，自帝国进入中后期以来，帝国治理和扩张中的道德和价值观权重急剧减少，原先那种道德自律的"圣战"精神被种种贪污、腐化的享乐主义和自私自利所代替。伊斯兰教的种种戒律和精神原则不仅在帝国的宫廷生活中没有得到遵守，而且在社会治理的关键领域——司法中和帝国的根基——军队中遭到轻慢乃至放弃。价值观崩塌和道德沦丧使得奥斯曼这个以宗教圣战起家的封建军事帝国，丧失了精神上的内驱力和冲动，最终像一个世俗性的帝国那样走向其没落和崩塌的命运归宿。

四　奥斯曼帝国灭亡的时代因素

奥斯曼帝国是伊斯兰世界的最后一个帝国，也是世界历史上存在时间最久、影响最大的古代帝国之一。奥斯曼帝国在经历了中古时期封建制的最后几个世纪后，迎面与西方资本主义的近代时期相遇。在中古时期阶段，奥斯曼帝国不论是在政治和军事方面，还是在文化和经济方面，都处于上升阶段，其封建性的军事帝国横跨三大洲，成为影响和改变世界历史的重要主体性存在。

然而，当世界历史的航向转向以宗教改革、文艺复兴、工业革命为标识的民族国家时代，奥斯曼帝国仍然固守以教划界，以征服和掠夺为主要动力的帝国生存法则。奥斯曼帝国与西方民族国家集团的竞争，不仅是两种生存、发展和治理方式之间的斗争，更是两类社会形态即封建社会与资本主义社会的竞争，其最终结果不言而喻。[1]

五　奥斯曼帝国的灭亡与民族主义

18世纪中叶以来，伴随着帝国统治集团的腐败、昏聩，尤其对

---

[1]　在这一点上，奥斯曼帝国与西方列强的斗争，与近代中国与西方殖民者之间的斗争，有很大的相似性，二者失败的原因和结果也有很强的可比性。

外战争中的严重失利，奥斯曼帝国境内的独立和分裂风起云涌，那些掌握着实权的地方总督和官员野心勃勃，公然违抗苏丹和帝国中央政府的命令。最让帝国难以接受的是，那些率先起来闹分裂和独立的不是欧洲的基督教地区，而是亚洲和非洲的伊斯兰地区。这使奥斯曼人初步尝到"伊斯兰阵营中"民族主义的滋味。

至少从19世纪开始，"在奥斯曼的欧洲领土上，一些在西方接受过教育并深受法国大革命影响基督教民族主义者，利用当地基督教农民对经济剥削的不满，发动了反抗帝国统治的起义，这些以农民起义的形式表现出来的民族主义运动在实际上还得到列强的支持"①，从此，民族主义倡导的民族国家原则成为奥斯曼帝国无法摆脱的影响和噩梦。

从19世纪初的阿里依靠武力自立为埃及总督开始，巴尔干地区的民族分离主义一浪高过一浪。1804年塞尔维亚人发动起义，揭开了奥斯曼统治地区东南欧民族独立运动的序幕。1878年奥斯曼帝国被迫与英、法、俄、意、德等国签订《柏林条约》。十几年之后，马其顿和亚美尼亚的反抗力量风起云涌，奥斯曼帝国在东南欧地区的统治岌岌可危。1912—1913年，巴尔干同盟与奥斯曼帝国爆发战争。1913年6月，双方签署《伦敦和约》，奥斯曼帝国在东南欧的属地丧失殆尽。

北非地区，1881年突尼斯被法国占领，1914年埃及正式脱离奥斯曼帝国。第一次世界大战爆发后，奥斯曼帝国与德国、奥匈帝国结为同盟，战败后于1918年10月与协约国签订《穆德洛斯停战协定》（Armistice of Mudros）。根据该协定，奥斯曼帝国解散军队，放弃在也门和麦地那的宗主国权力，割让除伊斯坦布尔以外的所有欧洲领土；达达尼尔海峡和博斯普鲁斯海峡实现非军事化；伊兹密尔由希腊管控；协约国控制奥斯曼帝国的财政税收以及铁路、航运和通信线路。同时，《穆德洛斯停战协定》还规定，协约国有权在认为

---

① 昝涛：《现代国家与民族构建——20世纪前期土耳其民族主义研究》，生活·读书·新知三联书店2011年版，第67页。

必要的时候占领奥斯曼帝国的任何地区；协约国有权对亚美尼亚人地区进行武力干涉。停战协定签订后，英、法、意军占领伊斯坦布尔，并进驻安纳托利亚高原和色雷斯，奥斯曼苏丹被迫俯首称臣。① 延续了600多年的奥斯曼帝国终于在内外夹击中，走向全面覆灭之路并最终殒命于民族主义大潮中。

第二节 土耳其民族国家的初生

一 土耳其民族国家产生的历史背景

19—20世纪初，奥斯曼帝国内忧外患，风雨飘摇。为了挽救危亡，帝国先后出现了塞利姆三世与马哈茂德二世改革与新政以及影响深远的延续40年的坦齐麦特改革。其中在开启坦齐麦特改革的花厅御诏中，帝国当局难能可贵地提出了"不分宗教的一律平等"思想。随着改革的深入，帝国颁行的新刑法提出了"所有臣民在法律面前一律平等"的司法原则，建立具有世俗性质的混合法庭；废止了非穆斯林的人丁税；采取各种措施促进帝国各个社群（米利特）的世俗化进程，等等，反映了奥斯曼帝国试图向近现代国家转型的努力和愿望。

坦齐麦特改革后期出现的青年奥斯曼党或"新奥斯曼人"（Young Ottomans）更是体现了上述愿望和努力。青年奥斯曼党倡导立宪主义、民族主义和爱国主义，试图通过泛奥斯曼主义来实现帝国的领土完整和统一。1889年后出现的青年土耳其党（Young Turks）继续青年奥斯曼党的努力，试图通过建立君主立宪制，捍卫奥斯曼的强大与统一。但是在通过什么样的途径和意识形态来实现奥斯曼的完整与统一问题上，青年土耳其党内部意见不一。有的把

---

① 哈全安：《土耳其通史》，上海社会科学院出版社2014年版，第159—160页。

泛伊斯兰主义作为统一的意识形态，有的则主张奥斯曼主义。1902年青年土耳其党在巴黎召开"奥斯曼自由主义者"大会，参会的各民族代表——包括土耳其族（人）、亚美尼亚人、阿拉伯人、阿尔巴尼亚人和库尔德人等——一致呼吁恢复1876年宪法，保证奥斯曼臣民一律平等的法律地位和帝国的领土完整。

1906年，包括穆斯塔法·凯末尔在内的一部分军人成立"自由与祖国协会"，同年该协会并入青年土耳其党创立的"奥斯曼自由协会"。1908年6月，奥斯曼自由协会发动了"青年土耳其革命"，走向奥斯曼政治舞台的中心。直到此时，青年土耳其党仍然将泛奥斯曼主义视为主导的意识形态，把议会君主制当作帝国政治改革的目标。青年土耳其党认为，"专制制度消灭后，人人都是兄弟，我们再也没有保加利亚人、希腊人、罗马尼亚人、犹太人和穆斯林的区分，在同一片蓝天下，我们都是平等的。我们为自己是奥斯曼人而自豪"[1]。

1909年至1913年，奥斯曼帝国政治生活中出现了短暂的多党竞争局面。在此期间，"团结与进步委员会"（Committee of Union and Progress）提出了强化奥斯曼帝国政治生活中的"土耳其色彩"。[2] 此阶段的多元政党政治最终被青年土耳其党军官成为帝国政治舞台主导力量的军人寡头政治所代替。

随后，青年土耳其党将土耳其拖入第一次世界大战，而历史证明，这次参战几乎毁灭了土耳其。

诚如当代土耳其作家图尔古特·厄扎克曼在其畅销书《那些疯狂的土耳其人》中所说的那样，第一次世界大战"使帝国消耗殆尽，甚至连化的那层妆也掉了。泛突厥主义死在了里海岸边，泛伊斯兰主义在阿拉伯的沙漠中断了气，在我们手中，仅仅只剩下了疲惫而

---

[1] William Miller, *The Ottoman Empire 1801–1913*, Cambridge University Press, 1913, p. 476.
[2] 哈全安：《土耳其通史》，上海社会科学院出版社2014年版，第156页。

贫困的安纳托利亚"[1]。

二 土耳其民族主义登上历史舞台

第一次世界大战后，能够拯救土耳其只有民族主义了，实际上土耳其人的手中只剩下了民族主义一张牌可打。而此时土耳其的民族主义主张仍然不明显。1918年美国总统威尔逊在他著名的"十四点计划"中提出"对于土耳其帝国之土耳其种族，须承认其主权"。受此影响，更重要的是为了阻止安纳托利亚地区的希腊人和亚美尼亚人，1919年年初，色雷斯和安纳托利亚地区出现了一些保卫"民族权利"的协会和组织。1919年5月19日，凯末尔在萨姆松登陆，组建军队，并召开东部各省保卫主权大会。大会谴责了苏丹穆罕默德六世的卖国行为，拒绝承认丧权辱国的《穆德洛斯停战协定》。这一天后来被土耳其人视为民族解放运动的开始。凯末尔认为，当时只剩下一条出路了，那就是"建立新的土耳其国家"。

为了能够形成统一的抵抗力量，1919年6月21日深夜，凯末尔发出著名的《阿玛西亚宣言》。该宣言指出，国家的完整和民族的独立已陷入危机之中，如果苏丹政府不立即采取行动，"土耳其民族"将面临灭亡。该宣言认为，"民族独立只能通过民族自身的愿望和决心来实现"。一个月之后，凯末尔在埃尔祖鲁姆大会上发出倡议，呼吁反对外国占领与干涉，捍卫国家的领土完整和主权独立。9月，在西瓦斯大会上，凯末尔宣布在安卡拉筹建新的民族政府以取代伊斯坦布尔的帝国苏丹政府，并将其作为土耳其唯一合法政府。

值此国家和民族危难时刻，以凯末尔为代表的土耳其民族主义势力终于站在了历史前台。1919年12月，奥斯曼帝国举行新的议会选举，凯末尔及其支持者获得议会多数选票。1920年1月，帝国议

---

[1] 转引自昝涛《现代国家与民族构建——20世纪前期土耳其民族主义研究》，生活·读书·新知三联书店2011年版，第72页。

会通过的《国民公约》确认了埃尔祖鲁姆和西瓦斯会议所提出的各项原则，重申了领土完整和主权独立的要求。《国民公约》规定，被占领的地区，由该地区的人民决定其前途，没有被占领的地区，是"土耳其不可分割的部分"；提出"土耳其民族应该被赋予完全的独立和自由"。值得注意的是，《国民公约》第一次提到土耳其国内的少数民族权利问题，认为他们"享有的权利应该与邻国境内穆斯林所享有的权利相等"。

在西方列强的干预下，奥斯曼帝国议会最后遭到解散，土耳其民族主义斗争的主战场由伊斯坦布尔转移到安卡拉。1920年4月，大国民议会在安卡拉召开，会议的核心是组建民族政府。大国民议会后，土耳其出现了两个政府，一个是伊斯坦布尔的奥斯曼苏丹政府，代表名存实亡的旧帝国；另一个是安卡拉政府，代表着正在崛起的土耳其民族主义力量。

安卡拉政府的建立，是土耳其历史上开天辟地的大事。从此，土耳其有了自己独立的民族政府，开始了由多民族的帝国向民族国家过渡的历程。

三　土耳其民族国家的诞生

土耳其民族政府成立后便投入了火热的救亡斗争之中。1920年8月，协约国与伊斯坦布尔苏丹政府签订《色佛尔条约》。该条约规定，奥斯曼帝国放弃对西亚、北非阿拉伯地区以及亚美尼亚、塞浦路斯和爱琴海诸岛的主权；承认亚美尼亚是一个独立的国家，并将埃尔祖鲁姆等地区列入亚美尼亚；伊兹密尔及邻近的广大地区被划为"特别区"（实际上将其划给希腊）；承认库尔德斯坦的自治权以及随后的独立权；奥斯曼的财政及关税受协约国财政委员会的监督，财政岁入须优先偿还战争赔款；废除征兵制度，军队总数不得超过4.5万人，不得拥有海军和空军；等等。《色佛尔条约》将昔日庞大的奥斯曼土耳其的生存空间压缩到安卡拉到黑海的一小块土地上。

很显然,《色佛尔条约》是一个彻底肢解奥斯曼土耳其的不平等条约,如果该条约得到全面实施,那么不仅奥斯曼帝国,而且土耳其民族国家都将不复存在。《色佛尔条约》极大地刺激了土耳其的民族主义精神,安卡拉的民族政府不仅强烈谴责和不承认这个不平等条约,而且也从根本上否认伊斯坦布尔政府的合法性。

《色佛尔条约》签订之后,希腊在英国的默许、支持下,向安纳托利亚高原腹地挺进,在凯末尔的领导下,群情激愤、士气高昂的安纳托利亚军民最终击溃了希腊军队的入侵,捍卫了自己脚下的土地和世世代代生活的家园。这是安纳托利亚人第一次为自己而战,为自己的民族国家而战。在漫长的奥斯曼帝国时期,安纳托利亚人一直在为苏丹而战,为这个宗教帝国的圣战事业而流血。

凯末尔领导的反希腊入侵战争的胜利,迫使接受新的停战协定,同意废除《色佛尔条约》,重新谈判。1923年7月土耳其大国民议会与西方列强及希腊签订《洛桑条约》。《洛桑条约》明确划定了土耳其与希腊、英国委任统治地伊拉克以及法国委任统治地叙利亚之间的边界线,使得土耳其在自己的疆界内取得统一;取消西方列强在土耳其享有的治外法权和财政监督权,废除战争赔款。该条约签订后,协约国军队撤出伊斯坦布尔和博斯普鲁斯—达达尼尔海峡地区,土耳其的国家安全与主权完整得以保障。

《洛桑条约》的签订标志着土耳其的领土完整和主权独立诉求得到了国际社会的承认,标志着土耳其作为国际法上的主权国家已然诞生。

1923年10月,土耳其大国民议会颁布法令废除了苏丹制度,次年3月大国民议会又宣布废除哈里发制度,这两项举措为建立一个世俗的土耳其共和国打下了基础,也为土耳其建立现代民族国家扫清了障碍。1923年10月29日,土耳其大国民议会宣布土耳其为共和国,凯末尔当选为第一任总统。

1924年4月,土耳其大国民议会颁布共和国的第一部宪法,该宪法废止了历史上奥斯曼帝国颁布的两部宪法（即1876年和1909年宪法），从而废除了奥斯曼帝国的道统。1924年宪法宣布土耳其的政体为共和国，规定大国民议会为土耳其的最高国家权力机关，土耳其语为官方语言，伊斯兰教为国教，首都为安卡拉。1924年宪法的颁布，标志着土耳其共和国从根本大法的角度确证了自身的存在与合法性。

第 四 章

土耳其共和国的整固与发展

土耳其共和国脱胎于一个神权性质的、多民族封建军事帝国，与西欧传统的民族国家相比，土耳其不论是在"先天条件"方面，还是在"后天路径"上都存在着明显不足。从前者来看，土耳其不像西欧民族国家那样，在民族（种族）、宗教乃至语言方面有着较强的均质化基础；从后者来看，土耳其民族主义的发展和土耳其共和国的诞生具有很强的被动性和生存策略性。[①] 因此，匆匆走进民族国家大门的土耳其，可谓百废待兴，百业待建。

第一节 全面构建"土耳其民族"

一 构建土耳其的人种归属

土耳其共和国成立以后，以凯末尔为首的民族主义者热衷于学

[①] 与西欧民族国家"原生的、主动的"民族主义生成路径相比，土耳其人的民族主义在很大程度上是"后发的、被动的"。在危机四伏的奥斯曼帝国晚期，首先生发民族主义思潮和运动的是受西方基督教国家民族主义影响较大的非穆斯林群体，其次是那些非土耳其族的穆斯林群体如阿尔巴尼亚人和阿拉伯人，最后才是那些土耳其人。当土耳其人发现，昔日的米利特（社群）——穆斯林群体和非穆斯林群体都坚定不移地拥抱各自的民族主义，纷纷独立建立自己的民族国家时，他们才意识到，不论是奥斯曼主义，还是泛伊斯兰主义，都不足以让这些群体留下来，与土耳其人共患难、共同建立一个大的政治共同体（国家）。"最后的""孤单的"土耳其人只好选择建立自己的民族国家。

习和模仿西方国家的制度、体制和价值观，为了进一步论证与西方国家的亲缘关系进而融入"白人国家"，土耳其的民族主义者有意支持土耳其"脱黄"的观点和学说。国家编写的教科书认为，"从贝加尔湖边的阿尔泰山与中亚开始，到里海、黑海领域，以及爱琴海与多瑙河河岸这块广大的区域中，自数万年前以来所生活的主要人种就是白种的土耳其人"，虽然经历了种族融合，但仍然属于"保存自身原始特征最完善的一个人种"。教科书强调，生活在安纳托利亚的奥斯曼—土耳其人在种族上主要是"西方的""白种人"，而非"亚洲的""黄种人"。

在欧洲人种、史学和考古学研究的基础上，通过附会、添加，将土耳其人说成是"白种的圆头颅人"，认为他们创造了世界上"最早最先进的文明"，并把这些文明带到全世界。伊楠认为土耳其人是"一个高级的人种，而且理应被认为是一个更高级的种族"[①]。

与戈比诺等人所鼓吹的"雅利安人"的神话相比，土耳其政府及史学家制造土耳其人白人神话的目的，与其说是显示土耳其人的优越感，不如说是减轻在西方人面前的自卑感，或者说唤起他们内心的"自信心"和"自豪感"。从这个意义上说，土耳其建国后策划研究的种种白人种族说是一种彻头彻尾的人为建构，甚至是主观臆造。

二 提出新的"土耳其史观"和文明观

历史是一个国家的过去，没有历史或过去的国家注定是立不住脚的。土耳其建国后，凯末尔多次强调土耳其人是一个古老的民族，有着自身漫长而辉煌的历史。然而，从已有的研究来看，土耳其的历史不仅模糊不清，而且错误百出。相形之下，在欧洲人那里，作为"他者"的土耳其（人）历史倒是相对清晰、完整。这使得土耳

---

① 转引自昝涛《现代国家与民族构建——20世纪前期土耳其民族主义研究》，生活·读书·新知三联书店2011年版，第306页。

其人"恢复和重建"自己国家的历史成为一个艰巨而又迫切的任务。

关于重建历史的重要性，凯末尔的养女伊楠当时有句话很有代表性，她说，"不知昨天者亦无法认识今天，不知自我之本原者亦无法面向明天。"历史学者萨德里·马克苏迪说："一个懂得历史的人，就会支持正确的道路。所有民族在进步时期都会对自身之过去感兴趣，我们也是如此。"他强调："历史并不是一个由学术杂志构成的关于信息的知识。历史，对民族而言，同时还是灵感、力量和希望的源泉，也是自信的源泉。"①马克苏迪真实地反映了当时土耳其政治家的观点和心声，即成功的民族都会有自己的历史；历史对土耳其人而言，不仅仅是真实的信息，更重要的是，它能给土耳其人带来自信、灵感、勇气和希望。

从上述需求出发，土耳其的政治家和学者极其重视历史研究问题。1930年6月，"土耳其历史委员"宣布成立，这个以研究土耳其"民族历史"为使命的机构，其管委会的16名成员中，政府和议会官员占据了一半还多。这从一个方面反映了土耳其政府对"重建历史"工作的极端重视。

另一个反映这种重视态度的方面无疑是国父凯末尔对修史的态度。日理万机、重大国务缠身的凯末尔不仅亲自过问、指导历史研究工作，而且亲自参与其中，撰写和口述土耳其历史（教科书）。1930年出版的《土耳其史纲要》便是凯末尔亲自把关甚至逐页修改而成的。该著述的一个重要目的在于纠正西方中心主义者长期以来形成的对土耳其人的偏见，通过追溯土耳其人数千年的"文明化"传统，而唤起民众的自豪情绪。

1931年，在凯末尔的亲自过问和参与下，土耳其政府出版了四卷本的历史教科书，在这些名为"历史"的教科书中，撰写者首先直言不讳地承认，土耳其人来自中亚，并且是中亚"很高级的早期文明"的创造者。在提出欧洲大陆不过是亚洲"向西突出的一块"

---

① 昝涛：《现代国家与民族构建——20世纪前期土耳其民族主义研究》，生活·读书·新知三联书店2011年版，第274—275页。

的结论之后，教科书用了较大的篇幅以比较的方式"矮化"欧洲文明。认为中亚的土耳其人进入新石器时代的时间，比欧洲人早了五千年。不仅如此，教科书还认为，中亚的土耳其人创造了人类早期的所有成果，宣称"当世界其他地方的人类还在岩洞或树洞过着野蛮生活的时候，土耳其人在其故乡已经进入到木器与石器文明阶段"[1]。

土耳其民族主义者对土耳其历史及土耳其人在文明的创造与传播中的作用做了极尽所能的发挥。严格来讲，这些所谓研究已明显脱离了历史学科的轨迹，成为一种典型意识形态化的官方虚假指导宣传。在这个过程中，伊楠这位"历史老师"起的作用非常之巨大。在凯末尔的鼓励和安排下，伊楠实际上承担了土耳其历史观和文明观的总设计人的角色。她的一些近乎疯言疯语的观点为土耳其史学界提供了方向性的指引。伊楠在这方面的代表性观点的言论有："人类最高级的和最早的文明种族、国家，是阿尔泰与中亚的土耳其人。中国文明之基础的创立者是土耳其人。在美索不达米亚、伊朗的公元前至少7000年前人类之最初文明的创造者和人类的最早历史时期出现的苏美尔人、埃兰人、阿卡德人，被给予了这些名字的人，实际上就是土耳其人。在埃及三角洲的土著居民，以及埃及文明的创立者是土耳其人。在美索不达米亚，公元前2300年时，闻名的闪族人汉谟拉比，在历史上显赫的亚述人，历史上他们都是土耳其人。以古希腊人为名的多利安人，是安纳托利亚的土著民、最初的和真正的主人，即他们的祖先是被叫做赫悌人的土耳其人"，"我认为，在克里特出现的最早的米诺斯文明，在被叫做希腊的阿卡亚人统治之地的迈锡尼文明，它们的最早创立者是土耳其阿卡亚人（TÜrk Akalar）。在克里特和阿卡亚，作为今天文明之基础的文明的创造者不是欧洲人或者印—欧人，也不是古希腊人，他们也决不是闪族人"……"拉丁文明之基础的创造者是被称为埃特鲁斯坎人

---

[1] 转引自昝涛《现代国家与民族构建——20世纪前期土耳其民族主义研究》，生活·读书·新知三联书店2011年版，第287页。

(EtrÜsk)的土耳其人。"①

在上述论断中,伊楠一口气把东西方文明都归于"土耳其人",伊楠的这种偏执也表现在她对"匈奴人"文明的评价上,她认为,"匈奴人不是在欧洲游牧的民族。相反,他们附着于土地,他们在家里、村庄和城市中定居。匈奴人……的宴会用餐桌的次序和样式都是完全仿照罗马宫廷。匈奴人从事伟大的艺术和商业";"为了方便与拜占庭人之间的贸易,匈奴人在多瑙河流域建立了市场。匈奴帝国甚至在阿提拉时代就非常地发达"。②

考虑到伊楠的特殊身份,从某种意义上来看,伊楠的历史观和文明观实际上就是凯末尔本人的土耳其历史观和文明观,它反映了刚刚掌权的民族主义者内心的脆弱和不自信,反映了他们试图通过拉长土耳其人的历史和夸大土耳其人的文明成就,强化对既定领土和边界的历史主权,筑牢土耳其国家的历史和文化根基,增强土耳其人的文化自信,克服西方中心主义给土耳其民族心理带来的持久困扰,从而为彻底摆脱"西亚病夫"的贫弱地位和精神状况提供坚实的历史和文化基础。同时,历史观和文明观方面的土耳其中心论,也反映出了这样一种现象,即历史学和文明观与民族主义从来都是相辅相成的:一定的历史学和文明观总是一定民族主义意识形态的产物,而现实政治中的民族主义也往往按照自己的意愿改写历史学和文明观。这对于土耳其人如此,对于西方人也大概如此。

三 改造文字:再造土耳其的语言文化

在对土耳其历史观和文明观进行大规模的系统再造的同时,激情于西方化和现代化的土耳其人做出了一件对土耳其国运影响十分

---

① 转引自昝涛《现代国家与民族构建——20世纪前期土耳其民族主义研究》,生活·读书·新知三联书店2011年版,第269—270页。
② 转引自昝涛《现代国家与民族构建——20世纪前期土耳其民族主义研究》,生活·读书·新知三联书店2011年版,第319页。

巨大的事情：改造自己的语言文字。共和国成立后，土耳其文使用的文字仍然是奥斯曼帝国直接留下来的遗产——奥斯曼语。奥斯曼语是伊斯兰教神权国家600年的产物，它最大的一个特点是"伊斯兰化"。因为阿拉伯语是伊斯兰教的宗教语言，以伊斯兰教为意识形态的奥斯曼帝国的官方语言严重受到阿拉伯语以及阿拉伯化的波斯语的影响：奥斯曼语的拼写实际上就是二者的混合，外加突厥语的一些元素。这种文字的一个重要特点是非常难学，不易普及。实际上，长期以来，只有少数土耳其精英才掌握这种文字，绝大部分民众都沦为这种书写文字的文盲。

1926年土耳其语言学会成立，该协会强调土耳其语的历史悠久性并认为它是许多其他语言的源头，提出土耳其语的去阿拉伯和波斯化问题。1928年6月语言委员会成立，凯末尔下令用拉丁字母改革土耳其旧字母，从而拉开了土耳其文字改革的序幕。

1928年10月1日，土耳其大国民议会通过了《土耳其字母采用和实施法》，规定分阶段用新的土耳其字母取代原有的字母。为了在很短的时间内推行新文字，该法规定，从1929年1月1日起，土耳其国家机关、公司、企业、银行、协会以及社会团体在其工作文件中都必须使用土耳其字母，土耳其语出版的图书也必须以土耳其字母印刷；从1929年6月1日起，政府将不再接受用旧字母土耳其语书写的各类申请；凡是用土耳其语教学的学校，都必须采用土耳其（新）字母，严禁在教学中使用阿拉伯语出版的图书；自1928年12月起，所有土耳其语的报刊都要使用新土耳其字母出版。1929年1月1日，国家教育部直属的公立学校发起"读写运动"——公立学校向成年人开放，以学习新的书面文字。[①]

作为土耳其共和国的缔造者，凯末尔深谙文字改革对国家的重大意义。改革推行以来，凯末尔身体力行，他带着便于教学的小黑板，在土耳其各地奔波宣传，教授土耳其新字母。他从伊斯坦

---

① 昝涛：《"字母革命"与土耳其现代化》，《世界知识》2009年第11期。

布尔出发，先后抵达泰基尔达、布尔萨、查纳卡拉尔、加里波利、西诺普、萨姆松、阿玛西亚、托卡特、西瓦斯、沙尔克什拉、开塞利、安卡拉。他每到一处，都会发表充满激情的演讲，凯末尔说："诸位朋友，我们丰富而和谐的语言，如今能够借用新的土耳其字母得到表达了。我们必须让我们自己从多少世纪以来像铁箍似的束缚着我们思想的那些令人无法理解的符号中解放出来，我们民族将以她的文字和她的思想，表明自己在文明世界中的地位。"经过近10年的努力，土耳其民众的新文字书写能力显著提高，截至1936年，有250万人取得毕业证书，字母（文字）改革顺利完成。

土耳其的字母（文字）改革有着深刻复杂的动因和寓意，首先，一个重要的动因是，土耳其人决定彻底告别奥斯曼帝国的文化，这个曾经给土耳其人带来荣耀的大帝国在其晚期已经变得腐朽不堪，成为落后、被动挨打和失败的符号和象征。在奥斯曼帝国的图书馆里，满目都是阿拉伯语的中世纪文献。这些文献除了一定的历史研究价值以外，不仅再也难以唤起土耳其民族主义者任何兴趣，而且日益成为难以摆脱的记忆深处的阴影。改革文字，显然是摆脱这些承载了数百年甚至千年的中世纪文化遗产的最彻底、最有效的解决办法。当然，如果仅从"摆脱过去"这一动机来讲是远远不够的。实际上，除了价值观方面的考虑外，文字改革还有两个极为重要的原因或者说条件。一是从语言学的角度来看，拉丁字母比阿拉伯字母更适合土耳其语。阿拉伯语辅音多、元音少，而土耳其语则正好相反。二是当时土耳其人的识字率非常低，可以说是一张极为理想的"白纸"。[①]

其次，改革文字，在告别自己历史文化遗产的同时，还有着重要的现实考量：去除土耳其文中的阿拉伯语和波斯语的影响，与那

---

① 奥斯曼帝国晚期以来，尽管土耳其（奥斯曼）政府进行了教育改革，但土耳其人的识字率一直都很低，1918年的识字率仅仅5%多一点，到了1927年也仅仅为10.7%。有学者认为，如果当年土耳其的识字率达到20%或25%，那么改革的难度就会非常大，甚至可能难以推行。

些政教不分、宗教严重影响政治和社会的阿拉伯及波斯伊斯兰国家划清界限。毋庸置疑，土耳其周围的伊斯兰国家对土耳其国内的政治和社会改革均具有重要的影响。切断文字之间的联系无疑是减轻这种影响的有效措施。

最后，字母（文字）改革的最终目的是向西方靠近、向西方学习，与伊斯兰世界保持距离。这是以凯末尔为首的土耳其民族主义者发动字母（文字）改革的重要原因。此外，字母的改革也有利于推行土耳其的民族主义特别是世俗主义改革。从某种程度上可以说，字母（文字）改革是向西方学习、疏离伊斯兰世界、民族主义、世俗主义等的共同要求。

为了进一步融入欧洲和实现世俗化，土耳其不仅改革自己的文字，而且把阿拉伯语和波斯语从高校课程中剔除出去。

不论是从土耳其语言自身的发展来看，还是从土耳其民族主义的政治诉求来说，抑或是从土耳其国家发展的角度来看，改革和再造文字都具有十分重要的意义。

1931年出版的教科书认为土耳其语"是原创的、基本上独立的一个语言"，"土耳其语的一个明显不同之处在于，它是所有被称为突厥部族所使用的方言中的一个明显而成熟的形式。匈牙利人和芬兰人所使用的语言，含有土耳其人的基本成分，但同时又加了别的形式"。客观来看，剔除阿拉伯和波斯化的土耳其语实际上已完全欧化。

四 再造"土耳其民族"

共和国成立以后，如何构建"土耳其民族"，使土耳其成为一个名副其实的"民族国家"是凯末尔等民族主义者必须正视的重大理论和现实问题。凯末尔深深懂得"那些没有民族意识的民族，只是其他民族的猎物"。因此建构土耳其人的民族意识，继而创造出"土耳其民族"，成为土耳其建国后的头等大事。

为了构建"土耳其民族",凯末尔在其著述及多个场合中都大谈土耳其民族的"共同语言、共同文化、共同地域,共同起源"、共同的历史经历和共同的道德感。他甚至不顾明显的历史事实[①],鼓吹"在这个世界上,再也没有比土耳其民族更伟大、更古老、更纯洁的民族了;在人类历史上,再也没有出现过能与土耳其民族相媲美的民族"[②]。

通过人种、语言,文明和历史的一系列附会和推演后,土耳其民族主义终于露出了其最终目的:构建一个"几千年来"就居住在安纳托利亚乃至小亚细亚的土耳其人,1932年土耳其媒体《共和国报》上发表了一篇名为《谁是小亚细亚最早的居民?》的文章,该文不仅把"土耳其人"来到小亚细亚的历史拉长到"数千年",而且野心勃勃地把这片土地上生活的希腊人、亚美尼亚人等归类为"土耳其人",认为他们是因为"极其无知"才把自己视为非土耳其人。[③]

需要指出的是,上述土耳其政府及历史学者的近乎荒诞的土耳其历史观和文明观,并没有仅仅停留在学术或意识形态层面,在随后长达近一个世纪的历史历程中,这些经过精心构造和篡改过的历史观和文明观不断地被运用于土耳其民族国家构建的实践中,造成土耳其长期的民族关系紧张、民族问题处于难解状态。

[①] 其实早在其西迁过程中和开拓时期,"突厥民族"就已经不是什么成分"单一的民族","他们与沿途和当地其他不同的种族通婚、融合并改变了种族特征,形成为新的民族"。昝涛:《现代国家与民族构建——20世纪前期土耳其民族主义研究》,生活·读书·新知三联书店2011年版,第41页。

[②] 昝涛:《现代国家与民族构建——20世纪前期土耳其民族主义研究》,生活·读书·新知三联书店2011年版,第253页。

[③] 参见 Lootfy Levonian, *The Turkish Press*, *1932–1936*, Beirut: American Press, 1937, p. 64。

第二节　狂飙挺进的世俗主义

一　伊斯兰教的历史作用和现实局限性

民族主义与世俗主义是土耳其民族国家构建的双翼，在民族主义凯歌奋进的同时，土耳其共和国的缔造者们将矛头指向历史和现实影响深远的伊斯兰教。在土耳其的前身奥斯曼帝国，伊斯兰教曾经起了非常"革命"的作用：它曾为帝国的扩张提供了用之不竭的动力，也为帝国的治理立下了汗马功劳。但是，随着时间的推移，伊斯兰教的保守或者守旧让帝国的发展逐渐陷入停滞。尤其是到了帝国中晚期，伊斯兰教不仅无法为多民族、多宗教的帝国提供有效的理念或价值观支撑，而且也无法弥合同为穆斯林的多元民族之间的裂痕——率先在帝国境内竖起民族主义大旗的竟然不乏长期被奥斯曼人视为兄弟的穆斯林群体，这一历史性的教训，使土耳其的建国者们深刻认识到，伊斯兰教不仅对维持帝国的团结和统一不再有效，而且日益成为土耳其民族凝聚力的一种消解剂。凯末尔近乎沉痛地指出："有人说宗教是民族形成的一个因素，但是在土耳其民族形成的例子中，我们看到的是相反的情形"，"在皈依伊斯兰教之前，土耳其人就是一个伟大民族了……伊斯兰教使得土耳其民族的纽带松弛了，使他们的民族情感与民族激情沉眠"。

凯末尔对伊斯兰教之于土耳其民族意识的解构作用认识深刻，评价入木三分。他说："那些接受了先知穆罕默德所创宗教的人，不得不忘却自身，在每一个地方颂扬安拉的话就成了一种生活义务。与此同时，对安拉还不能讲自己民族的语言，在礼拜与祈祷中，只能使用安拉赠与阿拉伯人的阿拉伯语及用阿语写成的书。若不学习阿拉伯语，则不知安拉所言。与此情形相对的是，他们对土耳其民族在几个世纪中都干了什么却一无所知。在几乎连一个词的意思都不懂的情况下就苦背《古兰经》，最后只是变成个哈佛兹（hafiz）而已……对土耳其民族的认识，与糊涂无知的教士（hoca）一起，成为烈火与痛苦之中的谜。宗教与野心、政治狼狈为奸。一方面，勉强地居于阿拉伯人的宗教之下，一方面又处于欧洲基督教民族的统治之下，但是，他们甚至都没有想过自己所信的宗教与他们的民族之间的关系。"[1]

土耳其史学家优素夫·巴余尔（Yusuf Hikmet Bayur）认为，伊斯兰教对土耳其人的"民族性"是一个巨大的威胁。奥斯曼帝国时期，土耳其人为了统治所有穆斯林，而主动将自己"伊斯兰化"。伊斯兰化后的土耳其人失去了"自己的文化活力"，掩埋了自己的民族性。他的结论是：伊斯兰教是包括土耳其在内的东方衰败的主要原因。

不仅如此，在共和国成立前夕，伊斯兰教还被顽固、守旧的苏丹统治者用作打击凯末尔党人强大政治工具。[2] 这种情况也更加坚定了凯末尔推行世俗化的决心。

二 激进的世俗主义政策及实践

如果说民族主义为土耳其构建民族国家提供了强劲动力的话，那么世俗主义便为这种构建提供了方向保障。世俗主义改革的成功与否，决定着土耳其民族国家将变成一个类似其他中东国家的伊斯兰神权国家，还是成为一个与西欧诸国相似的现代世俗国家，这是摆在土耳其民族主义者面前的两条截然不同的道路。

奥斯曼是一个宗教神权帝国。六百年来，伊斯兰教不论是在这

---

[1] 转引自昝涛《现代国家与民族构建——20世纪前期土耳其民族主义研究》，生活·读书·新知三联书店2011年版，第256—257页。

[2] 在第一届大国民议会召开之前，伊斯坦布尔的大穆夫提在苏丹的授意下，宣布凯末尔是"异教徒"，这在一个民众受伊斯兰教影响至深的国家，无疑是具有巨大杀伤力的。虽然，凯末尔很快利用安卡拉的大穆夫提进行宗教上的反击并赢得主动，但对于凯末尔来说，这无疑是一个深刻的提醒。

个国家（帝国）的政治、法律制度中，还是在一般公众的内心，都留下了深刻的甚至是难以磨灭的印记。实际上，直至共和国诞生前夜，伊斯兰教在国家政治生活中所具有的强大作用仍然是令人生畏的。① 在这种历史背景下，推行政教分离，将伊斯兰教从土耳其政治国家强行驱离，其困难程度可想而知。以凯末尔为首的土耳其民族主义者以罕见的政治勇气，迎难而上，向影响和渗透于土耳其人内心数百年的伊斯兰宗教势力提出挑战。

需要说明的是，凯末尔主义者同伊斯兰教势力作斗争，并不意味着他要同伊斯兰教本身作斗争，更不是要消灭伊斯兰教，而是要将伊斯兰教从政府或政治体制中剥离出来，取消其在国家统治或治理中的权力，使其产生影响的范围仅限于宗教信仰和宗教礼仪本身。对于土耳其世俗主义所要达到的目的，凯末尔在许多场合都有阐述，他认为世俗主义的目标是，不是消灭宗教本身，而是为了还原政治和宗教的本来职能，让上帝的归上帝，恺撒的归恺撒。对于伊斯兰教来说，世俗主义意味着宗教摆脱了政治强制的牵绊，使信仰本身更加纯粹、更加纯洁。

鉴于哈里发制度及其伴生性的欧莱玛阶层是推行世俗主义的最大体制性障碍，土耳其共和国成立后，凯末尔主义者首先将矛头指向这些具有深远历史和群众根基的政治宗教建制。1924年3月，凯末尔在议会宣布必须"把伊斯兰信仰从数世纪以来关于充任政治工具的地位中拯救出来，使其得到纯洁与提高"②。在这一精神的指导下，土耳其大国民议会随后连续通过了三项法令，废除哈里发制度，

---

① 在民族解放斗争的关键时刻，作为一种政治策略，1920年4月凯末尔向全国民众呼吁"为哈里发和苏丹政权，为信仰和帝国，为国家的独立和民族的解放而祈祷"。为了充分调动民众尤其是宗教势力支持民族独立的斗争，这里凯末尔特意将"哈里发和信仰"置于"国家的独立"和"民族的解放"之前。这一策略很快得到宗教力量的回应，5月安卡拉的152名穆夫提联名发布宗教法令，谴责伊斯坦布尔的苏丹屈从西方列强，呼吁穆斯林支持凯末尔领导的民族解放战争。1921年9月大国民议会授予凯末尔"加齐"（圣战者）称号。参见哈全安《土耳其通史》，上海社会科学院出版社2014年版，第176页。

② [英]伯纳德·刘易斯：《现代土耳其的兴起》，范中廉译，商务印书馆1982年版，第276页。

将奥斯曼王室成员驱逐出境；罢免大穆夫提，撤销教法与宗教基金部，关闭宗教法庭，宗教法官纳入世俗司法体系；成立隶属于政府的宗教事务管理局，负责任免教职人员、管理教产和解释教法；取缔欧莱玛控制的宗教学校，取消宗教课程，所有学校纳入政府的管理范围，实行单一的世俗教育，旨在强化政府对宗教活动、宗教场所和教职人员的管理。①

这些措施沉重地打击了传统的宗教势力，将伊斯兰教从司法和学校教育中剔除出去，与此同时，加强了政府对宗教机构和人员、宗教产权和宗教活动的管理和控制。1933 年土耳其政府又通过了一项规定，要求清真寺的宣礼改用土耳其语，从而进一步区隔伊斯兰教与阿拉伯国家，实现伊斯兰教的土耳其化。

政党或社团与宗教的关系是世俗主义改革关注一个重要领域，为了防范政党或社团②利用宗教进行动员，1926 年颁行的新刑法规定"凡滥用宗教、宗教情感或在宗教上被视为神圣之物，在人民中间进行任何形式的煽动，以致发生危害国家安全的人，或为此目的而集会结社者"，都将按触犯刑法论处。1938 年通过的结社法，明确禁止政党参加宗教活动；禁止成立以宗教、教派或教团为基础的社团。这些规定对于防范具有宗教背景的政治结社或政党政治，巩固土耳其的世俗主义成果具有重要意义。

1928 年土耳其大国民议会按照世俗主义的原则和实践修改了宪法，删除了伊斯兰教为"国教"和大国民议会实施"教法规则"的条款，规定今后总统、总理和议员的就职宣誓以"个人荣誉"为基础进行，从而在法律上彻底完成了土耳其的世俗化。为了进一步巩固土耳其的世俗化成果，1937 年的修宪中，世俗主义作为凯末尔主义的六项原则之一被纳入宪法。至此，土耳其的世俗主义改革达到了一个新的高度。

---

① 哈全安：《土耳其通史》，上海社会科学院出版社 2014 年版，第 177 页。
② 当时主要防范的是社团。

三 基于世俗主义的其他社会改革

伴随着民族主义和世俗主义的改革，新生的土耳其共和国还在其他方面进行了广泛的社会改革，如所谓"衣柜改革"（wardrobe reform），其中，费兹帽的废除便是其中最有影响力的改革之一。

1925 年 11 月土耳其颁布《帽子法》，废除费兹帽，要求所有公务员都必须戴礼帽。此后费兹帽便逐渐在土耳其消失，代之以城里人的礼帽和乡下人的便帽。

帽子曾是奥斯曼帝国的身份和等级的重要标志物。人们在奥斯曼帝国的大街上，通过帽子就能分辨出他的身份、社会地位甚至确切的职业或职位。[①]

改革帽子和衣着具有重要的象征性意义，对土耳其来说，"衣柜改革"不仅是重建土耳其国家形象的重要组成部分，也在很大程度上影响着土耳其国家的生存、发展甚至是国运。[②] 凯末尔在一次演讲中指出："强大的文明之火会将漠视它的人烧成灰烬"，他认为，向西方学习，或者说土耳其的西化，不仅体现在制度和精神上，也应体现在其社会形象上。在一些亲西方的政治精英看来，"这不是简单的模仿和虚伪的做法，而是阻止《色佛尔条约》带来的灾难再次出现的另一个预防措施；这是一个更容易被欧洲公众识别的标志，即'我们是一个跟你们一样的民族。因此，我们的国家不能也将不会成为殖民地'。这是传递这一信息非常实际和有效的方式；尽管大多数的外国民众可能不那

---

① 参见［土耳其］悉纳·阿克辛（Sina Aksin）《近代土耳其如何进行文化革命?》，凤凰评论，http://news.ifeng.com/a/20170105/50525756_0.shtml。

② 有论者认为，两次世界大战期间，只有土耳其是为数不多的能实现和保持了独立的国家之一，其中衣柜改革功不可没。1934 年，墨索里尼发表的帝国主义宣言在土耳其引起了不安，意大利外交部副部长和墨索里尼本人都向土耳其大使表示，宣言涉及的问题并不针对土耳其，因为土耳其是一个欧洲国家。这也与土耳其建国后积极进行社会改革并向欧洲国家看齐有着密切关系。参见［土耳其］悉纳·阿克辛（Sina Aksin）《近代土耳其如何进行文化革命?》，凤凰评论，http://news.ifeng.com/a/20170105/50525756_0.shtml。

么在意另一个国家的发展，但民族形象这一方面就不那么容易被忽视了。"①

在政教关系、政社关系改革如火如荼之际，土耳其政府还在其他领域陆续进行改革。

1925年12月，土耳其政府废除旧历，正式全面采用西方的历法和纪元，确定以国际通行的24小时制为土耳其国家唯一合法的计时方法；决定改用西历周末制，要求政府所有部门和公共机关一律实行周六下午一点至周一早晨为止的周末休假制；1934年6月颁布法令，要求每一个土耳其公民都要有自己的姓氏，改变了土耳其人（穆斯林）不采用家姓的传统习惯，如此等等。上述看似与世俗主义没有直接关系的改革，实际上对巩固和加强土耳其社会的世俗主义成果具有重要意义。

社会改革中一项具有标志性意义的改革无疑是涉及女性权利的法律改革。1926年土耳其新民法生效，该法废除了传统伊斯兰世界比较常见的多妻制和对女性不公正的休妻制，确认男女在政治、经济、社会生活中的平等地位。新民法保障女性有权平等从事各种职业（除军事外）。1925年女性获得在国家机关任职的权利，1931年获得平等参与地方选举的权利；1933年大国民议会修改"农村法"，女性获得进入农村长老委员会的权利；1934年妇女获得全国大选的平等的选举权和被选举权。②

土耳其共和国在女性权利方面的凯歌奋进，不仅创造了伊斯兰世界的先例，而且即使与它引以为榜样的西方国家相比，其进步的步履和幅度也不逊色。新民法还规定，在正式结婚登记之前，不能举行宗教婚礼；子女的宗教教育由父母决定，但子女成年后有权自行选择宗教。总之，在性别平等问题上，土耳其取得了了不起的进

---

① 参见［土耳其］悉纳·阿克辛（Sina Aksin）《近代土耳其如何进行文化革命？》，凤凰评论，http://news.ifeng.com/a/20170105/50525756_0.shtml。
② 随后在新一届大国民议会的选举中，有18名妇女当选为议员，占比为4.5%。参见黄维民《中东国家通史：土耳其卷》，商务印书馆2007年版，第205页。

步，在新民法下，土耳其女性与男性一样，有着平等结婚、离婚权利，不同宗教或教派之间的通婚受到法律的保护。以上所有这些，对于一个深受伊斯兰教法影响、历史包袱特别沉重的国家来说，已不啻为一个巨大的进步。

第 五 章

库尔德问题的形成与演变

"库尔德问题"是土耳其"民族问题"甚至是其"国家问题"的核心构成部分，它的发展和演变严重影响了土耳其的民族问题乃至国家发展问题的解决进程，具有十分重要的地位。

第一节 库尔德人概述

一 人口与地理

土耳其库尔德人约占土人口的13%—18%[①]，主要生活在土耳其的东部及东南部，该地区也被称为"北库尔德斯坦"。北库尔德斯坦大约占到整个"库尔德斯坦"[②] 的40%，面积约为19万平方千

[①] 不同的统计机构有着不同的数据，根据美国中央情报局提供的资料，截至2016年库尔德人口占到土耳其总人口的19%；而巴黎库尔德人研究所（the Kurdish Institute of Paris）认为，在土耳其的北库尔德斯坦有1200多万库尔德人，这个数字加上散居在伊斯坦布尔、伊兹密尔、安卡拉、阿达纳和梅尔辛等城市的700万—1000万库尔德人，在土耳其的库尔德人总数达2000多万人，约占土耳其总人口的25%。参见 https：//www.institutkurde.org/en/info/the-kurdish-population-1232551004。

[②] "库尔德斯坦"是一个变迁性的地理政治概念，常被用来模糊性地描述库尔德人的历史生存空间。在现实中，不论是在政治还是地理意义上，库尔德斯坦都没有明确的指向性。一个较为普遍接受的观点是，所谓库尔德斯坦，实际上指的是库尔德人居住区，其面积在23万—30万平方千米。Lokman I. Meho and Kelly L. Maglaughlin eds., *Kurdish Culture and Society*, New York：Greenwood Press, 2001, pp. 3 – 4.

米，多为山地和高原。

库尔德人是典型的跨界民族。在所跨界的四个国家中，土耳其的库尔德人数量最大，占整个库尔德总人口的比例最高。根据巴黎库尔德人研究所提供的数据，截至2016年，全世界库尔德人的总数为3600万—4500万人，其中土耳其估计有2000万人（最少不低于1500万人），占所在国人口总数的比例最高为25%（最低为19%）；伊朗有1200万人（最少不低于1000万人），占所在国人口总数的比例最高为17.5%（最低为13%）；伊拉克有850万人（最少不低于800万人），占所在国人口总数的比例最高为27%（最低为25%）；叙利亚有360万人（最少不低于300万人），占所在国人口总数的比例最高为15%（最低为12.5%）。除了这四国以外，库尔德人在欧洲还有150万散居人口（最少不低于120万人），在苏联诸国有50万人（最少不低于40万人）。

需要指出的是，由于种种原因，长期以来，中东四国库尔德人的数字一直是一个牵扯各方面政治神经的敏感问题。为了渲染库尔德这个"无国家的民族"的悲情，库尔德背景的组织或机构总是倾向于夸大库尔德人的数量。而相关国家则恰好相反，它们为了减轻库尔德人带来的压力，淡化他们追求自治或自决的合法性，刻意压缩库尔德人的数量。因此不论是在土耳其，还是在其他几个国家，统计学意义上的库尔德人的数量都是难以获得的。

根据《不列颠百科全书》，在土耳其81个省中，有13个省库尔德人口占多数，它们分别是伊格尔（Iğdır）、通杰利（Tunceli）、宾格尔（Bingöl）、穆什（Muş）、阿勒（Ağrı）、阿德亚曼（Adıyaman）、迪亚巴克尔（Diyarbakır）、锡尔特（Siirt）、比特利斯（Bitlis）、凡城（Van）、桑尼乌法（Şanlıurfa）、马尔丁（Mardin）和哈卡里（Hakkâri）。1987年的《伊斯兰百科全书》记载，土耳其的库尔德斯坦历史上至少包括了土耳其的17个省。[①] 库尔德人集中

---

① 1987年以来，土耳其政府新创制了舍尔纳克、巴特曼、阿尔达汉等四个省。

居住的这些地区，在土耳其国内一般也被称为安纳托利亚东南部地区和安纳托利亚东部地区，土耳其政府严禁使用"库尔德斯坦"来称呼这些地区。

地理上，库尔德人居住的地区多由高山和山地高原构成，属于极端大陆性气候，夏季炎热，冬季严寒。但是这里土地肥沃，盛产粮食和牲畜，当地经济以畜牧业和小规模农业为主，跨境走私（特别是石油）为边境地区提供了重要的收入来源。该地区最大的库尔德人居住城市迪亚巴克尔周围的低洼地区，则以较大规模的农业和工业为主，其他地区则由于数十年的冲突和高失业率导致人口大量外流。

二　历史与文化

文化和血缘上，库尔德人的起源并没有可靠、连贯的历史学、考古学或人种学的支持。据有关学者的考据，库尔德文明最早可以追溯到基督诞生之前；一些考古学家甚至指出，早在公元前2000年的苏美尔铭文中就有关于库尔德人的记载。俄国东方学家弗拉迪米尔·明诺斯基认为，库尔德人是多族裔通婚混合而成的，任何寻找独特的库尔德人的努力都是枉费心机。此外，也有人认为，库尔德人是中东的伊朗人种。从文化、政治和社会的维度来看，第一次世界大战后库尔德人经历了沧桑巨变：他们的历史依附于其他民族的历史，他们没有独立的库尔德人历史，库尔德人受外部统治者影响的程度，要远远大于自身内部结构的影响。[①] 库尔德人的这种历史经历和特点，既是理解其内部差异性的关键点，也在很大程度上预示着其作为一个"民族"的命运。

历史上，中东地区的库尔德人长期处于部落酋长的统治之下，他们从来没有建立过统一的"民族—国家"。公元10—11世纪

---

① 参见李秉忠《土耳其民族国家建设和库尔德问题的演进》，社会科学文献出版社2017年版，第5页。

(990—1085年），这一地区出现了一个名为"Marwanid"的库尔德王朝。从14世纪开始，该地区的大部分逐步并入奥斯曼土耳其帝国。在数百年的奥斯曼帝国历史上，库尔德人多以酋长国或公国的形式存在，它们在完成对帝国的税贡义务和服从苏丹权威的前提下，享有世袭继承权和自治权。

鉴于一些库尔德公国的独立意识日渐生发，从19世纪初开始，奥斯曼帝国加强了对库尔德地区的控制。为了削弱上述公国君王的权力，帝国中央政府取消了公国君主们的世袭权，结果引起更大的不稳定——民间苏菲派及其教派运动在这一地区风起云涌，其中苏菲派领袖谢赫·乌拜达拉·纳赫里（Shaikh Ubaidalla Nahri）发动了叛乱。谢赫·乌拜达拉·纳赫里是库尔德人追求现代民族主义的最早代表，他在给英国副领事的一封信中宣称"库尔德民族是一个独立的民族，我们的事务由我们自己控制"[1]。

20世纪20年代以来，伴随着土耳其民族国家构建运动，库尔德人与土耳其中央政府的矛盾和冲突愈演愈烈。在这期间，为应对库尔德人的反抗活动尤其是分离主义运动，土耳其中央政府采取了一系列政治的、军事的和法律的手段。直到今天，围绕库尔德人形成的"库尔德问题"仍旧是土耳其政治生活中的一个十分棘手的重大问题。

第二节 库尔德问题的产生

一 "库尔德问题"的含义及形成和发展的几个历史阶段

库尔德成为"问题"的过程与其作为一个"民族"的意识觉醒

---

[1] Carl Dahlman, "The Political Geography of Kurdistan", *Eurasian Geography and Economics*, Vol. 43, No. 4, 2002, p. 278.

及政治诉求密切相关。库尔德人的民族（国家）意识觉醒较晚，直到 20 世纪前后，库尔德人才在一个相对稳定的地域范围——"库尔德斯坦"的基础上有了联合的意识和主权诉求。1919 年巴黎和会期间，"库尔德人权利促进会"代表团团长谢里夫帕夏照会巴黎和会，要求核定库尔德斯坦的地理范围并支持库尔德人建立自己的国家。为了联合有着相似诉求的亚美尼亚人，库尔德人还有意将凡湖地区留给亚美尼亚人。

尽管由于种种原因，库尔德人的诉求没能实现，但是库尔德人依托一定的地域范围提出建国诉求的情况表明，他们的民族主义意识已不可逆转地迸发。这对于已经形成疆界的周边国家土耳其、叙利亚、伊朗、伊拉克来说，一直是一个严重的问题，因为涉及这些国家的主权和领土完整问题。这是所谓"库尔德问题"最核心的含义。

库尔德问题的第二种含义在于，具有建国诉求的库尔德人，将可能严重影响中东地区的稳定与安全，在存在大国干预的情形下，这种影响还可能进一步扩大。

库尔德问题的第三种含义或许在于，如果库尔德人的建国目标实现，将不仅分裂其周边四个国家，造成地区政治和社会秩序的激烈动荡，而且严重削弱既定的以民族国家为基础的国际秩序。

从主体性的视角来看，上述三种含义的一个共同特点显然是，库尔德之所以成为"问题"是因为它将破坏既定的民族国家秩序，这里，民族国家本身成为判断是非的标准，而那些没有机会组建自己的民族国家，或者，正如金利卡教授所说的那样"在民族国家的建国竞赛中失败了的民族"，成为"问题"本身。

除了上述情况外，库尔德问题还有一种值得关注的含义，那就是，在一些西方学者或者不少库尔德人看来，作为拥有 3000 万人口的中东四大民族之一，库尔德人竟然没有自己的民族国家。逻辑地看，这种观点还是一种民族国家本位或主体性视角。

在民族国家时代，库尔德问题最核心的部分还是其所在国家的影响，从此出发，库尔德问题基本上与土耳其共和国存续的时间等长。土耳其的库尔德问题的形成和发展大体上可以分为五个阶段。①

第一个阶段为奥斯曼帝国的解体和土耳其共和国成立初期（1914—1939年），这一阶段的特点是，奥斯曼帝国普遍主义的宗教认同被特殊主义的土耳其国家认同所代替，冲突主要表现为土耳其民族国家的同质化要求与库尔德人自治诉求之间的斗争。

第二个阶段为1945—1983年（1939—1945年相对处于休眠期），这一阶段的主要特点是土耳其国家的民主化与库尔德传统社会结构的逐渐解体及其民族主义动员大规模开启。其间发生了三个重大历史事件，一是库尔德工人党（PKK，以下简称库工党）成立（1978年）；二是军事政变（1980年）；三是制定1982年宪法。这三个历史事件对后来土耳其的政治和社会生活产生了深远影响。

第三个阶段为1984—1999年，这一时期的特点是库尔德问题全面恶化，以库工党为代表的暴力组织与土耳其政府全面对抗，其诉求已转化为追求库尔德人居住区独立。这一时期，库尔德问题受到苏联解体和海外战争的重要影响，土耳其解决国内民族问题的努力受到国际因素尤其是中东国家的严重影响。土耳其总统厄扎尔（Turgut Ozal）首次提及土耳其有1200万库尔德人，占国内总人口的20%。由于库尔德问题日益严峻，这一时期土耳其政界、商界都积极致力于库尔德问题的解决。但是，受内外多重因素影响的库尔德问题，显然从土耳其政府一个方向难以解决。

第四个阶段为2000—2011年，1999年库工党首领厄贾兰的被捕和同年底赫尔辛基峰会决定承认土耳其的欧盟候选国资格以及正发党的执政，成为影响库尔德问题走向的三个重大事件。厄贾兰被捕后数次单方面宣布停火，寻求暴力以外的解决路径。欧盟候选国身份的取得，使得土耳其国内欢欣鼓舞，土耳其官方开始软化立场，承认库尔德问题的存在，并开始在部分地区允许库尔德语的使用，

---

① 参见李秉忠《土耳其民族国家建设和库尔德问题的演进》，社会科学文献出版社2017年版，第16—20页。

放松对库尔德语出版的管制。与此同时,政党层面,支持库尔德人的和平与民主党(Peace and Democracy Party,BDP)[①]和人民民主党(HDP),后者于2011年在大国民议会选举中获得席位,走向土耳其政治前台。2002年正发党上台执政。土耳其政党政治的新变化,对于缓解库尔德问题的军事或暴力程度起了重要作用。库尔德问题出现了缓和的迹象。

第五个阶段为2011年至今,这一阶段最大的一个特点是,库尔德问题受到周边或地区因素的影响在进一步加大,尤其是"伊斯兰国"的崛起,极大地改变了中东的政治形势,极大地增强了库尔德问题解决的不确定性。

上述五个阶段的划分,大体上反映了库尔德问题生成、起伏和发展的基本特点,本章将大概按照这种分期逻辑展开,兼以"问题"为导向。

二 库尔德问题的历史缘起

库尔德人与奥斯曼帝国的关系最早可以追溯到17世纪,其时经过长期的争夺,奥斯曼帝国最终控制了大部分的库尔德斯坦地区。在此过程中,以家族和部落为纽带的库尔德"初民社会"被奥斯曼帝国的以宗教、地域和传统为认同标志的帝国分层社会所代替,由于宗教上的亲近(双方同属于伊斯兰教逊尼派)和各自民族认同的缺位,库尔德人不仅赢得土耳其人的信任,而且在奥斯曼帝国与波斯帝国接壤的边境承担着保卫奥斯曼帝国国土安全的重任。这一切随着一场名为"坦齐麦特"[②]的改革的提上日程,而逐步发生变化。

随着奥斯曼帝国在与西方争斗中日益趋于下风,为了救亡图存,奥斯曼帝国被迫向西方学习,开启了改革的征程,进入所谓"坦齐麦特"时代(1839—1876年),这场以所谓"花厅御诏"肇始的改

---

① 其前身为民主社会党(DTP),2008年更名。
② 又译"坦泽马特",系土耳其语"改革"一词的音译。

革大致包含了如下内容：强化中央集权；保障苏丹臣民的生命、荣誉和财产；改革税制，废除包税制，实行直接征税制；采用征兵制，明确限定服役期限；打破宗教界限，强调权利分配的世俗原则，即帝国臣民无论信仰什么宗教，一律享有同等的法律地位。[1]

其改革中的两个价值取向，深刻地影响了土耳其人与库尔德人的关系：一是世俗化改革；二是加强中央权力，强化中央对地方（库尔德地区）的控制。前者削弱了土耳其人与库尔德人的宗教纽带，后者试图削弱甚至取消库尔德人的自治权，尽管削弱或取消库尔德人的自治权的企图没有成功，但库尔德人的民族意识却由此有所觉醒。

真正意义上的"库尔德问题"最早可追溯到第一次世界大战之后。其时，战败的奥斯曼帝国被迫与英、法、意等协约国签署《色佛尔条约》。该条约对库尔德人来说，最重要的一个条款是，库尔德人可以在奥斯曼帝国的幼发拉底河以东实现自治并在条件成立的时候建立一个独立的库尔德国家。然而，由于种种原因，库尔德人自身并没有在这一问题上达成共识，被历史学家认为"错过了历史上最好的建国时机"。

尽管《色佛尔条约》在有关库尔德人的地位问题上并没有产生任何实质性结果，但这一国际性条约的内容使土耳其意识到西方国家一直在利用库尔德问题破坏土耳其的领土、主权完整和民族团结，这一判断被后来发生的谢赫·赛义德起义所"验证"。在土耳其人看来，赛义德起义背后站的是英国人，因为英国政府支持库尔德人建国，并托管了居住着大量库尔德人的摩苏尔地区。因此库尔德人成为摩苏尔地区归属的关键性因素，英国政府试图通过策动库尔德人的叛乱或起义而迫使土耳其政府放弃争夺摩苏尔。从此以后，土耳其人便达成了这样的共识：帝国主义是库尔德人及其他分裂势力背

---

[1] 哈全安：《土耳其通史》，上海社会科学院出版社2014年版，第128页。

后的力量，库尔德问题是一个涉及国家主权安全的重要问题。①《色佛尔条约》和赛义德起义这两个历史事件成为库尔德问题高度敏感化和"原罪化"的重要历史动因。

第三节 库尔德问题的进一步演变与发展

一 《洛桑条约》的签订与库尔德人的历史命运

随着土耳其对希腊战争的胜利，土耳其人眼里的"丧权辱国"的《色佛尔条约》被相对公正的《洛桑条约》（1923年7月24日，以英国、法国、意大利、日本、希腊、罗马尼亚、塞尔维亚—克罗地亚—斯洛文尼亚国七个协约国为一方，以土耳其为另一方在瑞士洛桑缔结）代替。对库尔德人来说，不幸的是，《洛桑条约》不仅没有提及库尔德人自治或独立建国的问题，而且连实际上作为"少数民族"地位的条款都没有达成（这一点后来成为土耳其国家证明其境内不存在"库尔德少数民族"的历史证据），最终导致库尔德地区被周边四个国家即土耳其、伊朗、伊拉克和叙利亚所分割，变成了所谓"无国家的民族"②。在这四个国家中，土耳其的库尔德问题最为严重③，这一点可能与土耳其独特的建国理念及其实践密切相关。

---

① Emile Marmorstein, "Religious Opposition to Nationalism in the Middle East", *International Affairs*, Vol. 28, No. 3, 1952; Mehrdad R. Izady, *Kutds: A Concise Handbook*, Taylor and Francis, 1992, p. 38; 张瑞华：《土耳其库尔德人的"民族认同"路径探析》，《世界民族》2016年第3期。

② 《洛桑条约》将奥斯曼帝国统治下的库尔德斯坦一分为三，分别划归土耳其、英属伊拉克和法属叙利亚。之后，库尔德斯坦又被土耳其、伊朗、伊拉克和叙利亚继续分割，库尔德人最终被分割在四个主权国家之内，成为有"世居领土"但无国家的民族。

③ 张瑞华：《土耳其库尔德人的"民族认同"路径探析》，《世界民族》2016年第3期。

二 "土耳其化"的建国运动：库尔德人的民族意识被唤醒

如果说"坦齐麦特"改革对土耳其人与库尔德人关系的影响，由于其改革的不彻底性或极大的妥协性而十分有限的话，那么半个世纪后的土耳其建国运动则给土库民族关系带来了前所未有的冲击。1924年土耳其公布共和国的第一部宪法，该宪法规定，所有土耳其公民，不分种族和宗教，一律为土耳其人，使用土耳其语。随后土耳其当局颁布一系列法律对库尔德人进行"土耳其化"改造。土耳其化的民族国家构建方略，唤醒了库尔德人的民族主义意识，掀起了库尔德民族主义运动的浪潮。

凯末尔创建土耳其民族国家的两个支柱原则即世俗主义和民族主义的强力推行或运用，对库尔德人的社会意识、民族和宗教认同以及部落社会权力结构带来极大冲击。

在炽热的土耳其民族主义的影响下，库尔德人的族裔（民族）身份被完全否认（他们被认同为"山地土耳其人"和"讲库尔德语的土耳其人"），库尔德人的学校遭到关闭，语言遭到禁止，库尔德文字的地名和文件遭到清除，与土耳其人并肩作战了数百年的库尔德人[①]一朝失去了两千多年的古老的民族身份，被称为与主体民族"无差别"的"土耳其人"。

不仅如此，由于哈里发制度的废除和世俗主义的强力推行，库尔德人的社会意识、民族和宗教认同陷入重重危机。以往他们自认为是土耳其人的"穆斯林兄弟"，如今土耳其在其国家主流意识形态中强力驱逐伊斯兰教，连接两个民族心理的纽带已不复存在。价值宗教意识形态的突然崩塌，使得库尔德部落的首领及宗教领袖的利

---

① 直到第一次世界大战期间，库尔德人依旧是支撑奥斯曼帝国苏丹的重要军事力量，那时库尔德人与土耳其人的共同敌人是亚美尼亚人和沙俄。第一次世界大战后随着亚美尼亚人被强制迁徙和沙俄的崩溃，两个民族（族群）彼此之间的政治同盟基础大大减弱，大小民族主义逐渐滋生乃至坐大。

益和权威受到严重威胁。

在土耳其民族主义和世俗主义的双重打击之下，忍无可忍的库尔德人奋起抵抗。1925年2月，安纳托利亚地区的库尔德人在其部落宗教领袖谢赫·赛义德的领导下发动起义，起义提出的口号是恢复哈里发制度和原有宗教社会秩序。而起义的支持者——库尔德民族主义者也趁机提出脱离土耳其共和国，建立独立的库尔德国家。赛义德领导的起义遭到当局的残酷镇压。土耳其大国民议会还授予伊斯梅特内阁长达两年的独裁权力，授权其在安卡拉设立特别法庭，负责审理参加叛乱的库尔德人。有超过2万库尔德人被安卡拉政府强制迁离家园，移入安纳托利亚西部。[①]

土耳其当局的强力镇压，激起了库尔德人更多的起义和叛乱。继赛义德起义后，库尔德人又接连发起包括亚拉腊山起义（1927年）和德西姆起义（1937年）在内的十几次起义，土耳其历史从此进入所谓库尔德人的"叛乱年代"（1924—1938年）[②]。对于这些起义土耳其政府无一例外予以镇压，其中对德西姆起义的镇压造成了严重的后果，导致近1.4万人死亡。由于镇压伴随着试图消灭库尔德人的语言及民族特性等目的，此次行动也被广泛认为是土耳其政府对库尔德少数民族的一次"种族文化灭绝行动"[③]。

在军事行动的同时，土耳其政府颁行了一系列法律如《重建秩序法令》《维持治安法》《重新安置法》等，对库尔德人的语言、民族习惯、居住地和一些相关符号进行强制性改造。

那些被强迁进入西部或沿海城市的库尔德人，由于语言、文化问题而边缘化，而留在家园的那一部分人则长期陷入贫困化。土耳其当局的强制政策虽然带来了短期的安定，但给库尔德人造成长久难以磨灭的心理创伤。这种创伤以及由创伤所造成的共同的历史记

[①] 哈全安：《土耳其通史》，上海社会科学院出版社2014年版，第168页。
[②] Svante E. Cornell, "The Kurdish Question in Turkish Politics", *Orbis*, Vol. 45, No. 1, 2001.
[③] George J. Andreopoulos ed., *Conceptual and Historical Dimensions of Genocide*, University of Pennsylvania Press, 1994, pp. 141–170.

忆，成为库尔德问题历久难以解决的重要历史根源。

纵观土耳其近代以来的历史，我们发现，库尔德问题的缘起、加重和激化，与近代以来土耳其人所面临的重大历史任务——像欧洲其他民族一样，创建属于土耳其人"自己的"民族国家密切相关。建立一个"同质化的"民族国家，既是凯末尔主义者的梦想，也是土耳其共和国构建民族国家的实际指导方针。德西姆起义被镇压后，凯末尔在演讲中兴高采烈地宣布："我们现在不会、将来也不会允许出现任何障碍，阻止我们民族达到与它所匹配高度文明和幸福。"[①]

德西姆起义失败后，库尔德人在该地区的力量受到很大损失，加之两次世界大战的影响，库尔德问题在1939—1945年保持了相对平静。然而随着土耳其国家的民主化转型，库尔德问题又出现了新变化。

三 民主化进程进一步强化库尔德人的民族主义意识

伴随着20世纪二三十年代的平叛活动，土耳其政府加强了对库尔德人居住的东部和东南部的社会改造和经济开发：在广大的库尔德农村地区放逐或处死有影响力的领主，强制迁徙部落人口到土耳其族人居住的西南部地区，以期打破部落制，破坏封建体系；向东部修建铁路，在边远地区修建公路，开办学校讲授土耳其语，改善农业方法以吸引游牧的库尔德人转向农业，如此等等。对库尔德人居住区的改革以及整个国家的现代化进程，使得传统的库尔德问题出现了新动向——大量库尔德人来到土耳其西部或西南部，他们在"融入"城市的过程中，发现他们与并肩生活的土耳其族人在文化、语言、经济社会发展水平以及政治参与方面均存在着明显的不同，

---

① Robert Olson, *The Kurdish Question and Turkish-Iranian Relations: From World I to 1998*, California: Mazda Publishers, 1998, Preface. 转引自李秉忠《土耳其民族国家建设和库尔德问题的演进》，社会科学文献出版社2017年版，第234页。

并由此形成新的身份认同。随着这类人群的不断增加，长期以来盘根错节于农村地区的库尔德问题开始在城市中找到新生代的代表，城市由此成为库尔德问题的新场域。与此同时，库尔德农村地区也受到他们在城市的同族的影响。

库尔德人在西部城市的聚居，逐渐生发出城市库尔德民族主义的新酵素。1958年，迪亚巴克尔出版库尔德语杂志《未来家园》，该杂志明确表达了库尔德人的族群身份认同。同时，那些在土耳其学校接受教育的库尔德人，在接受教育的过程中追寻库尔德人身份认同，这些人后来成为土耳其左翼运动和库尔德民族主义运动的中坚力量。[①]

20世纪40年代后期开启的民主化进程对库尔德人的民族权利意识和诉求起了重要的助推作用。一党执政的结束，使共和人民党针对他们的许多强制措施突然失去了合法性支持。库尔德人开始认识到，在多党竞争中，他们可以通过选票来维护自身的权利，表达库尔德群体的诉求。在1950年进行的议会选举中，在库尔德人的大力支持下，从共和人民党中分离出去的民主党一举击败建国的共和人民党，掌握了土耳其的国家机器。

民主党执政后与支持其上台的库尔德部落首领和阿迦暂时实现了政治上的和解与共存。这一局面极大地鼓舞了库尔德的民族主义士气和其对新的政治过程参与的积极性。随着民主党经济社会政策的持续推进，西部城市中的库尔德人数量不断增加，库尔德人的民族主义运动面临新的历史机遇。

民主化及政党政治的继续推进，使土耳其社会出现了新的分化现象，即以往的主要沿着族裔边界发生的分化（即同化与反同化），开始向阶级或利益分界的方向发展。一方面，在政党政治的逻辑下，为了满足自身不同的利益诉求，库尔德部落选择支持不同的政党，由此造成部落力量的新分化；另一方面，在同样的逻辑作用下，一

---

① 参见李秉忠《土耳其民族国家建设和库尔德问题的演进》，社会科学文献出版社2017年版，第244页。

些土耳其族人选择站到长期受压制的库尔德人一边，或者同情他们，这些人后来逐渐发展成土耳其左翼力量的中坚。

20世纪50年代后期，库尔德人的生存环境得到继续改善，长期以来在公共空间讳谈的库尔德人的地位问题开始得到关注和讨论，一些库尔德团体开始提出各种权利要求。1960年民主党政府被土耳其军方颠覆，政变后的土耳其政府曾一度恢复共和人民党时期的强制土耳其化政策，但是随着还政于民和1961年宪法的颁行，民主政治又重新回到土耳其并出现了土耳其历史上比较罕见的"最为自由的10年"。

1961年宪法赋予土耳其公民类似西方国家的政治权利和自由，一时间新闻、出版、集会、结社、言论等自由和权利的平等成为社会的共识。作为土耳其社会的少数族群，库尔德人开始关注他们在文化和政治上的平等权利。他们充分利用出版等自由，用当时流行于世界范围内的左翼思想（左派话语）来表达自己的诉求。他们将土耳其政府政策选择所导致的东西部严重发展不平衡归结为"资本主义带来的后果"和"统治阶级推行民族同化的社会、经济政策所致"，呼吁用社会主义的手段解决库尔德问题，甚至认为"只有社会主义制度才可能给土耳其人和库尔德人带来正义、平等和幸福"。

在左翼运动的历史氛围下，库尔德人加强其族性动员和宣传。1958年以来，库尔德人连续创办和出版了《东部之声》《底格里斯河—幼发拉底河》《和平世界》《前进中的祖国》（*Forward Country*）等刊物，在这些刊物中，库尔德人的历史、文化、语言等库尔德特性得到了有效的宣传。1969年东部库尔德人居住区及安卡拉和伊斯坦布尔的库尔德人发起成立"革命的东部文化协会"（DDKO），该协会以地域性的组织和针对地域性的问题为名目，大力宣传库尔德人的权利和自由，成为"第一个公开聚焦库尔德问题和挑战国家意识形态的库尔德人组织"。库尔德人的一系列动员和宣传，不仅针对国家，而且还将那些已经"土耳其化"的库尔德青年又重新"唤回"到库尔德人阵营中。这反映了民主和自由原则与族裔政治天然相同的一面。

与此同时，许多土耳其左派组织也开始关注落后的库尔德地区和库尔德人群。根据新宪法成立的各类左翼政党包括一些以马克思主义为意识形态的社会主义政党，纷纷打着"支持被压迫民族"和"消灭剥削"的旗号，加入政党政治的意识形态斗争和各类选战中。左翼力量天然契合了库尔德少数群体的利益，他们对库尔德群体产生了持久的吸引力，成为库尔德人在新的历史条件下，争取权利斗争的宝贵同盟者。①

土耳其工人党是库尔德人首选的斗争同盟者。该党成立于1961年，由12个工业联盟组建而成，是典型的"工人组织或政党"。它的奋斗目标是社会主义，途径是和平过渡。土耳其工人党认为，库尔德人在经济、社会日益边缘化，而土耳其政府无视这一情况，而对库尔德人的权利诉求采取简单粗暴的形式，这一做法不仅无济于事，而且导致情况进一步恶化。土耳其工人党对库尔德人的基本政策或政治主张是在"民主"和"宪法"的框架内，以权利保障的形式解决库尔德问题。1970年土耳其工人党在其政治纲领中正式提出库尔德问题，虽然土耳其工人党对土耳其政治的影响几乎可以忽略不计，但作为一个合法的土耳其政党，它在对待所谓"库尔德问题"上迈出了重要一步。②

当然，也要看到，由于"库尔德问题"在土耳其社会的特殊敏

---

① 正如法国库尔德研究专家博扎什兰所指出的那样，"鼓吹社会公正和平等，挑战现存秩序，并为库尔德斯坦等边远地区的发展呐喊；虽然没有公开摒弃凯末尔主义，但对于国家支持的土耳其民族主义构成了挑战；为库尔德人提供了马克思列宁主义意识形态的新视野，强调被压迫民族有权决定自己的命运，接受了民族问题的合法性。它赋予了土耳其人—库尔德人兄弟情谊新内涵——被压迫民族—被压迫阶级的兄弟情谊。从这个意义上来讲，马克思列宁主义起到了类似哈里发制度在独立战争期间巩固土耳其人—库尔德人伊斯兰兄弟情谊的作用"。Hamit Bozarslan, Kurds and the Turkish State, pp. 345 – 346, in Resat Kasab, the Cambridge History of Turkey, Turkey in the Modern World, Cambridge University Press 2008. 转引自李秉忠《土耳其民族国家建设和库尔德问题的演进》，社会科学文献出版社2017年版，第256页。

② 参见 Chris Kutschera, "Mad Dreams of Independence: The Kurds of Turkey and the PKK", Middle East Report, No. 189, the Kurdish Experience, 1994, printed by Middle East Research and Information Project, Inc。

感性和土耳其政治转型的复杂性，1961年宪法给库尔德人及左翼人士带来的"民主和自由"十分有限，事实上，不久很多有关库尔德人政治和文化权利的杂志和出版物都遭到查封。1963年土耳其政府以"企图在土耳其领土上建成库尔德国家"为罪名，逮捕了60多名库尔德知识分子。[①]

总之，20世纪50年代以来的土耳其民主化进程，不仅启迪和锻炼了土耳其民众的公民意识和政治参与，而且也为库尔德人提供了同样的成长和发展的机会。民主化不仅赋予了库尔德人现代公民意识，而且也赋予了他们现代民族主义的精髓——自觉、自立和自治甚至独立。关于这一点，对于开启土耳其民主进程的政治家们来说是有些始料未及的。

四　政党政治化解民族问题的失败

政党政治是近代政治文明的重大成果之一。其特点之一是组织的形成、运转及价值理念一般不以初级的人类群体如宗族、家族、宗教、民族（族群）、区域为基础，而是以某种超越性的价值观点如"保守（传统）""进步（现代）""自由""正义"等为分野。尽管在一些国家和地区存在着基于民族或宗教的政党组织，但是从总体上看，占主流的还是那些超越了种族（民族或族群）和宗教的政党，这些政党的存在，对于化解种族（民族）矛盾、族群和宗教冲突等起到重要作用。土耳其也是如此。

20世纪50年代土耳其多党制民主化进程的启动，为库尔德问题的解决提供了重要的历史机遇。政党竞争的现实残酷性使得昔日靠一味打压库尔德人而稳定政权根基的共和人民党开始发生转变。为了吸引库尔德人和左翼人士的选票，长期一党执政的共和人民党承诺让被从东部驱逐出去的库尔德人重返家园，扩大民主与自由，赋

---

① 李秉忠：《土耳其民族国家建设和库尔德问题的演进》，社会科学文献出版社2017年版，第259页。

予（库尔德）地方政府更大的权力。①

而同时参加竞选的民主党也以改善库尔德人的处境为口号获取选票，民主党承诺如果当选，将减少对东部库尔德地区的文化限制，减少该地区宪兵的"粗暴行为"，为了增强党的代表性和影响力，民主党甚至吸收了不少具有影响力的库尔德人进入议会，如此等等。

民主化多党制的引进，不仅使得土耳其民族主义色彩浓厚的政党开始改革或调整政治主张，从而有利于在政党政治的框架下解决库尔德问题，也为库尔德人自身利用政党平台，获取基本权利和自由提供了机遇。

在政党政治中，最能代表库尔德人利益的非民族政党组织是20世纪60年代兴起的左翼运动。左翼力量对现实的强烈不满和抨击，天然契合了库尔德人的诉求。在诸多左翼政党和组织中，土耳其工人党表现得最为明显。为了吸引库尔德民众，该党大量吸收了新兴的库尔德精英。遗憾的是，由于种种原因，该党在全国大选中取得的成绩很不理想，在1965年和1969年的大选中分别获得3%和2.7%的选票。

在依托土耳其工人党争取自身权益的同时，库尔德人开始着手建立自己的政党，1965年库尔德人建立"土耳其库尔德斯坦民主党"，该党得到伊拉克库尔德同名政党的支持。1966年7月，土耳其库尔德斯坦民主党领袖布贾克（Faik Bujak）遭到暗杀，该党的另外一名重要成员西万（Shiwan）脱离组织另立分支，并随后撤退到伊拉克准备进行武装斗争。

1971年3月12日，土耳其军方以土耳其东南部分裂主义问题为借口，再次发动政变。军方大肆逮捕库尔德人和左派人士，关闭和禁止了所有与库尔德人有关的组织和党派。在此过程中，土耳其工人党也遭到取缔，其领导人几乎全部被捕。至此，库尔德人和土耳其左派试图利用议会民主进行合法斗争或博弈的道路基本被关闭。

---

① 哈全安、周术情：《土耳其共和国的政治民主化进程研究》，上海三联书店2010年版，第88页。

一些库尔德极左派组织当时就试图发动武装起义，但遭到军方的严厉打压。

库尔德人政党及土耳其工人党的命运，在某种程度上昭示了整合族际关系的政党政治和库尔德问题在土耳其国家中的发展趋势。

库尔德人政党及以土耳其工人党为代表的左翼力量在民主框架下联合斗争，为库尔德人及底层民众争取权益的努力之所以失败，原因有多种。其中一个重要原因是两种力量始终没有能够真正联合起来。土耳其左翼力量在代表库尔德人诉求的过程中，也存在沙文主义倾向。这种沙文主义倾向说明，尽管由于"解放式"的价值观，左翼力量可以与库尔德人达成短时间的联盟，但从长远来看，二者没有共存共荣的基础。①

政党政治主要建立在阶级分野的基础之上，它在很大程度上是一种超越族群和宗教的"阶级政治"。20世纪五六十年代，土耳其国内及国际范围内的左翼运动，给整体来看处于初始阶段的库尔德问题带来了难得的转机。在阶级政治的历史氛围中，土耳其民众中不仅出现了呼吁关注"东部问题"——库尔德地区的贫困落后和库尔德人的受歧视现象，而且一度出现了要求政府赋予库尔德人政治和文化权利的跨族裔性地区性组织。然而，随后出现的国内形势的严重恶化以及社会基本秩序面临严重威胁，导致军事集团一次次发动政变。政变后，土耳其左派和库尔德组织遭到严厉打击。"阶级政治"化解民族问题的努力付诸东流。

除在军事上保持高压以及严厉打击以外，土耳其政府并没有在政治上为库尔德问题的解决留出活口，一些与库尔德人有关的政党遭到当局严厉封禁：1993年7月，人民劳动党（HEP）在"分裂罪名"下遭到禁止；其一部分成员又重新组织了一个名为"社会民主

---

① 库工党成立后，面对神情游移、立场飘忽不定的左翼同盟者（土耳其工人党），库尔德领导人愤怒地将他们指责为"修正主义者和改良主义者"，坚称库尔德工人党将会成为坚定的"职业革命者"。Paul J. White, *Primitive Rebels or Revolutionary Modernizers? The Kurdish National Movement in Turkey*, 2ed Books, 2000, p.135.

党"的新党，该党有 22 名成员进入国会。不久土耳其当局就借口社会民主党的负责人在宣誓时，用库尔德语表达了争取库尔德人的权利而受到控告，最终社会民主党也遭到解散；一些成员随后又组建了民主党（DEP），该党再一次受到"与库工党联系密切"的指控。

1994 年，人民民主党（HADEP）由律师穆拉特·博兹拉克（Murat Bozlak）发起成立[1]，该党宣称代表库尔德人的利益，为库尔德人的权利斗争。尽管人民民主党极力与库工党划清界限，但还是遭到土耳其主流政界的强力排斥和打击。[2] 1995 年，该党在大选中获得 120 多万张选票，尽管这一结果只占到总选票的 4.2%，远没有达到进入议会门槛的 10%，但这一竞选结果引起土耳其政府、军方和右翼民族主义者的忌惮，它的一些支持者和选民一度遭到拘押、迫害甚至谋杀的威胁，甚至有 3 名该党官员遭到暗杀。

1999 年 4 月，人民民主党参加市镇和全国大选，虽然在全国层面，人民民主党仍然没有拿到进军议会席位的 10% 的选票，但在土耳其东南部地区的一些城市如阿格里、巴特曼、宾格尔、迪亚巴克尔、锡尔特等获得重大进展，在东南部地区的影响越来越大。此次大选之后，人民民主党又一次遭禁，被迫重新命名为民主人民党（DEHAP）[3]。在其存续期间的 2002 年（最后）选举中，获得

---

[1] 该党的前身叫作民主党（the DEP party），民主党成立于 1993 年 5 月，由人民劳动党[People's Labor Party（HEP）]的几个重要成员发起，在对待库工党问题上，分裂为温和派和激进派。1994 年 6 月，民主党因被认定为库尔德民族主义而被宪法法院禁止并解散，6 名主要成员遭到逮捕并被判处 15 年徒刑。2002 年 12 月，欧洲人权法院裁决土耳其当局解散民主党的行为违反了《欧洲人权公约》第 11 条结社自由条款。

[2] 在 1996 年 6 月的党代会上，一名蒙面人当场扯下了土耳其国旗，换上库工党旗帜，此举导致该党所有成员被捕。Aylin Güney, "The People's Democracy Party", *Turkish Studies*, 3 (1), 2002, pp. 122 - 137.

[3] 2003 年 3 月，人民民主党被土耳其宪法法院以"支持库尔德工人党"为由禁止。宪法法院首席法官穆斯塔法·布明（Mustafa Bumin）称，"通过协助和支持非法的库尔德工人党，人民民主党已成为反对国家不可分割的团结的主要活动场所（the focal point of activities against the state's indivisible unity）"。在该禁令发布的同时，与人民民主党有密切关联的民主人民党（DEHAP）也遭到首席检察官萨比赫·卡纳多奥卢（Sabih Kanadoglu）的调查和指控。2010 年，欧洲人权法院裁决土耳其当局解散人民民主党的行为违反了《欧洲人权公约》第 11 条结社自由的条款。

6.22%的选票，仍然没有能够在议会获得席位。

两年后，民主人民党被查禁，随即该党将名称更换为民主社会党（DTP, Democratic Society Party）继续活动。为避开10%选票的门槛，2007年大选中，民主社会党成员以各省的独立候选人身份参加选举，在成功当选议员后，重新汇集在民主社会党旗下组建团队。2009年12月，宪法法院以"与恐怖组织库工党有瓜葛"为由，将民主社会党取缔。与此同时，民主社会党的37名高官和2名国会议员被禁止从事政治活动5年。这样一来，民主社会党在议会的代表席位就从21个下降到19个，按照法律，民主社会党也必须解散，相应地，该党的国会议员也必须辞职。

在经历挫折之后，这个代表库尔德人权益的政党决定改换名称，继续他们的权利之争。他们以和平与民主党（BDP, Peace and Democracy Party）为依托开展活动，在2011年的大选中，他们支持独立候选人，获得36个席位。在2015年6月的大选中，他们以人民民主党（HDP）[①] 为依托开展活动，最终赢得13.02%的选票获得80个席位，终于赢得了进入议会的资格，并成为议会的第三大党。

此次大选的成功，与人民民主党多元性十足的候选人名单有着密切的联系：除了构成多数的世俗左翼库尔德人以外，这个以库尔德人权益为主要关切的政党还将虔诚的穆斯林、社会主义者、叙利亚语基督徒、阿拉维人、亚美尼亚人、阿塞拜疆人、切尔克斯人、

[①] 人民民主党（HDP）成立于2012年，取代过去代表库尔德人权益的主要相关政党。该党自我定位为左派政党，宣扬参与性民主、激进民主和平等主义理念，宣称代表女性、少数族群和青年人的权益。人民民主党也是土耳其左翼联合组织"人民民主大会"（The Peoples' Democratic Congress, HDK）的一个政治派别，该组织成立于2011年10月15日，其宗旨为"反对资本主义""再造土耳其的政治"，代表在族裔、宗教和性别上受歧视的被压迫和剥削的个体。人民民主党同时也是左翼欧洲社会党（PES）的准成员和社会主义国际（The Socialist International）的协商会员，它的现任主要领导人为萨拉哈丁·德米尔塔什（Mr. Selahattin Demirtas）和菲根·约瑟克达（Mrs. Figen Yuksekdag）。

拉兹人以及 LGBT 活动家①纳入候选人阵营，550 名代表中，女性占了 268 名。②为了更好地体现男女平等，人民民主党设立了男女两位党主席。

总的来看，进入 21 世纪之后，伴随着库工党的转型③，土耳其国内的族际政治气氛逐步好转，代表库尔德人权益的政党在经历了不断被禁止（解散）和重组之后，终于迎来了相对稳定的政治存在与合法性支撑：在 2014 年的总统大选中，人民民主党（HDP）推出的候选人萨拉哈丁·德米尔塔什（党主席）获得了 9.77% 的选票，其中不少选票来自具有多元价值倾向的土耳其民众。2015 年获得挺进议会的选票，土耳其西部民众的支持起到重要作用。人民民主党（HDP）成功地进入议会，不仅使得库尔德人的声音有了合法表达的渠道，也为土耳其政府通过政党政治的民主化程序，化解长期困扰土耳其国家和社会的库尔德问题提供重要平台。

然而，由于土耳其周边地区和国内政治形势的复杂多变以及人民民主党自我定位偏差和内在冲突，人民民主党成为议会第三大党，没有能够在民主政治的框架内为解决库尔德问题提供契机，进而库尔德少数民族与国家关系的和谐与融入做出重要的历史性贡献。相反，随着形势的发展，它和土耳其政府的关系变得日趋恶化。

人民民主党（HDP）入驻土耳其国民大会以来，土耳其周边乃至整个中东地区政治形势发剧变，原本受到四个国家抑制的库尔德

---

① 在 2015 年的选举中，人民民主党成功推出土耳其第一个公开的同性恋候选人巴瑞斯·苏卢（Barış Sulu）。据报道，巴瑞斯·苏卢为土耳其的同性恋者（双性恋者及跨性别者）的平等权利奔走已达 20 年（截至 2018 年），他是土耳其第一位以公开的同性恋身份竞选会议员的人士。同性恋行为在土耳其合法，但同性恋者、双性恋者及跨性别者的权利不受法律保护，他们面临普遍的歧视甚至恐吓。

② "Inclusive HDP Candidate List Aspires to Pass 10 pct Election Threshold", *Hurriyet Daily News*, 7 April 2015.

③ 1999 年 2 月厄贾兰被捕后，库尔德工人党发生重要转型。2000 年 2 月该党宣布放下武器，停止与土耳其政府的战争。2002 年将党的名称更名为"库尔德民主与自由大会"，显示了该党走和平维权之路的决心。2003 年该大会解散，被"库尔德斯坦人民大会"所代替。同年发生分裂，一部分成员追求"民主和联邦制方案"，是为"库尔德爱国民党"，一部分成员转移至伊拉克北部，继续武装斗争之路。

人势力，趁着中东的乱世迅速崛起，使得本已趋于缓和的库尔德问题再次成为土耳其国内的头等大事。解决或化解库尔德民族问题客观上成为土耳其政党政治的一个重大议题。在此过程中，库尔德人背景浓厚的人民民主党（HDP）试图走向政治解决库尔德问题的前台。

2015年夏天，土耳其当局与在押的库尔德领导人厄贾兰进行多年的谈判以彻底失败告终。从那时起，土耳其安全部队与库工党武装之间的冲突越来越激烈，仅2015年7月以来，就有1200名安全部队成员和包括妇女儿童在内的无辜平民丧生。[①]

他们甚至试图代替（代表）被定性为恐怖组织和分裂主义武装组织的库尔德工人党（PKK）与土耳其政府谈判，而土耳其执政党正发党因拒绝与人民民主党就库尔德问题进行谈判，而遭到库工党对土耳其军事据点的袭击。这一事件实际上为土耳其政府后来将人民民主党当作库工党的代言人并以涉嫌恐怖主义对其主要负责人及要员进行调查、指控乃至逮捕与判刑入狱等行为提供了鲜活的证据。从这一点也可以看出，在解决库尔德问题的迫切心理方面，人民民主党与库尔德工人党有着较强的一致性。

早在军事政变前的2016年年初，土耳其防暴警察就以"反恐"为名，对位于伊斯坦布尔贝尤鲁区的人民民主党办事处发动突袭，逮捕了数名高官，理由是打击库工党青年分支在城市中的网络。警方还表示，此次行动也是对2015年6月发生的一起怀疑与库工党支持者有关的谋杀案件进行调查的一部分。这是埃尔多安总统呼吁对人民民主党成员采取"法律行动"，对该党主张自治的领导人进行刑事调查表示欢迎之后的一次大规模的警察行动。

作为议会的第三大党和埃尔多安政策的激烈批评者，人民民主党（HDP）对埃尔多安政府自2015年12月以来，在土伊（拉克）、

---

① 在这之前的数十年冲突中，有包括5500名安全部队士兵在内的4万人丧生。Former HDP Deputy Co-chair Tuğluk Sentenced to 10 Years in Jail over "Terror Organization Membership", March 16 2018, Hurriyet Daily News.

土叙（利亚）边境展开的对库尔德武装分子的大规模军事行动深表不满，他们认为这些军事行动不是在针对武装分子或者说反恐，而是针对库尔德"人民"①。

2016年未遂军事政变以后，人民民主党因其所持的强烈的反军事政变态度以及土耳其政府忙于清洗葛兰运动成员，使其暂时免于被追究。从2016年9月开始，土耳其的司法部门陆续对人民民主党的高官和议员提起恐怖主义的指控。截至2017年6月，有超过10名人民民主党议员遭到逮捕。2017年6月5日，土耳其内政部宣布了130名涉嫌与武装分子有瓜葛的海外土耳其人，宣称除非他们于3个月内回国并符合政府的有关规定，否则将失去公民身份，这130人中包括人民民主党的3名高级领导。

2018年3月，人民民主党前副主席艾塞尔·图卢克（Aysel Tuğluk）被安卡拉一家法院以"领导恐怖主义组织"为由判处10年有期徒刑。据土耳其《自由每日新闻报》（the Hurriyet Daily News）报道，艾塞尔·图卢克在法院做自我辩护时指出，"民主社会大会"（the Democratic Society Congress，DTK）②不是恐怖组织，它从未鼓动暴力，相反它是"寻求民主解决库尔德问题的合法平台"。在2017年10月的审判中，检方曾要求将艾塞尔·图卢克的刑期定为22.5年。迪亚巴克尔首席检察官办公室在起诉书称，艾塞尔·图卢克直接听命于被关押的库工党头目阿卜杜拉·厄贾兰，并在与库工党有密切联系的媒体上发表声明。起诉书还提到，艾塞尔·图卢克参加过恐怖分子的葬礼。2018年1月，西部省科贾埃利（Kocaeli）的一家法院也以在监狱门前"组织和领导非法抗议活动"为由，判

---

① "Turkish Police Arrest Pro-Kurdish Opposition Politicians in Raid on HDP Party HQ", *Russia Today*, 8 Jan. 2016.
② DTK是库尔德人组织和团体集体活动的一个平台，平台的目标是为库尔德人争取"民主自治"，平台的第一次活动时间为2011年7月14日，地点在所谓"北库尔德斯坦的首都艾梅德（Amed）"。

处图卢克一年半徒刑。①

从2016年下半年开始，土耳其政府加紧了对库尔德人政治运动的钳制，包括两名党主席在内的许多人民民主党要员遭到逮捕，至少有5000名人民民主党成员被拘留，其中包括80名市长，土耳其东南部数十个市镇不得不委派托管人（Trustees）去管理。截至2018年3月，有10名人民民主党议员被关押，7名人民民主党代表的议员地位被撤销，包括前主席萨拉哈丁·德米尔塔什在内的6名议员（representative）仍处于逮捕中，所有这一切，严重影响了该政党的政治参与能力。土耳其政府的所作所为引起东南地区及西方世界的一片谴责。②

尽管人民民主党的成立与库尔德问题有着密切的关联，但将其简单地归类为"库尔德人政党"显然有失公允。人民民主党具有"民族党"的明显特性，同时它也具有为弱势群体如女性、同性恋者及其他少数族裔争取平等权利的"民主党"性质。就后者而言，它获得西部普通土耳其人的选票，从而入驻国会就是最好的证明。总体上，人民民主党可以被定性为土耳其库尔德左翼反对党（Kurdish-Turkish, left-wing opposition party）。

特别值得一提的是，在2015年的大选中，尽管发生了数十起针对人民民主党的支持者及办公地点的袭击事件，特别是在投票前两日，该党在迪亚巴克尔举行的最大规模的选举集会遭到炸弹袭击，造成至少4人死亡，400多人受伤的严重后果③，但是人民民主党在整个大选期间，表现出了不变的温和品格，而这一点对于他们赢得普通土耳其民众的支持起了关键作用（许多人在这之前对该党抱有成见或持保留态度的人都因此改变了看法）。

人民民主党的迅速崛起并在主流社会赢得一席之地，与其富有

---

① "Former HDP Deputy Co-chair Tuğluk Sentenced to 10 Years in Jail over 'Terror Organization Membership'", March 16 2018, Hurriyet Daily News.

② "Former HDP Deputy Co-chair Tuğluk Sentenced to 10 Years in Jail over 'Terror Organization Membership'", March 16 2018, Hurriyet Daily News.

③ "Turkey Rally Explosions Caused by Homemade Bombs", BBC News 6 June 2015.

魅力的领导人萨拉哈丁·德米尔塔什不无关系。萨拉哈丁·德米尔塔什是一位人权律师，他把库尔德人的权益诉求融入为弱势群体争取权益的和平斗争中，避免自己所领导的政党成为某一民族或族群的代言人。萨拉哈丁·德米尔塔什主张保护所有人的平等的权利和自由，呼吁保护所有土耳其人的宗教信仰自由。这种策略或价值取向，不仅使他赢得了不少主流社会的选票，而且也获得了保守的穆斯林的支持。萨拉哈丁·德米尔塔什所领导的人民民主党因此既获得了一部分追求"自由、进步"人士的支持，又得到一些保守穆斯林的支持（而这两部分人实际上都是埃尔多安正发党力争的对象，在2015年的总统选举中，萨拉哈丁·德米尔塔什获得了近10%的选票，其中一部分选票显然来自正发党原来的支持者）。

人民民主党的出现是库尔德人政党运动中一件具有标志性的大事，也是土耳其政党史上的一个重要事件。自20世纪40年代开启民主化进程以来，土耳其的少数族群（民族）——库尔德人一直试图借助左翼政治势力来解决本族群利益的代表性问题。20世纪90年代以后，库尔德人开始自己组建政党，然而，由于无法摆脱强烈的族裔色彩，尤其是无法理清与名声不佳的库工党的关系，这些库尔德民族主义背景的政党大部分遭到禁止，剩下为数不多的政党因坚持族裔主义立场而对土耳其政治没有产生多大影响。

人民民主党的出现，标志着库尔德人争取权利的形式和理念发生了重大变化，一些库尔德精英不再固守族裔主义的政党路线，转而在更广泛的民意基础上寻找库尔德少数族群的定位和权益模式。人民民主党的两位创始人亚武兹·奥宁（Yavuz Önen）和法特玛·高（Fatma Gök）反复倡导的一个基本信条是，拒斥资本主义，反对剥削劳工，为所有土耳其公民谋福利，"从根本上重建一个民主国家，在这个国家，每个有尊严的和富有人道主义情怀的个体，作为平等的公民共同生活在一起"是人民民主党奋斗的最终目标。为了实现这一目标，法特玛·高宣称"欢迎任何与人民民主党有着相似目标的政治运动加入该党中"，一起为土耳其每个公民的幸福而努力。

对于传统库尔德政党特别关注的族裔平等问题，人民民主党选择了一种"普遍主义的"路径，它呼吁制定一部新宪法，保护包括库尔德人、阿拉维人及其他少数族裔的权利，从而将"特殊主义的"民族问题纳入普遍主义的国家框架。

人民民主党的价值理念及党的奋斗目标，在很大程度上改变了土耳其族际政治的传统构架即"库尔德人对土耳其人"（Turkish versus Kurdish）的二元对立，正如所说那样，人民民主党的主要目标在于建立一个观察土耳其政治的新视角，并从现有的"库尔德人与土耳其人"的二分对立中解脱出来，他认为这种二元对立已经深深镶嵌在土耳其政治观念及体制中，在政党政治方面表现为几乎所有库尔德背景的政党都与分离主义政党库工党保持着扯不断的关系。①

亚武兹·奥宁指出，人民民主党一直主张建立地方"人民议会"来增加民主并支持权力下放，该党的大部分努力在于通过反对执政的保守的正发党而团结土耳其所有公民。人民民主党一直是正发党对宗教少数群体采取"集权、剥削和歧视态度"的激烈批评者。

人民民主党的政治理念及政党策略也影响到库工党领袖厄贾兰，这位在押的库尔德领导人也宣称："除了土耳其的革命和社会主义运动外，我们从来没有过自己的运动，我们一直认为我们自己是这一革命结果的组成部分，我们必须将人民民主党看作是这一历史性的民主对话和协商进程的组成部分。如果社会主义和一个开放的民主社会在土耳其获得成功，那么它必将是与这一民主协商过程密切相关的。"在厄贾兰看来，人民民主党的事业与包括库尔德人在内的土

---

① 从人民劳动党（HEP, People's Labor Party or People's Work Party）（1990年6月7日成立）开始，到民主党（DEP, Democracy Party）（1993年5月成立），再到人民民主党（HADEP, People's Democracy Party）（1994年5月成立），再到1997年的民主人民党（DEHAP, Democratic People's Party），再到2005年的民主社会党（DTP, The Democratic Society Party），再到2008年的和平与民主党（BDP, The Peace and Democracy Party），一直到2014年的民主区域党（DBP, The Democratic Regions Party），这些政党几乎均因与库尔德分离主义的关系而被宪法法院禁止。尽管与和平与民主党、民主区域党甚至库尔德工人党有着千丝万缕的联系，但总体上人民民主党的政党纲领和目标已明显超越库尔德族裔主义。

耳其各族人民息息相关，如果人民民主党所支持的反对资本主义和对劳工的剥削的目标得以实现，或者说，土耳其的社会主义革命能够获得成功，那么库尔德人作为少数族群的问题也必将得到妥善的解决。厄贾兰的这种表态显然与库工党一贯的政治主张有所不同，他有意将库尔德人的命运关切与人民民主党所主张的和平道路关联起来。最能显示厄贾兰对人民民主党支持态度的是他的侄女和侄子都出现在人民民主党议员的候选名单上。

由于土耳其复杂的政治生态和颇为匆忙的政治转型之路，一心想走"中间"或"温和"路线的人民民主党注定道路不平坦。除了因受库尔德工人党的"株连"而频遭打击以外，在土耳其"左右"的政治光谱上，人民民主党也受到其他左右翼政党和政治势力的攻击。作为一个左翼（政党），人民民主党被批评与保守的右翼政党正发党在政治上尤其是在解决库尔德分离主义问题上谋求妥协，而反对派则指责政府与人民民主党试图通过政治利益交换实现某种形式的政治联盟，特别是在人民民主党进入议会，而正发党不能获得议会多数时更是如此。

总的来看，由于土耳其复杂的国内政治形势和政党结构，传统的库尔德人政党或者说亲库尔德政党在转型问题上面临着种种困难或困境。首先，对人民民主党转型影响最大的莫过于库尔德民族主义（政党）。尽管与之前的其他库尔德人政党或者说亲库尔德政党［以下简称（亲）库尔德人政党］相比，人民民主党最大限度地淡化其族裔色彩，但由于该党在组织成员、基本价值理念及政治功能上与传统的（亲）库尔德人政党存在的承继关系，人民民主党始终难以避免与传统的（亲）库尔德人政党"纠缠不清"，尤其是与库尔德工人党的关系难以划清界限。这种情形加上现实中人民民主党与一些（亲）库尔德人政党如民主区域党等结成了兄弟党，吸收"人民民主大会"的成员如和平与民主党加入人民民主党，以及土耳其主流社会对其"库尔德性"的密切关注甚至是主观想象，人民民主党的库尔德色彩是越袪越重。

首先，在与库尔德民族主义的关系问题上，人民民主党最受土耳其公众质疑的地方莫过于它与臭名昭著的库工党的联系，人们甚至因此而怀疑人民民主党是否尊重或支持土耳其共和国的统一，执政的正发党也因此主张"最好不要让人民民主党进入议会"——尽管这一主张实际上可能因为堵塞库尔德政党的参政渠道而导致库尔德工人党的分离主义倾向加剧。

其次，从政党的实际功能来看，由于在实践中人民民主党多次"代表"或"代替"库工党与土耳其当局就库尔德问题进行谈判或扮演土耳其政府与库工党之间的调停者角色，这使得人民民主党不仅难以在一些关乎库尔德人重大利益的事情上做到真正的中立，而且经常被认为是库尔德人甚至是库工党的代理人。因此，尽管人民民主党声称它代表整个土耳其国家的利益，但批评者指责该党主要代表土耳其东南部的库尔德少数群体的利益（实际上该党在该地区的民调也最高）。土耳其社会对人民民主党的库尔德民族主义性质的认识更加深刻。

最后，土耳其的政党竞争对人民民主党的转型也有着很大影响，每逢大选或在政党意识形态竞争中，人民民主党与库工党的关系总是被拿出来作为针对这个亲库尔德人政党的工具。许多政党指责人民民主党"扰乱民心并利用库工党来胁迫选民给它投票"，声称如果人民民主党不能获得进入议会门槛的选票，土耳其将会出现更多的暴力[①]，而人民民主党也指责正发党等政党散布谣言，后者宣称前者与库工党的关系使得他们"不适合在议会获得代表席位"。对此，人民民主党领导萨拉哈丁·德米尔塔什予以坚决否认，他宣称人民民主党与库工党之间绝不存在"有机关联"（organic relationship），并指出所谓库尔德武装分子为人民民主党拉选票的传言是不真实的。

总的来说，尽管以人民民主党为代表的（亲）库尔德人政党在价值理念、政党纲领和策略等诸多方面实践着"脱族裔"政治路线

---

① 与此同时，也有许多人指责库尔德工人党武装分子，说他们试图通过对土耳其东南部当地的商店和咖啡馆的劫掠来强迫人们为人民民主党投票。

图，但是土耳其政府及公众对该党究竟能够在多大程度上成为"代表土耳其国家"的政党表示怀疑。事实上，就族裔或民族问题政党化解决这一议题来说，本身就存在一定的矛盾或悖论：如果政党不代表任何民族或族群的利益，而只代表跨族群的阶级（层）利益，那么政党化的应对措施可能无法解决民族问题；而如果政党只代表或者主要代表某个民族或族群的利益，那么政党政治则不仅无法有效地解决民族问题，而且有可能演变成以族裔博弈为基础的身份政治。也许正因为这一悖论的存在，土耳其国家在对待（亲）库尔德人政党这一问题上，表现得极不稳定和充满内在冲突：一方面，与民主化进程相适应，土耳其政治客观上要求出现包括人民民主党在内的多个政党，以便为向公民提供更多的政治选择和希望，同时实现土耳其政治体系和政治生态的平衡，因而土耳其政府允许其政治生态圈中出现以左翼政党为外观的（亲）库尔德人政党。① 另一方面，当这些左翼政党在实践中表现出明显的库尔德民族主义属性的时候，或者成为库尔德少数群体权利保护的重要推动者时，土耳其当局便不再容忍，通过宪法法院不断将其解散或禁止，如此，造成土耳其政党政治中一个奇特的景观：一边是不断遭到解散的（亲）库尔德人政党，另一边是随时改头换面成立新的（亲）库尔德人政党。

21世纪以来，政党政治在化解库尔德问题上依旧没有取得多少进展，（亲）库尔德人政党依旧重复着之前的解散（被禁止）—重建—再被禁止—再重建的循环历程；民族问题的政党化解决方案一直在低水平的层面上不断重复。不仅如此，每发生一次（亲）库尔德人政党被禁止或遭解散的事件，库尔德民众便会掀起一波抗议的浪潮，多次往复，不仅库尔德问题的政党化解决无望，而且土耳其

---

① 人民民主党自身同时也是土耳其左翼联合组织"人民民主大会"（The Peoples' Democratic Congress，HDK）的成员，从反对资本主义这一立场看，人民民主党也被视为希腊的左翼联盟党（the Greek SYRIZA）和西班牙的"我们可以党"（Podemos Parties）。

的民族关系出现了恶化的迹象。①

政党政治解决民族问题在土耳其失败的案例告诉我们，政党政治作为现代政治文明的结构性组成部分，需要坚实的政治文化基础和类似西方国家的公民社会根基。土耳其作为一个从封建性的军事帝国脱胎而来的新兴民族国家，支撑其政治文化的很大程度上是来自受西方影响较深的那部分精英，当"普遍性的"民主政治降临土耳其时，不论是其主流社会民众，还是库尔德少数族群，都显然没有做好精神或理念上的准备。宪法宣布赋予公民权利和自由换来的不仅是主流社会的混乱和碎片化，而且也加剧了库尔德人的族裔主义倾向。每当局势变得一发不可收拾的时候，土耳其的军队就会通过政变来控制形势，而军队控制下的土耳其社会，库尔德人在政治上的活动空间也进一步缩小。

土耳其的族际政党政治起始于20世纪50年代的国家民主化历程，终结于土耳其的军人政治。军人主导库尔德问题解决以后，土

---

① 据土耳其TRT国家电视台报道，土耳其2018年6月24日举行总统和议会选举，共有6位候选人参加总统选举，8个政党参加议会选举。土耳其最高选举委员会于7月4日公布的正式计票结果显示，现任总统埃尔多安以52.59%的得票率获得连任。在议会选举中，有5个政党获得超过10%的选票，进入新一届土耳其大国民议会。埃尔多安领导的执政党正义与发展党和在野党民族行动党组成的"人民联盟"赢得议会多数席位。以共和人民党为首的反政府联盟"全国联盟"将获得约193个议席。亲库尔德人的政党人民民主党支持率为11.2%，将拥有约67个议席。参见中国新闻网，http://www.chinanews.com/gj/2018/07-05/8557572.shtml。值得关注的是，人民民主党推出的总统候选人萨拉哈丁·德米尔塔什在选战如火如荼时，仍然身陷囹圄。为了让选民了解自己的竞选主张，萨拉哈丁·德米尔塔什利用两周一次与妻子通话的机会及他的律师的传话来传达选民和萨拉哈丁·德米尔塔什的互动信息。这位45岁的前人权律师因涉嫌与被禁止的库尔德武装分子有关联而于2016年遭到逮捕与监禁，罪名是领导恐怖主义、从事恐怖主义宣传以及煽动仇恨等。据报道，如果所有罪名成立，萨拉哈丁·德米尔塔什将可能被判处142年有期徒刑。萨拉哈丁·德米尔塔什表示，如果能够当选总统，他的首要任务将是为土耳其颁布新宪法，新宪法强调个人自由、法院独立，并恢复议会民主。同时，他将寻求和平解决土耳其东南部长达三十年的库尔德叛乱活动。萨拉哈丁·德米尔塔什乐观地表示，"如果获得足够的选票，我将成为土耳其总统，即使我现在监狱里"，他呼吁选民团结起来结束土耳其的"反民主"现状。在2014年的总统选举中，萨拉哈丁·德米尔塔什获得9.7%的选票。在2015年的两次大选中，他领导人民民主党进驻议会。萨拉哈丁·德米尔塔什有效地吸引了左派和自由派的选票，并将人民民主党的影响扩大到库尔德人聚居区以外。有分析家表示，如果人民民主党再次获得超过10%的选票并获得议会席位，那么埃尔多安领导的正义与发展党在议会的多数者地位可能面临威胁。Suzan Fraser, *Turkish Presidential Candidate Runs Campaign From Jail*, The Associated Press, 2018.

耳其国家在库尔德问题上似乎只有一种解决模式了,那就是以暴制暴。特别是1979年军事政变及其后几年的军人统治,不仅结束了库尔德人通过和平方式表达自身特定的政治和文化实践,而且强化了普通库尔德民众的族裔认同,导致他们普遍同情库尔德工人党。不仅如此,自此以后,库尔德工人党就成为库尔德问题的代名词,并且由于库工党已被土耳其等许多国家列为恐怖主义组织,库尔德问题由此就被简化为反恐问题了。解决库尔德问题的道路越走越窄。

库尔德人政党或亲库尔德人政党的出现,是"库尔德民族主义的另一种表达方式,这也就是为什么它既产生于土耳其民主政治,又为土耳其民主政治所不容"①。

---

① 李秉忠:《土耳其民族国家建设和库尔德问题的演进》,社会科学文献出版社2017年版,第265页。

第 六 章

亚美尼亚人(族)和希腊人(族)问题

除了库尔德人以外,亚美尼亚人与希腊人是土耳其民族国家构建过程中受影响最大的两个少数群体。同时,这两个群体也属于1923年《洛桑条约》规定的三个少数群体(另外一个是犹太人)。《洛桑条约》确认了土耳其共和国的合法性,同时也确认了包括亚美尼亚人和希腊人在内的少数群体的权利。需要指出的是,尽管土耳其共和国成立后,亚美尼亚人和希腊人的数量已经很少,但这两个民族或族群的历史经历和命运,不仅反映了土耳其共和国诞生的历史背景及其排斥性和残酷性,也折射出民族国家构建自身所存在的种种固有缺陷或不足。因此可以说,认识土耳其的亚美尼亚人和希腊人问题是认识土耳其国家不可或缺的一部分。

第一节　亚美尼亚人(族)

一　亚美尼亚人的概况

亚美尼亚人是土耳其的世居民族之一,现在的人口大约在5万人到7万人之间,均为土耳其公民,享有平等的公民权利。此外大约还有10万在土耳其逗留的没有公民身份的亚美尼亚"侨民",

他们中有不少人是非法打工者。哈塔伊省（Hatay Province）萨曼达厄区（Samandağ）的瓦基夫里村（Vakıflı Köyü）是土耳其仅存的亚美尼亚村庄，该村庄紧邻叙利亚边境，那里生活着130多名土耳其亚美尼亚人。

语言方面，亚美尼亚语属印欧语系，它的字母独特（发明于公元5世纪初），虽然他们自己创办了亚美尼亚语的报纸、杂志和书籍，但现实中只有一小部分土耳其亚美尼亚人讲亚美尼亚语，他们在日常生活中通常讲土耳其语。宗教方面，大多数亚美尼亚人属于格里高利教派［属于基督教一性论派，使徒教会（Apostolic Church）］，少数属于天主教会（属东仪天主教派）、福音教会及伊斯兰教，亚美尼亚人是世界上第一个将基督教奉为国教的国家。

关于亚美尼亚人的起源，有着各种各样的观点和神话。根据一个神话传说，亚美尼亚人被认为是诺亚的儿子贾培斯（Japeth）的后代，当方舟登上阿勒山，诺亚的家人首先在山的周围（亚美尼亚）定居，后来向南迁往巴比伦之地，再后来因巴比伦的暴政又回到方舟之地。根据希腊历史学家希罗多德的说法，亚美尼亚人最初生活在色雷斯，后来迁居到小亚细亚，然后穿过弗里吉亚，一直走到后来被称为"亚美尼亚"的那片被幼发拉底河所包围的土地。希罗多德还指出，亚美尼亚人由来自两个不同方向的群体构成，一个来自西部的色雷斯和弗里吉亚，另一个来自东南部的美索不达米亚。[1]

早在奥斯曼帝国建立之前，亚美尼亚人就已经生活在那片土地上。据估计，在第一次世界大战以前，奥斯曼领土上的亚美尼亚人多达200万—250万人，他们与犹太人和希腊人一样，活跃在帝国的商业和贸易领域。目前亚美尼亚人约有570万人，主要分布在亚美尼亚、阿塞拜疆、格鲁吉亚、土耳其、伊朗、土库曼斯坦等国。[2]

---

[1] http://allaboutturkey.com/armenians.htm.
[2] 王三义：《亚美尼亚人问题的起源和演变》，《世界民族》2004年第6期。

二 关于对"亚美尼亚事件"（种族灭绝）真相与和解

围绕土耳其亚美尼亚人问题争议最大的是所谓历史上的"亚美尼亚事件"（种族灭绝）。

第一次世界大战期间，奥斯曼帝国在高加索边境与俄罗斯人交战，为了防范俄罗斯军队招募当地的亚美尼亚志愿者充当对抗奥斯曼帝国的抵抗力量，奥斯曼政府于1915年决定将所有在俄罗斯边境的亚美尼亚人迁往南部的叙利亚。这一决定涉及奥斯曼帝国境内75%—80%的亚美尼亚人，由于强制迁徙路途遥远，条件艰苦，这一被奥斯曼当局称为"重新安置"或"放逐"的计划，造成了大量无辜平民的死亡。这些平民的死亡，一方面与奥斯曼人的屠杀和暴行直接相关[1]，另一方面也与这种大规模的驱逐和强制迁徙本身有关，特别是在被驱逐和迁徙过程中，他们常常遭到非法的库尔德武装分子的袭击。许多亚美尼亚移民将这一不幸的历史事件称为"种族灭绝"，称有多达100万—150万（也有认为是60万）亚美尼亚人遭到屠杀，而土耳其当局则坚决否认这一指控，他们认为这一数据被严重夸大，造成大量亚美尼亚人死亡的原因是内战、疾病和灾荒，因为土耳其族和亚美尼亚族双方都有大量人口死亡。

除了上述被强制迁徙的亚美尼亚人外，还有相当数量的人逃亡到高加索地区避难，并最终在新生的亚美尼亚共和国定居，他们此后再也没有返回位于土耳其东部的家园。为了避免被强行驱逐的命运，还有相当数量（30万）的亚美尼亚人选择与穆斯林通婚，或者（未成年人）被土耳其族人和库尔德人收养，这些人的子孙后代构成亚美尼亚穆斯林群体的主要部分。在土耳其独立战争时期（1920—

---

[1] 此外，正如有学指出的那样，驱逐者土耳其军队中混杂的各种民族沙文主义者和仇恨基督徒的圣战者也是造成本应只是被驱逐的亚美尼亚人大量死亡的重要原因。在国家失灵的情况下，这些军人就变成了有组织的屠夫。应辰：《亚美尼亚大屠杀100年：土耳其为何拒绝承认"种族灭绝"》，https：//m. thepaper. cn/newDetail forward 1331028。

1923年），土耳其东部和南部残存的亚美尼亚人遭到最后的清洗，他们被集体驱逐出境。到了20世纪20年代末，土耳其境内仅有零星分布的为数不多的亚美尼亚人，只有伊斯坦布尔及周边地区的亚美尼亚人有一定的群体性特征。

对于亚美尼亚人的清洗和屠杀，第一次世界大战后奥斯曼帝国在一定范围内进行了清算。战后军事法庭指控青年土耳其党的"团结与进步委员会"发动了一场"不符合米利特精神的战争"，认为土耳其青年党蓄意从肉体上消灭亚美尼亚人，法庭认定多名青年土耳其党高官犯有屠杀罪，并缺席判决三名大屠杀的元凶死刑。

20世纪20年代以来，随着土耳其民族国家建构的序幕拉开和亚美尼亚共和国[①]等外部和国际势力利用亚美尼亚种族清洗来打击新生的土耳其共和国削弱其合法性，土耳其历届政府都坚称不存在亚美尼亚大屠杀。

2005年，时任土耳其总理埃尔多安与主要反对党领袖德尼兹·巴伊卡尔（Deniz Baykal）共同呼吁对亚美尼亚人的"种族灭绝"进行"不偏不倚"的研究，这是土耳其政界对这一历史遗留问题的比较少见的表态。埃尔多安说他"不希望后代继续生活在仇恨的阴影中"，这也是土耳其领导人第一次邀请国际社会对土耳其历史进行辩论，当然埃尔多安同时也自信满满地指出"研究的结果将证明没发生过种族灭绝"[②]。对此，土耳其亚美尼亚人周刊《过去》的出版商赫伦特·丁克（Hrant Dink）回应道，"土耳其不应该陷入统计数字和术语的没完没了的纷争中，它应该同邻近的亚美尼亚国关系正常化。作为第一步，土耳其应该无条件开放同这个弱小的苏联内陆盟国相邻的边界线"，这条边界于1993年因亚美尼亚共和国与阿塞拜疆为争领土发生流血冲突后被关闭。关于开放土亚边

---

① 1920年"亚美尼亚苏维埃社会主义共和国"成立；1922年3月该共和国加入"外高加索苏维埃社会主义联邦共和国"，同年12月以联邦成员国的身份加入苏联；1936年成为苏联加盟共和国之一；1990年8月23日改国名为"亚美尼亚共和国"，一年后通过全民公投实现独立。

② 关林译：《土耳其开始直面悲惨的历史》，选自英国《经济学家》周刊2005年4月20日，《国外社会科学文摘》2006年第6期。

境,英国《经济学家》撰文指出,"与亚美尼亚交朋友不仅会赢得欧盟和美国极有价值的信任,而且相互贸易会削弱亚美尼亚强硬派的影响。土耳其和亚美尼亚智囊团最近联合进行的一项调查,表明51%的土耳其应答者和63%的亚美尼亚人赞成开放边境"。尽管在开放边境问题上,过半的土耳其人和亚美尼亚人都有比较一致的观点,但两个民族之间的敌意仍然很强烈,有高达93%的亚美尼亚人不愿意子女与土耳其人成婚,土耳其持相同态度的人占到63%。对此,丁克表达了比较乐观的看法:"让我们先相互了解","好感会随之而来"。①

2010年3月,美国国会和瑞典议会先后分别以微弱多数②通过一项决议,把历史上奥斯曼土耳其帝国境内发生的亚美尼亚人的事件定性为"种族屠杀"。这两个决议的后果是,土耳其激烈抗议美国并随即宣布召回驻美大使,对瑞典则宣布取消原定当月的埃尔多安访问瑞典的计划,同时宣布召回驻瑞大使。时任总理埃尔多安在接受英国广播公司的采访时说,"这样的决议也伤害了亚美尼亚人……使事情陷入僵局",他还意味深长地提到,"现在土耳其境内生活着17万亚美尼亚人,而其中只有7万是土耳其公民,一直以来,我们对非土耳其公民的另外10万亚美尼亚人放任不管,如果有必要的话,明天我就让他们回自己的国家去"。③

美国国会和瑞典议会对"亚美尼亚事件"的表态,使得土耳其、亚美尼亚两国5个月前即2009年10月在瑞士苏黎世签署的旨在结束双边长期敌对状态并实现关系正常化的协定,并决定建立共同委员会调查"亚美尼亚屠杀"事件的努力付诸东流。从两个事件发生

---

① 遗憾的是,丁克后来因为坚持"亚美尼亚大屠杀"的观点而被极端分子枪杀。关林译:《土耳其开始直面悲惨的历史》,选自英国《经济学家》周刊2005年4月20日,《国外社会科学文摘》2006年第6期。

② 其中瑞典议会的表决情况为131票赞成、130票反对、88票弃权,这项由反对党发起的议案被瑞典政府认为会"对土耳其和亚美尼亚两国政府为实现两国关系正常化所做的和解努力产生不利的影响",因此遭到瑞典政府的反对。

③ "Turkey Threatens to Expel 100,000 Armenians", BBC News, March 17, 2010.

第六章　亚美尼亚人(族)和希腊人(族)问题　115

的时间节点来看，美国等西方国家不愿意看到土耳其与亚美尼亚共和国发展正常的外交和邻里关系的意图非常明显。

2014年4月23日，正值"亚美尼亚事件"（种族灭绝）即将（4月24日）满99年之际，埃尔多安发表声明，首次对奥斯曼帝国统治时期的"亚美尼亚事件""表示哀悼"，他说："土耳其政府希望，在20世纪初奥斯曼帝国统治时期死亡的亚美尼亚人能获得安息。我们对他们的子孙后代表示深切的哀悼。"埃尔多安表示，在奥斯曼帝国统治末期，包括土耳其、库尔德、阿拉伯和亚美尼亚等各个民族都生活在苦难之中；他呼吁采取"公正、人道和负责任的"态度，来纪念和评价这段历史。他希望，本地区各个民族能够"成熟地讨论这段历史，并以体面的方式牢记祖先的苦难"。[1]

从上述埃尔多安的声明可以看出，土耳其一方面愿意有限度地正视历史，对历史上受害的亚美尼亚人及他们的后代有所交代；另一方面也对国内外相关政治力量夸大和利用这一历史悲剧事件，从而使土耳其国家背上种族灭绝的恶名充满担忧。

直到今天，"亚美尼亚事件"都是横亘在土耳其内政和外交方面的一块迷幻的巨石。它不仅影响着国内残存的少数亚美尼亚人权益和国家认同，而且更重要的是，它影响到土耳其整个国内民族问题处理的政治氛围，甚至也影响到土耳其公民的基本权利和自由。[2] 从国际上看，"亚美尼亚事件"不仅直接影响到土耳其与其邻国亚美尼亚共和国的关系，还牵扯到国际社会许多主权国家及国际组织与土耳其的关系。据报道，迄今为止，国际社会已经不少有影响力的组织和国家，如联合国、欧洲议会、比利时、法国、希腊、俄罗斯、美国、瑞典、德国等将"亚美尼亚事件"定性为"种族灭绝"，这

---

[1] 李振环：《土耳其，又一正视历史的榜样》，《光明日报》2014年4月26日。
[2] 在土耳其，"亚美尼亚大屠杀"或"亚美尼亚种族灭绝"等相关用语在政治上和学术上都是一个敏感话题。土耳其刑法（第301条）甚至为此专门作出规定，承认"亚美尼亚大屠杀"或"亚美尼亚种族灭绝"可能构成"损害国家名誉罪"。

一结果既是海外亚美尼亚人长期以来政治游说的结果①，也反映出一些国家试图借助"亚美尼亚事件"打击土耳其的意图，当然也不排除一些国家的政客或议员抱有维护"族际正义"的意图。

以上情况表明，妥善处理"亚美尼亚事件"是摆在土耳其及相关国家和国际社会面前一个重要的历史遗留问题。有关各方如何在尊重历史事实的基础上，调查、澄清"亚美尼亚事件"的真相，并在此基础上实现和解，既考验着各方对历史的责任和态度，也验证着土耳其国家和国际社会的良知。让悲剧不再重演，而不是在相互的指责中，让悲剧化成新的仇恨，是解决这一问题的主要原则和精神。

三 "亚美尼亚人问题"的历史成因及其历史影响

亚美尼亚人是一个命运多舛的民族，历史上它被阿拉伯人、蒙古人、塞尔柱人、马穆鲁克王朝先后征服，多次遭受外族奴役和强制迁离故土。早在11—13世纪，亚美尼亚人为了反抗阿拉伯人的压迫，加入了东侵的十字军，这一历史性选择导致亚美尼亚人与当地其他主要民族如库尔德人、突厥人（土耳其人）以及波斯人之间的巨大嫌隙。② 15世纪，大部分亚美尼亚人居住地被并入奥斯曼帝国，从此在米利特制度下，过着一种由东正教主教管理和控制的自治生活。

应该说，在奥斯曼帝国初期，亚美尼亚人的生活总体上是良好的，"当时帝国统治范围内秩序稳定、法律有效、商业流通顺畅，亚美尼亚人的上层人士生活得相当好，手艺人可以谋生，农民的生活

---

① 由于历史上数度遭驱逐，大量亚美尼亚人流散在周边及西方国家，这些亚美尼亚裔对母国始终怀有强烈的认同感，在美国生活大约140万亚美尼亚裔人，他们的院外游说能力之强，甚至可以与犹太人匹敌。美国参议院通过的将"亚美尼亚事件"定性为"种族屠杀"，即是他们数十年活动的结果。

② 在此之前，由于宗教、文化传统及生活方式的差异，亚美尼亚人与库尔德人就存在隔阂，11世纪之后，这两个文化特性都极极强为鲜明的民族更是冲突不断。

第六章 亚美尼亚人(族)和希腊人(族)问题

至少和中世纪欧洲大多数农民差不多;亚美尼亚人村社数量增长,一度景象繁荣,亚美尼亚商人致富,从政者在帝国政府里也得到高级职位"①。然而,好景不长,17世纪初,地处奥斯曼帝国与伊朗萨非王朝边境地区的亚美尼亚人很快成为两国竞争的目标。1639年两国签订《君士坦丁堡协议》,将亚美尼亚地区两分,东亚美尼亚归萨非王朝,西亚美尼亚归奥斯曼帝国。19世纪初,俄国人取代伊朗,在奥斯曼帝国的东面建立一个俄控亚美尼亚。夹在奥斯曼帝国和俄国之间的亚美尼亚此后面临着更大的危机与挑战。

1853年的克里米亚战争及20多年后爆发的俄土战争(1877—1878年),导致奥斯曼土耳其人与亚美尼亚人的关系趋于恶化。在1878年达成的《柏林条约》中,亚美尼亚人不仅没能实现依靠列强取得自治甚至独立地位的目的,反而引起奥斯曼政府的忌恨。由于民族独立的愿望受挫,亚美尼亚民族主义者采取了极端的行为,强迫富有的亚美尼亚人支持他们,并且有意激起穆斯林对亚美尼亚人实行报复,认为这样做会促成英、俄政府来进行干预。亚美尼亚民族主义者建立了自己的武装,攻击奥斯曼帝国的税官、邮差、法官,屠杀村民,迫使亚美尼亚农民和商人躲藏起来,或因恐惧而支持这些革命者。②

尽管当时亚美尼亚民族主义者的人数不多,但他们彻底破坏了亚美尼亚人与奥斯曼帝国数代穆斯林和谐相处的关系。加之苏丹哈密德二世担心亚美尼亚人分裂出去另立国家,奥斯曼政府对亚美尼亚人的反抗活动给予无情的镇压。在此过程中,库尔德人充当了急先锋,他们摧毁了24个亚美尼亚人的村庄,用残忍的手段杀害所遇

---

① William Yale, *The Near East: A Modern History*, London: Mayflower, 1959, pp. 120 – 121. 转引自王三义《亚美尼亚人问题的起源和演变》,《世界民族》2004年第6期。
② Stanford Shaw & Ezel Kural Shaw, *History of the Ottoman Empire and Modern Turkey*, vol. 2, Cambridge University Press, 1977, pp. 202 – 203. 转引自王三义《亚美尼亚人问题的起源和演变》,《世界民族》2004年第6期。

到的每一个亚美尼亚人。①

18世纪尤其是19世纪以来，伴随着奥斯曼帝国的日益衰落，包括亚美尼亚人在内的许多民族对奥斯曼当局的不满情绪日益上升和激化。与此同时，生发于欧洲诸国的民族主义情绪对亚美尼亚人的影响也越来越大，特别是法国大革命的成功以及巴尔干半岛基督徒革命运动的高涨，给亚美尼亚人很大的激励，亚美尼亚人的民族意识开始觉醒。19世纪30年代，美国传教士开始进入中东，"他们在亚美尼亚人和当地基督教徒中建立传教使团和学校，在奥斯曼帝国境内发展起新教社区。受传教使团的影响，在天主教和新教社区出现了亚美尼亚民族文化的复兴，亚美尼亚人建立了自己的文化中心，恢复了对古代亚美尼亚的研究，发展了大众化的新语言文字。许多富有的亚美尼亚人把子女送到法国留学，接受法国文化的熏陶"。民族文化和语言的发展，受欧洲民族主义熏陶的新一代亚美尼亚人的回国，再加上野心勃勃的俄国人的挑动和支持，大大促进了奥斯曼帝国境内亚美尼亚人的民族主义意识和运动，他们积极成立和组建民族主义团体和军事组织，准备随时掀起改革、反抗和革命的民族主义独立运动。

1895年9月30日，亚美尼亚人在君士坦丁堡（伊斯坦布尔）掀起规模宏大的抗议示威活动。示威活动在大量无家可归者和失业人群的涌入下，演变成大规模的流血冲突和动乱。冲突和暴乱的蔓延，导致亚美尼亚人居住的村庄和城镇以及在伊斯坦布尔的住处遭到洗劫，大批亚美尼亚人被杀。这种对亚美尼亚的镇压和清洗活动一直持续到1915年演变成大规模的驱逐、迫害和屠杀。

在奥斯曼帝国晚期（1890—1915年），大量亚美尼亚人政党组织活跃在帝国的政治舞台上，如亚美尼亚革命联合会（ARF-Dashnagtsutiun）、社会民主党（Hunchak 或 SDHP）、阿曼纳坎党（the Armenakan Party）——亚美尼亚民主自由党（Ramgavar Party）的前

---

① William Miller, *The Ottoman Empire and its Successors*, Cambridge University Press, 1936, p. 429.

身。1915年后，这些政党的活动归于沉寂。然而，亚美尼亚革命联合会（ARF）发动了一场暗杀土耳其政治领导人的运动，这些领导人被认为在1915年的"种族灭绝"中承担了"谋划"或"命令"的作用。

"亚美尼亚人问题"有着深刻的历史成因和特定的历史背景，它有着多维的面孔：既是没落的封建军事帝国奥斯曼试图挽回颓势的一种挣扎[1]，也是亚美尼亚人争取民族自治继而实现独立的一种努力，更是民族主义萌动的"青年土耳其党"的民族国家构建的一次残酷的预演。"亚美尼亚人问题"生成的逻辑，在土耳其共和国成立后，继续在库尔德人身上上演。[2] "亚美尼亚人问题"既是土耳其民族国家孕育过程中所包含的排斥主义的一种外现，也是整个民族国家理论和实践的一个生动的案例。

四 亚美尼亚人未来发展趋势

为了获得更好的生存和发展机会，整个20世纪，留在土耳其领土上的亚美尼亚人，不断向伊斯坦布尔迁徙。经年累月，伊斯坦布尔已经变成亚美尼亚人比较集中居住的城市，在那里，"即使在与政府的关系不断紧张的情况下，他们也能得到一些喘息的空间"。在伊斯坦布尔，亚美尼亚人有自己的教堂、俱乐部、学校、报纸、基金会和医疗机构，当然，这些机构和报纸的运作处于当局的严密控制

---

[1] 讽刺的是，历史上奥斯曼人曾经是亚美尼亚人的解放者，奥斯曼人攻占君士坦丁堡之后，亚美尼亚人在苏丹的支持下，在奥斯曼的土地上建立自己的教堂。而在这之前，他们深受罗马帝国和天主教会的歧视，他们的教堂也只能建在山上。安纳托利亚和伊斯坦布尔的所有教堂都是1453年或在这之后建造的，由此可以看出，奥斯曼帝国对其治下的其他族群和宗教群体还是非常宽容的。但是随着帝国晚期衰败的来临，尤其是帝国境内的各民族包括穆斯林身份的民族都纷纷走向起义或独立，奥斯曼土耳其人对帝国的非土耳其族人产生了深刻的不信任，并继而试图通过消灭这些民族而挽回帝国覆灭的厄运。

[2] 颇为让人深思的是，在亚美尼亚种族屠杀中扮演了重要角色的库尔德人，在后来土耳其民族国家构建的历史进程中也遭受了类似的命运，这正应了当年亚美尼亚人针对库尔德镇压者所说的一个谚语："你们把我们当早餐，他们就把你们当午餐。"参见关林译《土耳其开始直面悲惨的历史》，选自英国《经济学家》周刊2005年4月20日，《国外社会科学文摘》2006年第6期。

下。为了显示亚美尼亚人的土耳其公民属性，上述亚美尼亚人的建筑物上，通常都会悬挂星月旗和凯末尔的肖像。在学校，一代又一代亚美尼亚族学生，都会宣示性地高喊"我是土耳其人""做一名土耳其人，真让人喜悦"。

长期以来，伊斯坦布尔的亚美尼亚人［也称博尔萨沙人（Bolsahays）］都独来独往，他们不与生活在其他国家和地区亚美尼亚侨交往。这种情况近20多年来发生了变化，由于极其便利的现代通信，伊斯坦布尔的亚美尼亚人与世界各地如洛杉矶、布宜诺斯艾利斯、悉尼、莫斯科和埃里温都建立了沟通渠道。但是，同那些生活在亚美尼亚共和国外的其他亚美尼亚人有所不同的是，生活在伊斯坦布尔的亚美尼亚人并不认为自己是"离散人群"，相反，他们认为自己仍然生活在家乡。

土耳其的亚美尼亚人处于双向流动之中，一方面，一些土耳其本土的亚美尼亚人迁往西方国家或亚美尼亚共和国的埃里温等地；另一方面，自20世纪90年代以来，一些亚美尼亚人从亚美尼亚共和国来到伊斯坦布尔寻找发展机会，他们或做劳工或家佣，或直接经商。这些人不是土耳其公民。

总的来说，由于埃尔多安对包括亚美尼亚人在内的少数群体采取越来越开放的政策，一个标志性的事件是，长期以来特别敏感的"亚美尼亚种族清洗问题"也开始慢慢趋向于可以公开讨论①。2013年伊斯坦布尔召开"伊斯兰化的"亚美尼亚人研讨会。在这次研讨会上，"隐秘的亚美尼亚人"②成为会议的一个重要内容。近些年来，一些隐秘的亚美尼亚人开始走出隐秘状态，寻找并表达自己"真实的"身份认同。

除了1915年以来"伊斯兰化的"亚美尼亚人以外，近年来，讲

---

① http://100years100facts.com/facts/armenians-continue-live-turkey/.
② 所谓"隐秘的亚美尼亚人"是指那些从种族屠杀中幸存下来的亚美尼亚人，他们皈依了伊斯兰教，成为"土耳其化"或"库尔德化"的穆斯林，他们在现实中一直隐藏着这一背景。但是，必须看到，一个多世纪以来，这部分亚美尼亚人与土耳其族及库尔德人反复通婚，他们的血缘、文化和身份认同在很大程度上已经模糊了。

亚美尼亚语的含姆辛人（Hemshin）也逐渐成为土耳其亚美尼亚人的一个热点。含姆辛人由来自土耳其东北部地区以及黑海沿岸直到高加索的多个族群融合而成。数百年来，他们践行伊斯兰教，使用亚美尼亚语，无论是族裔来源（血缘），还是文化（语言）传统，都体现了多元族群和文化的融合，研究这一族群的历史变迁和文化传统，对于认识土耳其多民族国家的现状无疑具有重要的意义。

含姆辛人得名于含姆辛（Hemsin）地区（指土耳其黑海地区里泽省的一个城镇和地区），历史上该地区曾是辛梅里安人（Cimmerians）的避难地，也是早期希腊移民居住过的地方。含姆辛地区曾先后归属罗马帝国和拜占庭帝国，15世纪被奥斯曼帝国吞并。在奥斯曼帝国时期，该地区经历了一个迁徙和伊斯兰化的历史过程，尽管这个历史过程的细节并没有可靠的史学资料支撑。

一般认为，在奥斯曼帝国之前，含姆辛地区的居民主要是亚美尼亚人，他们信奉基督教（Armenian Apostolic Church），一个重要的证据是至今含姆辛人的语言和传统中都还保留着亚美尼亚人的许多元素。在土耳其国内，他们也被称为"霍帕含姆辛人"（Hopa Hemshinli），在公开出版物中被称为"东含姆辛人"（eastern Hemshinli）。他们为逊尼派穆斯林，大部分人住在阿尔特温省（Artvin Province）的霍帕县（Hopa）和博尔奇卡县（Borçka），除了讲土耳其语外，他们还说一种叫作"Homshetsma"或"Hemşince"的西亚美尼亚语方言。

土耳其领土以外，在格鲁吉亚的阿布哈兹与俄罗斯的克拉斯诺达尔边疆区有一群被称为"北含姆辛人"的基督徒，他们讲的也是含姆辛语（亚美尼亚语的一种方言）。还有一些生活在格鲁吉亚和克拉斯诺达尔的穆斯林北含姆辛人，在这些梅斯赫特突厥语族群体（Meskhetian Turks）中，存在着俄罗斯和含姆辛人的元素。

含姆辛人的情况表明，由于千百年来的帝国、王国的征服战争与经济交往和移民，土耳其境内包括其周边国家的一些具有某种特征的群体已经远远不是更早历史时期的那种"纯种"体质或文化特征，他们在很大程度上代表了混合或融合的多元族群。

第二节　希腊人（族）

直到奥斯曼帝国晚期，希腊人都是帝国内的一个重要存在，这个在安纳托利亚高原居住了数千年的原住民族，在奥斯曼帝国晚期兴起的青年土耳其党人的民族国家初建运动中被大量清洗。据估计，到1914年，土耳其境内大约有211万希腊人。截至1923年的希土人口交换之年，有多达75万—90万希腊人被清洗。1923年举世震惊的希土人口交换至少导致120多万希腊人离开他们在土耳其的故土。1963年土耳其当局宣布驱逐伊斯坦布尔的最后一批希腊人（大约1.2万人），标志着希腊人作为一个群体的影响力已基本消失。虽然，从现实来看，土耳其本土已经没有"民族问题"意义上的希腊人（族）存在，但是，由于希腊人的命运与土耳其民族国家构建的历程高度相关，研究希腊人（族）已成为深入认识土耳其的民族问题及民族国家构建过程中的一系列问题不可缺少的一环。

一　希腊人（族）概述

希腊人在小亚细亚的历史至少可以追溯到公元前800年前后的荷马时代。[①] 希腊人将黑海称为"慷慨的海"，从公元前8世纪开始，他们便在黑海沿岸航行并沿着安纳托利亚海岸线定居，希腊最著名的黑海城市有特拉比松、桑普斯托、西奥皮等。在亚历山大大帝征服之后的希腊化时期（公元前334年—公元前1世纪），希腊的语言和文化开始主导小亚细亚的内陆地区。在罗马和拜占庭帝国早期，该地区的"希腊化"加速推进，到了公元后的最初几个世纪，

---

① Eric Hobsbawm, *Nations and Nationalism Since 1780 Programme, Myth, Reality*, Cambridge University Press, 1992, p. 133.

当地的印欧语系的安纳托利亚语已经灭绝。①

在讲希腊语、臣民为"拜占庭希腊人"的拜占庭帝国统治的千年时期内，希腊文化得到了很大的发展。小亚细亚的居民构成了帝国讲希腊语的东正教基督教人口的大部分，在拜占庭帝国一千多年的历史中，许多享誉世界的经典人物及大师都来自小亚细亚，如圣诞老人的原型圣·尼古拉斯（Saint Nicholas）、修辞学家约翰·克里索斯托莫斯（John Chrysostomos）、圣索菲亚大教堂的设计者安提美斯和伊索多拉斯以及后来的文艺复兴时期的著名学者特拉比松的乔治（George of Trebizond）和巴西利奥斯·贝萨里昂（Basilios Bessarion）等都来自小亚细亚。

奥斯曼人在中世纪晚期征服小亚细亚时，拜占庭希腊居民是那里最大的原住民群体（Travis, 2009），即使在奥萨曼（奥斯曼）征服了内陆之后，小亚细亚多山的黑海海岸依然是希腊国家特拉比松帝国的心脏。实际上直到1461年，小亚细亚全部被奥斯曼帝国吞并，这已是希腊在欧洲的领土全部沦陷近10年之久。

由于几个世纪的征战、商贸和人口流动，第一次世界大战爆发时，小亚细亚的人口已经相当多元化，除了土耳其人、阿塞拜疆人、亚美尼亚人、库尔德人、扎扎人（Zazas）、格鲁吉亚人、切尔克斯人、亚述人、犹太人和拉兹人外，庞蒂克希腊人（Pontic Greeks，包括高加索希腊人）以及卡帕多西亚希腊人（Cappadocian）也占有不小的比例。

不论是绝对数量，还是在总人口中的占比，希腊人（族）在奥斯曼帝国中都是一个重要的存在。1883年帝国境内大约有233万希腊基督教徒，约占总人口（1700万人）的13.5%。1897年希腊基督教徒的数量达到257万人，1908年达到280万人，占帝国总人口2000万人的14%。1914年第一次世界大战爆发时，奥斯曼帝国境内的希腊基

---

① Swain, Simon, Adams, J. Maxwell, Janse, Mark, *Bilingualism in Ancient Society: Language Contact and the Written Word*, Oxford [Oxfordshire]: Oxford University Press, 2002, pp. 246 – 266.

督教徒近180万人，约占总人口（1850多万人）的9.7%。①

出于帝国的安全战略考虑，以及未来民族国家构建的需求，青年土耳其党当局决定像清洗亚美尼亚人那样清洗世居在奥斯曼境内的希腊人（族）。由此拉开了奥斯曼希腊人（族）在近代土耳其民族国家构建中的悲剧序幕。

二 希腊人（族）在奥斯曼帝国中的地位及帝国晚期希腊人的独立运动

（一）希腊人（族）在奥斯曼帝国中的地位

同帝国境内的其他少数民族一样，希腊人（族）在米利特制度下享有较高程度的自治，他们在文化和法律上享有比较充分的管理自己内部事务的权利。实际上，与其他少数群体相比，希腊人的地位更高，"希腊东正教的主教不仅负责希腊东正教徒的事务，还取代保加利亚主教、塞尔维亚等巴尔干民族的教会的主教，代替他们行使米利特制度下的总负责人之职权"。此外，希腊的高级教士和世俗社区领导人的社会地位也较高，享有较大的权力。

经济方面，希腊人的优势地位更是明显，他们"利用他们在航海方面的优势，支配着奥斯曼帝国的海洋运输和贸易。在帝国的许多港口城镇，商业交易由希腊代理人控制。一些希腊人经商、当船主，不仅与威尼斯等商业城市有联系，也在俄国、奥地利、法国有自己的商站。在伊斯坦布尔和萨洛尼卡等城市的制造业中，希腊人也在一定程度上起主导作用。此外，伊斯坦布尔的银行家主要是希腊人。一部分希腊人进入政府，从事外交工作或管理工作，发挥自己的才能。很多富裕的希腊商人定居于伊斯坦布尔、伊兹密尔、萨洛尼卡等大城市，过着优裕的生活"②。

单从少数民族"权利"的角度来看，奥斯曼帝国统治下的希腊

---

① 王三义：《少数民族与晚期奥斯曼帝国的社会变革》，《世界民族》2011年第6期。
② 王三义：《少数民族与晚期奥斯曼帝国的社会变革》，《世界民族》2011年第6期。

人（族）虽在帝国的总体理念及基本制度层面不享有与"主体民族"一样的待遇或地位，但不论是在本民族的文化、语言、宗教等特性的维持、保存和发展方面，还是在经济主导、政治参与方面，奥斯曼治下的希腊人都享有其他少数民族或群体不能或难以享有的权利和地位。从这个意义上来说，希腊人似乎应该满足于现状或知足于已有的待遇。可以说，在一个封建性的军事帝国内，希腊人（族）的境况不可能再好了。

然而，当世界历史进入民族主义运动和民族国家时代，有关帝国或国家与其少数民族的关系已经难以用简单的利益关系来衡量和换算。在法国大革命及欧洲的民族主义的影响下，建立"本民族自己的国家"，实现政治上的自主自然也成为希腊人的选择。

（二）奥斯曼帝国晚期希腊人的独立运动及欧洲诸国对其的援助

18世纪末发生的法国大革命，不论是对世界还是对奥斯曼帝国的希腊人均产生了重要影响。从19世纪初始，法国大革命所宣扬的"自由""平等"思想同样也深刻地影响着希腊人。奥斯曼统治下的希腊人认为，只有摆脱奥斯曼人的统治，建立独立的国家才能实现希腊人的自由。首先觉醒和行动的是一些知识分子，他们开始创建文化组织和团体，整理出版希腊语古典书籍，提出制定宪法、发展教育、成立代议制政府等主张。1814年一个名为"友谊社"的组织成立，与以往的文化组织不同的是，该组织一开始就提出明确的政治目标，它号召希腊人武装推翻奥斯曼帝国的统治，实现"祖国独立"。尽管这个组织的力量并不大，但它的出现表明，希腊人的民族意识已然觉醒，其民族主义运动蓄势待发。

1821年3月，友谊社发动起义，很快遭到镇压。4月，其他组织在伯罗奔尼撒半岛发动起义。1822年1月27日，起义者在埃皮达罗斯（Epidauros）召开了国民议会，宣布希腊独立。随后制定并公布宪法，选举亚历山大·马弗罗戈达托为总统。此次起义一直延续到1826年夏天，才被完全镇压。在努力无果的情况下，希腊人开始求助于欧洲大国。①

在希腊人起义期间，欧洲国家多采取观望态度。其间俄国提出过一个解决方案，建议把希腊地区分为三个公国，公国继续向奥斯曼帝国缴税，作为交换，奥斯曼帝国不得干预各个公国的内政。1826年俄国同英国签订《彼得堡议定书》，该议定书规定，英国支持希腊自治，但须接受奥斯曼帝国的统治。1827年7月，法国加入英俄共同签署的《伦敦条约》，该条约敦促奥斯曼帝国停止对希腊人起义的镇压，承诺由欧洲列强保护希腊并派出联合舰队维护和平。值得注意的是，《伦敦条约》还将奥斯曼帝国和希腊称为两个"民族"，规定了这两个民族的"和解"与分离原则。

在奥斯曼帝国拒绝接受《伦敦条约》后，英、法、俄开始出兵，1827年10月，三国的舰队在纳瓦里诺（Navarino）击败奥斯曼政府的军队和埃及的海军舰队。1828年4月26日，俄国向奥斯曼帝国宣战并取得节节胜利。为了防止俄国在奥斯曼帝国单独坐大并成为希腊人的保护人，英、法及时出面阻止俄国的军事行动，并转而从外交上寻求解决问题的途径。1828年7月，英、法、俄三国再次在伦敦签订条约，就希腊与奥斯曼的边界问题进行磋商，随后俄国军队移师伊斯坦布尔附近，奥斯曼帝国被迫求和。9月，奥斯曼帝国与俄国签订《埃迪尔纳条约》，该条约划定了希腊和奥斯曼帝国之间的边界线，并宣布希腊获得独立。作为代价之一，希腊需在未来的10年之内，每年向奥斯曼帝国缴纳150万金币的贡赋。

与此同时，在俄国军队严重削弱奥斯曼帝国的军事实力之时，希腊军队抓住机会发动反攻。1829年5月14日，希腊人收复了迈索隆吉翁，9月，希腊军队大败奥斯曼帝国军队。

1830年2月3日，英、法、俄签订《伦敦议定书》，4月奥斯曼政府宣布接受该议定书。《伦敦议定书》规定："希腊将成为一个独立国家，在政治、行政管理、贸易等方面享有完全独立的权利。"到

---

① 王三义：《希腊脱离奥斯曼帝国：是否关乎"拯救文明"？》，《历史教学问题》2017年第1期。

1831年1月，奥斯曼帝国军队撤出北希腊。希腊独立战争至此取得胜利。①

从以上过程可以看出，希腊的独立与欧洲列强特别是英、法、俄三国的直接干预乃至军事介入有着密切的关系。可以说，没有欧洲列强外部势力的直接干预，单凭希腊人自身的力量，至少不可能在19世纪上半叶就取得独立。在独立革命期间，信奉基督教的希腊革命党人倚仗欧洲列强的支持，大肆屠杀当地穆斯林，这一历史事件成为后来奥斯曼人大规模驱逐和迫害希腊人的重要原因之一。②

（三）奥斯曼帝国对希腊人（族）的清洗及希土人口交换

从1913年开始，奥斯曼人开始对希腊人实行驱逐和强制迁移计划，计划的重点是爱琴海地区和东色雷斯。1914年6月12日，奥斯曼土耳其的非正规军袭击了安纳托利亚西部的一个希腊人村庄，杀死50名平民，导致该村人口大量逃亡希腊；同年夏天，奥斯曼帝国的一个"特别行动组织"（Special Organization）③在政府和军队官员的协助下，从色雷斯和安纳托利亚西部强征服役年龄的希腊男子组成劳动营，进行强迫劳动，造成成千上万的人死亡。

1913年11月14日，奥斯曼帝国与希腊签署了一项小规模的自愿人口交换协议，另一项人口交换协议于1914年7月1日签署，由于第一次世界大战的爆发，这些协议都未能付诸实施。尽管如此，

---

① 王三义：《希腊脱离奥斯曼帝国：是否关乎"拯救文明"？》，《历史教学问题》2017年第1期。

② 有学者指出，"希腊人寻求独立是自己的权利，但他们在奥斯曼帝国的商业、文化、教育等行业曾发挥过不可替代的作用，经济地位和政治地位都不低。土耳其人没有摧毁希腊宗教和文化，也没有压迫和剥削希腊人。正因如此，希腊人寻求独立，不存在摆脱'野蛮统治'的问题，也不存在希腊所承载之文明亟待'拯救'的问题"，因此，至少从奥斯曼人一方来看，希腊人勾结欧洲列强闹独立，并在此过程中屠杀穆斯林是没有正当性理由的。笔者在土耳其访问期间，不少学者对此问题表达了相似的看法。

③ 所谓"特别组织"，指谓隶属于奥斯曼帝国政府战争部的一个特种大队，据称它被奥斯曼帝国政府用来镇压阿拉伯分离主义和西方帝国主义势力。这个组织的许多成员在第一次世界大战中也发挥了重要作用。它是土耳其共和国国家安全局的先驱，该组织也是后来土耳其共和国国家情报组织的前身。

奥斯曼的特别行动组织没有停下驱赶希腊人的步伐，他们通过暴力活动，迫使那些希腊人村庄放弃家园，以便为从巴尔干半岛被驱逐的穆斯林难民腾出空间。1914年11月之后，奥斯曼帝国对希腊人的人口政策发生改变，当局把强制迁移的重点放到将生活在海岸地区，特别是黑海地区靠近土耳其和俄罗斯战线的沿海地带居住的希腊人迁到安纳托利亚腹地。然而，由于奥斯曼中央政府的政策指令没能有效地在地方执行，各地希腊人的基本权益仍然得不到有效保障，暴力、勒索钱财和小规模的人口驱逐等现象不时出现。

1916年，随着俄罗斯人在安纳托利亚地区的推进和希腊即将加入协约国参战，奥斯曼帝国的希腊人政策再次发生变化，帝国政府将人口驱逐的重点放到边境地区居住的希腊人。1917年1月，达拉帕夏（Talat Pasha）在电报中命令将萨姆松地区的希腊人向内陆驱逐30千米至50千米，并叮嘱"不要攻击任何人及财产"。然而，这一政策规定并没有得到执行，在泰德丁·沙基尔（Behaeddin Shakir）的指示下，这一地区的希腊男子被强征入伍，妇女和儿童则遭到袭击，村庄遭到洗劫，奥斯曼土耳其人清洗"异族"的决心，在一些"民族精英"身上体现得非常明显。

1917年下半年，军方被授权扩大行动范围，针对的目标从边境地区扩展到沿海区域的城市。当然，由于种种原因，一些地区的希腊人并没有遭到驱逐。这一阶段遭强制迁移的希腊人主要被送往内陆省份的希腊人村庄，或者遭驱逐的亚美尼亚人留下的村庄。这些希腊人村庄因军事方面的原因人口被清空，被用来安置那些被驱逐的穆斯林移民和难民。在清空的过程中，当地官员被指示"不得清算希腊人遗弃的动产和不动产，但可以替他们保管"[①]。

这场被称为"白色大屠杀"[②]的以"死亡行军""饥饿劳动"为

---

① Taner Akçam, *The Young Turks' Crime Against Humanity: The Armenian Genocide and Ethnic Cleansing in the Ottoman Empire*, Princeton/Oxford: Princeton University Press, 2012, p. 119.
② George William Rendel, Memorandum by Mr. Rendel on Turkish Massacres and Persecutions of Minorities since the Armistice (memorandum), British Foreign Office: FO 371/7876. 20 March 1922.

标志的驱逐和强制迁移活动在奥斯曼土耳其的民族国家史上留下了残酷和不光彩的一页。

奥斯曼帝国投降后，在协约国的压力下，尽管土耳其军事法院追究了若干下达屠杀命令的军官，但由于此时的奥斯曼土耳其正处于"亡国灭种"的危急时刻，土耳其民族主义者还来不及反省对希腊人犯下的驱逐和屠杀犯罪行为，便再次追随凯末尔领导下的民族主义运动乃至革命。与此形势相应，对希腊人的驱逐和屠杀仍然以某种形式继续着。

1919 年 5 月，希腊军队在协约国的支持下，在伊兹密尔登陆。在 1919—1922 年的希土战争期间，土耳其与希腊双方在安纳托利亚地区竞相杀戮对方的平民百姓。据当时英国外交部的乔治·W.伦德尔（George W. Rendel）估计，有多达 21 万—37 万希腊人在此期间遭到杀害。1922 年 9 月伊兹密尔大火后，有 15 万—20 万希腊人被驱逐出境，3 万多希腊人和亚美尼亚人壮丁被驱赶到小亚细亚内陆，他们中的大多数人或在途中被处决，或死于严酷的迁移环境和条件。① 与此同时，希腊军队入侵伊兹密尔后，也对土耳其平民展开有组织的劫掠和屠杀。英国历史学家阿诺德·汤因比（Arnold J. Toynbee）见证并记录这一暴行。汤因比称他及他的妻子不仅搜集到大量的物证如"大量烧毁和遭抢劫的房屋、新近死亡尸体和惊魂未定的幸存者"，而且目睹了希腊平民和士兵的抢劫和纵火行为。②

对于希土战争期间双方犯下的人道主义罪行，汤因比这样评价，他说"希腊的入侵直接导致了凯末尔领导的土耳其民族主义运动"，黑海沿岸的希腊人（The Greeks of "Pontus"）和希腊占领地区的土耳其人在一定程度上都是韦尼泽洛斯（Venizelos）先生和劳合·乔

---

① Norman Naimark, *Fires of Hatred: Ethnic Cleansing in 20th Century Europe*, Harvard University Press, 2002, p. 52.

② Rummel, R. J., "Statistics of Turkey's Democide Estimates, Calculations, And Sources", University of Hawai'i, https://www.hawaii.edu/powerkills/SOD.TAB5.1B.GIF; Arnold Toynbee, [9 March 1922] "Letter", *The Times*, 6 April 1922, Turkey.

治（Lloyd George）先生在巴黎和会上误判的牺牲品。

据有关研究，1914—1922 年，在整个安纳托利亚地区，有 28.9 万—75 万人死于驱逐、屠杀和各种迫害。鲁道夫·拉梅尔（Rudolph Rummel）认为，1914—1918 年，有 38.4 万希腊人从土耳其消失，1920—1922 年又有 26.4 万人死于非命，1914—1922 年奥斯曼土耳其境内希腊人死亡的总人数高达 64.8 万人。①

乔治·K. 瓦拉瓦尼斯（George K. Valavanis）说："自第一次世界大战到 1924 年 3 月以来，在安纳托利亚地区有 35.3 万人死于谋杀、处决和各种处罚、疾病及其他艰辛。1918 年 11 月 4 日，伊曼纽尔·埃芬迪（Emanuel Efendi），来自艾登省的奥斯曼代表，在批评前任政府的种族清洗政策时提到，驱逐期间安纳托利亚沿海地区（包括黑海沿岸）和爱琴海群岛有 55 万希腊人遇难。"②

到了当代，在希腊人死亡数量问题上，出现了新的说法，一个由希腊政府和大主教收集的数据称，"共计有 100 万希腊人被屠杀"③。

关于 1914—1922 年奥斯曼境内的希腊人死亡的数量及性质，直到今天都是一个存在激烈争议的话题。自 20 世纪 40 年代早期波兰犹太裔律师拉斐尔·莱姆金（Raphael Lemkin）提出"种族灭绝"（genocide）以来，一些（国际）组织、主权国家及学者把奥斯曼帝国末期希腊人的大规模死亡事件定性为"种族灭绝"。2007 年"国际种族灭绝学者协会"通过一项决议，申明奥斯曼帝国对基督教少数派包括希腊人的暴力驱逐和迁徙活动为种族灭绝。该协会主席格雷戈里·斯坦顿（Gregory Stanton）敦促土耳其政府承认奥斯曼帝国晚期对希腊人、亚美尼亚人及亚述人的残暴行为构成"种族灭绝"，斯坦顿指出，"这些种族灭绝的历史很清楚，对

---

① Alexander Laban Hinton, Thomas La Pointe, Douglas Irvin-Erickson, *Hidden Genocides: Power, Knowledge, Memory*, Rutgers University Press, 2013, p. 180.

② Taner Akcam, *A Shameful Act: The Armenian Genocide and the Question of Turkish Responsibility*, Henry Holt and Company, 2007, p. 107.

③ Adam Jones, *Genocide: A Comprehensive Introduction*, Taylor & Francis, 2010, p. 150.

于并没有犯下这些罪行的现土耳其政府来说，没有任何理由否认这些历史事实"[1]。

对此，一些学者主张，在通过决议认定对希腊人的"种族灭绝"之前，应该有更进一步的调查和研究。马努斯·米德拉斯基（Manus Midlarsky）发现，奥斯曼官员对希腊人的种族灭绝的意图和他们的实际行为之间并不一致，他以奥斯曼人在一些"敏感地区"努力抑制屠杀行为和战后大量幸存的希腊人为事实证明这一点。米德拉斯基还指出，由于奥斯曼希腊人与欧洲列强在文化和政治上的联系，种族灭绝"对奥斯曼帝国来说不是一个可行的选择"。[2]

塔内尔（Taner Akçam）也从当代的一些文献中发现，尽管奥斯曼人对希腊人的措施在某些方面与对亚美尼亚人有一定的可比性，但不论是在范围、意图还是在动机上，奥斯曼帝国实际上对希腊人和亚美尼亚人采取了不同的政策。[3]

围绕奥斯曼帝国晚期"希腊人大屠杀"问题，希腊国内自20世纪90年代初期以来，不同的党派和政治势力进行了尖锐的斗争。在右翼政党的努力下，1994年与1998年希腊议会先后通过两项关于奥斯曼希腊人命运的决议。针对1998年决议，土耳其外交部发布声明指出，"将那些历史事件描述为'种族灭绝'是没有任何历史依据的。我们谴责并抗议这一决议"。"事实上土耳其议会应该为希腊人在安纳托利亚地区的所犯下的大规模的破坏和杀戮而道歉。"土耳其外交部还指出，"希腊方面的态度不仅表明他们仍在延续一贯的歪曲历史的做法，而且也说明希腊的扩张主义野心依旧存在"。

2009年前后，希腊共产党在其官方报纸中正式采用"种族灭绝"的提法并举办纪念活动。2010年3月11日，瑞典议会通过一项

---

[1] "International Genocide Scholars Association Officially Recognises Assyrian, Greek Genocides" (Press release), IAGS. 16 December 2007.

[2] Manus I. Midlarsky, *The Killing Trap: Genocide in the Twentieth Century*, Cambridge University Press, 2005 pp. 342–343.

[3] Taner Akçam, *The Young Turks' Crime Against Humanity: The Armenian Genocide and Ethnic Cleansing in the Ottoman Empire*, Princeton/Oxford: Princeton University Press, 2012, p. 123.

动议，将 1915 年杀害亚美尼亚人、亚述人、叙利亚人、迦勒底人（Chaldeans）和希腊人的行为定性为"种族灭绝行为"。2015 年 3 月，亚美尼亚共和国国民大会一致通过决议，认定杀害希腊人和亚述人的行为构成的"种族灭绝"；一个月后，荷兰议会与奥地利议会也通过了类似决议。值得注意的是，联合国、欧洲议会和欧洲理事会至今没有就奥斯曼希腊人问题作出任何决议。

上述各类政治主体就奥斯曼希腊人历史上的不幸和遭遇做出了各自的结论，其中当事国希腊和土耳其，在这一问题上的态度比较对立，而一些西方国家，则出于不同的动机将其直接定性为国际法上的"种族灭绝"。

值得注意的是，不论是各类政治主体还是历史学家和学者，都把注意力放在奥斯曼帝国晚期对待希腊人（包括亚美尼亚人等）是否构成"种族灭绝"上，还有不少人将其解释为伊斯兰教与希腊基督教的"宗教冲突"和"文化竞争"，鲜有人从"民族构建"这一视野审视这一问题。而实际上，晚期奥斯曼帝国对小亚细亚和高加索地区的希腊基督徒的驱逐、强制迁移乃至屠杀等暴力行为，并非一般意义上的种族仇杀或种族灭绝，也绝非单纯的宗教迫害或破坏基督教文化。在很大程度上，它是西方所主导的民族国家构建的逻辑的一部分。[①] 晚期的奥斯曼土耳其人既领略了西方民族国家的先进性和侵略性，又饱尝了帝国境内各个少数民族的先后"背叛"，向西方学习，建立本民族的民族国家是他们孜孜以求的目标。而希腊人（包括前面提到的亚美尼亚人）在边境地区的存在及其与敌国的勾结，严重地威胁到他们的建国活动。

因此，晚期奥斯曼帝国对希腊人（阿美尼亚人）的清洗，与一般意义上的基于种族仇恨而进行的单纯的种族灭绝有明显的差异。它本质上是奥斯曼土耳其人的建国方略的一部分，其最终目的不是要

---

① 在西欧乃至后发的第三世界国家的民族国家建构运动中，种族清洗乃至种族灭绝的现象并不鲜见，实际上直到第二次世界大战结束后的 1948 年种族灭绝才被正式确认为国际法上的一种严重罪行。实践中，直到 1994 年卢旺达大屠杀，大规模的种族清洗或灭绝行为才告一段落。

剥夺希腊人的生存权或从肉体上消灭希腊人，而是建立"自己的"民族国家，因此对奥斯曼土耳其人来说，驱离奥斯曼希腊人是他们的主要目的。截至1922年秋天，大约有90万奥斯曼希腊人被驱逐或逃离到希腊，其中有1/3来自东色雷斯，2/3来自小亚细亚。

为了彻底解决奥斯曼土地上"剩余的"希腊人和生活在希腊土地上的奥斯曼穆斯林问题，在1923年1月召开的洛桑会议上，土耳其和希腊两国达成了举世关注的人口互换协议。该协议至少涉及土耳其和希腊的160万人，其中希腊人约为122万人，分别来自小亚细亚、东色雷斯、安纳托利亚北部及高加索地区。对土耳其人来说，人口交换不仅可以使奥斯曼希腊人的流出正式化和永久化，而且可以"引进"希腊的穆斯林前来填补奥斯曼希腊人留下的空缺，从而使得土耳其的人力资源在总体数量上保持某种平衡。对于希腊来说，情况相似，希腊穆斯林向奥斯曼土耳其的转移可以给前来避难的奥斯曼希腊人腾出地方。

在人口交换的必要性问题上，土耳其官员认为，通过人口交换"可以排除各种不干涉和挑衅外，同时这样做也有利于少数群体自身"，人口交换完成后，剩下的少数群体可在国家法律的保障下获得安全与发展。从土耳其一方来说，国家将为那些愿意恪尽公民责任的来自所有社群的公民提供宽松的法律环境（保护）。

在当时的历史条件下，人口交换被认为是保护少数民族的最佳途径，也是所有方式中最激进和人道的解决办法。第一次世界大战以后，尽管在国际社会的努力下，一些主权国家的少数民族（族群）得到一定程度上的保护[1]，但是由于种种原因（包括重大的历史局限

---

[1] 第一次世界大战"长期的消耗，无效的战斗，无变动的战线，骇人听闻的人员伤亡"使欧洲乃至整个世界为之震惊。由于少数民族问题在这场史无前例的战争中所起的触发作用，巴黎和会以及随后成立的国际联盟对少数民族的权利保护问题给予了很大的关注。巴黎和会专门成立了"新建国家和保护少数民族委员会"，主要协约国和参战国坚持同那些存在着少数民族的新兴国家缔结保护少数民族的特别条约（款）。这些条约（款）规定了不分宗教、语言、出身和国籍的平等的生存权、自由权以及就业中的不受歧视权，私人和公共交往中的自由行使语言的权利等。为了保障这些条约权利的实施，国际联盟还建立了一套较为完整的制度和机制。周少青：《权利的价值理念之维：以少数群体保护为例》，中国社会科学出版社2016年版。

性），这种保护难以缓解族群之间的紧张和冲突，因此无论是土耳其还是希腊，都对交换人口抱有非常高的热情和共识。

经国联委任担纲此次人口交换总协调人的弗里德约夫·南森（Fridtjof Nansen）认为，洛桑谈判桌上的东西不是"族裔民族主义"（ethno-nationalism），而是一个刻不容缓需要解决方案的"问题"。南森认为希土难民所带来的经济问题最值得关注，他说人口交换可以使土耳其马上获得足以开发奥斯曼希腊人迁出后留下的大量有待开垦的土地，而希腊穆斯林的离开也使得大量集中在希腊各地的奥斯曼希腊难民有了立足之地。当然南森也认识到人口交换的艰辛和残酷，他说把上百万人"从他们的家中连根拔起，将他们迁徙到一个陌生的新国家，进行登记、评估和清理他们丢弃的财产，并继而使他们丢弃的财产的价值得到公正的补偿"是一件极其困难的事情。[1]

为了保障人口交换的顺利进行，土耳其希腊双方签订了详细和富有可操作性的有关双方难民财产补偿的协议。根据协议，两国将保护难民的财产。具体做法是，允许难民自由携带可移动财产，不能带走的财产将登记造册，交由两国政府进行补偿。两国政府成立专门的委员会来负责处理所有难民的财产问题（包括动产和不动产）。协议还承诺，难民在新的定居地将会获得与他们留下的财产等值的财物。希腊和土耳其将计算每个难民的财物总价值，有盈余的国家将向另一国支付差额。所有留在希腊的财产都属于希腊国家，所有留在土耳其的财产都属于土耳其国家。由于人口的性质和数量不同，安纳托利亚希腊精英阶层留下的财产要比希腊的穆斯林农民多。[2]

难民财产补偿协议是土耳其通过种族清洗运动实现种族纯洁家

---

[1] Umut Özsu, *Formalizing Displacement: International Law and Population Transfers*, Oxford University Press, 2015. p. 79.

[2] Mustafa Suphi Erden, "The Exchange of Greek and Turkish Populations in the 1920s and its Socio-economic Impacts on life in Anatolia", *Journal of Crime, Law & Social Change International Law*, 2004, pp. 261–282.

园计划的最后一个部分①,也是希土双方建构均质化民族国家方案的重要组成部分。通过对难民的财产补偿,希土两国扫清了人口交换问题上的最后障碍。

希土大规模的人口交换,不仅对生活在两国的少数群体即奥斯曼希腊人与希腊穆斯林群体造成了巨大影响,而且也深刻地影响了两个国家国内的政治结构及变革历程。从土耳其一方来说,由于希腊东正教人口经济和工商业精英的大量流失,新生的土耳其共和国统治集团轻松地建立和巩固了自己的统治。可以想见,如果土耳其共和国成立之后,奥斯曼希腊人仍然留在土耳其国内,那么土耳其的一党统治必将受到强有力的挑战,土耳其的国内政治结构将会受到重要影响。

在希腊,难民的到来打破了君主制和旧政客的统治及主导地位。在20世纪20年代的数次选举中,新到来的难民绝大多数支持埃莱夫塞里奥·韦尼泽洛斯(Eleftherios Venizelos)。然而随着不满情绪的日益增加,一些难民转而支持希腊共产党,并日益成为其群众基础中最坚实的一部分。为了应对共产党的崛起,希腊总理梅塔克萨斯(Metaxas)在国王的支持下,于1936年建立了威权主义政体。

发生于20世纪20年代的这场涉及近160万人的人口交换,是民族国家历史上少见的用比较"文明"的方式解决"民族"与"国家"的不一致性的范例。尽管人口交换后的土耳其和希腊都获得了比较满意的人口结构②,但是如此大规模的人口被强制迁离、流离失所,充分暴露了"民族国家"基因深处的不足和缺陷。特别需要指出的是,由于两个国家在人口交换问题上形成了"合意",这场充满着混乱、危险、残酷的大规模强迁运动③在法理上被赋予了某种"合

---

① Norman M. Naimark, *Fires of Hatred: Ethnic Cleansing in Twentieth-Century Europe*, Harvard University Press, 2002, p. 47.
② 尤其是土耳其,人口交换使其实现了很高程度的人口均质化,1906年奥斯曼土耳其的非穆斯林人口占到总人口的20%,1927年这一比例降至2.6%。当然这种均质化仅是宗教上的。
③ 在大规模的人口交换过程中,许多移(难)民死于航行期间的流行病,这期间他们的死亡率是出生率的4倍。

法性",即那些被迫离开生活了数百年甚至数千年故土的奥斯曼希腊人和希腊穆斯林由于民族国家之间的合意而被"合法地"驱离。

希土人口交换从历史深处暴露了"民族国家"以族划界的排斥性,生动地体现了"民族问题"的实质——民族国家追求均质化,将那些在族裔（种族）、文化和语言上不同于"建国民族"的少数群体视为威胁或问题。与此同时,那些与建国民族存在差异的少数群体在心理上,或者从心理应激反应上将自己视为"外在于"民族国家的少数群体。

值得注意的是,上述依据1923年《洛桑条约》所进行的人口交换实践并没有从根本上解决土耳其民族国家的"非均质化"问题。由于在长达数百年的时间里实施了多民族宗教群体共存的米利特制度,奥斯曼土耳其人在签订关于人口互换的《洛桑条约》时,并没有形成什么成熟的"土耳其人"与"希腊人"的界分标准。尽管在关于人口交换的公约中（第1条）规定从1923年5月1日起,土耳其的希腊东正教公民与希腊的穆斯林公民之间将进行强制性交换,但显然这种"公民"间的交换依据的是宗教标准,即被纳入交换的两个群体分别为"穆斯林"和"希腊东正教徒",这里,宗教而不是族裔（更不是国民）成为交换的合法性来源甚至是唯一依据,包括土耳其在内的有关各方全然没有注意到在奥斯曼土耳其的领土上,还存在许多其他宗教和族裔如新教和天主教希腊人、库尔德人、阿拉伯人、阿尔巴尼亚人、俄罗斯人、塞尔维亚人、希腊东正教的罗马尼亚人,以及马其顿和伊庇鲁斯王国的阿尔巴尼亚人、保加利亚人、希腊穆斯林和讲土耳其语的希腊东正教教徒。[①] 在很大程度上可以说,《洛桑条约》关于希土人口交换的逻辑仍然延续了奥斯曼帝国米利特制度"以教划界"的传统。这一做法留给土耳其的只是"宗教均质化",而非族裔或文化（语言）的一致化。土耳其库尔德问题的出现及持续恶化充分说明了这一点。

---

① Biray Kolluoğlu, "Excesses of Nationalism: Greco-Turkish Population Exchange", *Journal of the Association for the Study of Ethnicity and Nationalism*, 2013, pp. 532 – 550.

此外，希土两国的人口交换使它们各自领土范围内的文化多样性受到严重损害。在土耳其的卡帕多西亚地区，曾存在着浓郁的希腊文化，从人口、语言和宗教都明显地体现了这一点。长期以来，当地人说希腊语，使用早期基督徒留下来的岩壁教堂，这一切在今天的土耳其再也看不到一点希腊文化的痕迹。同样，在今天的希腊，人们再也难以看到奥斯曼帝国时期留下来的伊斯兰教文化遗产，尤其是古老的清真寺。希土两国的人口交换，不仅以"最文明的"方式解决了双方担忧的人口异质性问题，也消灭了许多属于文明的东西。

第七章

土耳其民族国家的国家认同问题

严格来说，国家认同问题是一个民族国家时代才有的重大命题，因此土耳其的国家认同构建应该起始于土耳其共和国或土耳其民族国家建立之后。然而，由于土耳其民族国家构建的特殊历史背景和基础，研究土耳其民族国家的认同问题，不能不从其"母体"——奥斯曼帝国时期的"认同"问题谈起。从历史和理论的逻辑来看，奥斯曼土耳其人的认同至少经历了四次大的转型，第一次是由部落主义认同转向（泛）伊斯兰主义认同，第二次是由（泛）伊斯兰主义认同转向奥斯曼主义认同，第三次是由奥斯曼主义认同转向（泛）突厥主义，第四次是（泛）突厥主义转向土耳其民族主义，第四次转型完成土耳其民族国家构建。[1]

需要指出的是，这四次转型并不是单向度的依次替代，在前三次转型中，每个时期的主要认同中都夹杂着上一个梯次的认同，因而，在前三类认同构建中，奥斯曼帝国的认同构建均保持了相当大程度的包容性。随着奥斯曼帝国向土耳其民族国家的过渡，土耳其

---

[1] 土耳其著名历史学家悉纳·阿克辛（Sina Aksin）在《土耳其的崛起》一书中根据土耳其社会发展的真实情况将土耳其国家的历史分为四个大阶段，第一阶段为公元前220年匈奴国家出现至公元1071年曼兹科特战役，突厥人进入安纳托利亚和鲁米尼亚地区；第二阶段为公元1071—1839年坦齐麦特令颁布；第三阶段为1839—1908年宪法的颁布；第四阶段为1908年以后至今。阿克辛将这四个时期分别归为"古代""中世纪""新时期"和"现代时期"。这四个时期大致对应了不同的认同时期。

国家认同的刚性越来越强,排斥力越来越大,由此导致的问题也越来越多。

第一节 前土耳其民族国家时期的"认同"问题

一 前奥斯曼帝国时期的认同问题

现今居住在安纳托利亚高原的土耳其人(Turks)并非这片土地的土著居民,土耳其人也并非土耳其史学家所说的是古代赫梯人的后裔。相反,土耳其人的古老家园位于亚洲大陆腹地的中亚,在族裔或语言上,土耳其人属于突厥人的分支。公元 6 世纪中叶,突厥人建立所谓的"突厥帝国",就是最初的"突厥国家"。[①]

在接受伊斯兰教之前,突厥各部落信奉原始宗教,盛行图腾崇拜,其中狼图腾的崇拜就很普遍。在突厥人的神话中,狼被奉为他们的祖先。阿拉伯帝国倭马亚王朝时期,中亚的突厥人开始伊斯兰化的历程。萨曼王朝时期(819—999 年),中亚突厥人的伊斯兰化进一步加深。10 世纪初,喀喇汗国(Qarakhanid Dynasty)的西支可汗萨图克·博格拉汗(Satuq Boghra Khan)皈依伊斯兰教,自称苏丹,成为第一个信仰伊斯兰教的突厥可汗。其子巴依塔什主政时期,多达 20 万帐突厥人集体皈依伊斯兰教。在喀喇汗国时期,中亚的各突厥部落逐步改变了群体的生产和生活方式及宗教文化传统,从游牧转向定居,由多宗教如萨满教、拜火教、摩尼教及佛教转向单一的伊斯兰教信仰。

962 年,突厥人建立加兹尼王朝(962—1186 年)。该王朝后期的统治者马哈茂德因战功卓著(特别是他打开了这个穆斯林王朝冲

[①] 哈全安:《土耳其通史》,上海社会科学院出版社 2014 年版,第 12 页。

击印度的门户，为印度西北部的伊斯兰化奠定了基础），在伊斯兰教历史上首次获得"加齐"（圣战者）的称号。这是突厥人的荣誉和政治认同与伊斯兰教结合的范例。

公元10世纪末，突厥人的一支塞尔柱人西迁，西迁后的塞尔柱人放弃了原有的萨满教，尊奉伊斯兰教。1071年塞尔柱帝国军队在凡湖以北的曼齐喀特（又译曼兹科特）大败拜占庭军队，俘获拜占庭皇帝罗曼努斯四世，占领了被称为土耳其"第三故乡"[①]的安纳托利亚大部。在马立克沙（Malik-Shah I）主政时期，塞尔柱帝国达到鼎盛。1091年马立克沙迁都巴格达，在周五的聚礼仪式上，巴格达的穆斯林将塞尔柱突厥王朝的苏丹和阿巴斯王朝的哈里发放在一起祝福。马立克沙还将女儿许配给哈里发穆格台迪，与阿巴斯家族结为姻亲。至此，突厥人的塞尔柱王朝与伊斯兰教进行了深度的"融合"。

罗姆苏丹国[②]时期，突厥穆斯林身处于拜占庭帝国和十字军东征作战的前沿，深受圣战之浸润。这一时期也是土耳其民族形成的重要历史节点。游牧的塞尔柱人开始向定居过渡，安纳托利亚地区开始出现大量农民和手工业者。在此过程中，突厥乌古斯人（塞尔柱人）逐渐与小亚细亚原有的居民希腊人和亚美尼亚人发生部分融合，从而形成今天的土耳其人。罗姆苏丹国开办医馆，广设学校，修建清真寺，从各地招聘伊斯兰学者，将科尼亚打造成当时西亚宗教文化教育的重要中心之一。

在信仰伊斯兰教之前，突厥人的宗教世界多元而又混乱，伊斯兰教的引入给突厥人的精神世界和社会生活带来了翻天覆地的变化：以往突厥各部落的宗教信仰庞杂多样，各部落各拜其神，各行其是，一盘散沙。一神论的伊斯兰教关于宇宙中只有一个"安拉"，穆斯林

---

① ［土耳其］悉纳·阿克辛：《土耳其的崛起》，吴奇俊、刘春燕译，社会科学文献出版社2017年版，第5页。

② 1071年曼兹科特战役之后，塞尔柱帝国苏丹阿勒卜·阿尔斯兰将安纳托利亚赐封其族弟苏莱曼·库特米鲁什，1077年苏莱曼·库特米鲁什自立为苏丹，建立罗姆苏丹国。

都是平等的兄弟姐妹的号召，对他们产生了巨大凝聚作用。伊斯兰教起到前所未有的纽带作用。伊斯兰教使得过去庞大杂乱的游牧部落，在他们的历史上第一次在一个共同的信仰和理念之下联合在一起，并迅速成为世界伊斯兰文化圈中最重要的组成部分和生力军——甚至逐步成为伊斯兰世界的领头羊并继而称霸亚欧非三大洲。突厥人在接受阿拉伯人的伊斯兰教时，同时也把他们的圣典、社会制度和统治方式一并接纳过来。伊斯兰教的思想取得了对突厥人旧有宗教观点和价值取向的决定性胜利。[①]

历史就是这样吊诡，伊斯兰教在突厥人由原始部落向封建型军事帝国的转型中起到重大的甚至是决定性作用，难以想象，如果没有具有高度统一意识形态的伊斯兰教认同，那些庞大复杂、各自为政的部落会团结和凝聚在同一面旗帜下，形成一股震惊和改变世界的帝国力量；如果没有伊斯兰教，一盘散沙的中亚或小亚细亚的突厥人恐怕也难以拥有历史上的成就。可以说，伊斯兰教既成就了突厥人，也是晚期的奥斯曼帝国及随后破土的土耳其共和国陷入困境和受尽掣肘的重要原因。

二 奥斯曼帝国早中期的认同问题

奥斯曼帝国"脱胎于穆斯林在安纳托利亚发动的圣战实践"，它的兴起"可谓安纳托利亚之穆斯林圣战实践的逻辑结果和历史产物"。深受伊斯兰教浸淫的奥斯曼人，不仅依靠宗教圣战骑马打天下，而且在国家的治理、军队的管理乃至社会生活、宗教文化等许多方面一律认同或同化于伊斯兰教。

1394 年开罗的哈里发穆台瓦基勒敕封巴耶济德一世"苏丹"称号，自此奥斯曼国家由"埃米尔国"演变为"苏丹国"。从受伊斯兰教的最高代治者哈里发的承认和敕封，到占领、领有伊斯兰世界

[①] 参见黄维民《中东国家通史：土耳其卷》，商务印书馆 2002 年版，第 38 页。

的腹地,并成为伊斯兰教三大圣地的保护者,奥斯曼土耳其人与伊斯兰教结下了难解之缘。

伊斯兰教与军政关系,奥斯曼帝国的苏丹首先是加齐,加齐是苏丹的第一身份,领导圣战是苏丹的首要职责,也是苏丹权力合法性的重要来源。因此从帝国的奠基者奥斯曼开始,一直到1566年死于圣战征程中的苏莱曼一世,历代奥斯曼苏丹都是圣战沙场的"战士",他们在军事和政治上的领导地位与圣战战士或加齐的角色承担密切相关。

除了赋予苏丹权力以合法性外,伊斯兰的宗教传统和伊斯兰教法(沙利亚)也对帝国的政治权力起着重要的制约作用。

在帝国的认同谱系中,宗教信仰成为唯一的区分标准。对伊斯兰教的信仰与否,是统治集团区分"我们(穆斯林)"与"他们(非穆斯林)"的唯一标准。帝国对其治下的所有穆斯林不分种族或民族地实施伊斯兰教教法(哈乃斐派教法)。在奥斯曼帝国时期(至少在早中期),根本不存在族裔或血缘意义上的"土耳其认同",而最早(14世纪)出现在希腊语中的"土耳其化"(Εκτουρκισμό),其实际意思也不过是"成为穆斯林"。在奥斯曼帝国早中期,所有涉及"土耳其认同"的宗教、政治及法律措施都可以概括为"成为穆斯林"或"伊斯兰化":一个非土耳其男性被"土耳其化"往往意味着此人被土耳其伊玛目实施割礼;被征服地区的基督教教堂或佛教寺庵改造成清真寺也是"土耳其化"。如此,至少从塞尔柱帝国时期开始,那些被征服的地区如安纳托利亚、巴尔干、高加索、中东地区等,都经历一个"伊斯兰化"过程。[①] 这种"宗教化"的"土耳其化"实际上并不必然涉及相关人群的民族身份和文化语言的变化,它主要涉及奥斯曼帝国所征服地区诸多民族如阿拉伯人、阿尔巴尼亚人、亚美尼亚人、亚述人、切尔克斯人、库尔德人、希腊人、犹太人、罗姆人、斯拉夫人等群体的宗教信仰。这些民族中全部或一

---

① 参见严天钦《"土耳其化政策"与土耳其的民族认同危机》,《世界民族》2018年第2期。

部分人追随了奥斯曼人的宗教信仰，也有些人保留了自己原来的宗教信仰和族裔认同。

在奥斯曼帝国早中期，融入帝国主流认同的方式主要是通过通婚和正式的宗教皈依，在米利特制度下，这些行为的发生一般都基于当事人或族群（民族）的自愿。真正具有一定强迫色彩的是从基督徒里征召禁卫军士兵和政府工作人员这一制度和实践，即所谓"德米舍梅"（devshirme）制度。

德米舍梅也称"血税"或"儿童税"，主要义务对象是帝国境内的基督教臣民，具体做法是，帝国的官员到巴尔干和安纳托利亚地区的农村地区按40户1丁的比例挑选年龄介于8—18岁的男孩，这些男孩被送到伊斯坦布尔后，被施以割礼改宗伊斯兰教，并学习土耳其语和土耳其人的礼仪等，帝国通过层层选拔将其中的优秀分子安排到军队和政府管理岗位，成为苏丹管理国家和军队，制衡贵族势力的一股强大力量。

从表面上看，这些基督教男孩变成穆斯林的过程的确带有很强烈的同化色彩，但是，如果从这些制度设置的目的及运行的过程尤其是结果来看，单纯的"同化"和压迫观点似乎很难立得住脚。虽然强征年轻的基督徒进入军队和政府系统，尤其是将其作为朝贡体系的一部分，具有明显的征服者的压迫特性。但是，从征召过程或程序来看，这一制度还具有某种"荣誉授予"的特征：该制度大约每5—7年实施一次，每当大点兵时，就会有一名具有高级军衔的将官，带着苏丹的授权书和新兵军服，在当地教堂的配合下，挑选符合条件的新兵。

表现优秀的孩子会被交给来自首都的军官，这些孩子将被送到设在各地的宫廷学校，在那里他们将接受5—7年的教育，学习的课程主要包括神学、军事、行政、文学等方面内容，毕业后他们将面临"择优分配"：优等生将直接进入宫廷，担任各种官职，其余（大部分）学生将进入苏丹的亲兵团。

德米舍梅制度是奥斯曼帝国选拔人才的一种特殊方式，之所以要在基督徒中选拔，其主要原因不在于将这些基督教孩子同化为穆斯林或"土耳其人"，而在于这些来自基督教农村地区的孩子多与穆斯林既得利益者集团或者旧贵族无染，能够更好地为苏丹所用，成为苏丹治理帝国的重要人才库。关于这一点，我们可以从这些基督教孩童或青年日后的去处目睹一二：他们中的一些人成为禁卫军首领或各行省的总督，有的甚至担任大维齐尔，获得巨额财富和极大的权力。这是独创性的精英制度，的确给奥斯曼帝国输送了大量的治国理政甚至科技人才，建筑师悉南、大维齐尔索克洛维奇帕夏以及许多其他的大维齐尔，都是德米舍梅出身。[①]

关于奥斯曼帝国早中期的认同或同化问题，土耳其历史学家齐亚·格卡尔普（Ziya Gokalp）的研究具有重要的启发意义。他比较了德米舍梅制度下基督教青少年所参加的托普卡帕宫中的帝国学校（Enderun）和穆斯林家庭的孩子所上的数量巨大的神学院在缔造"土耳其人"方面的巨大差异。如果站在今天的民族主义立场上，或者带有现代条件下的同化和反同化的价值取向，人们就很难理解奥斯曼帝国当时的行为。因为一个不可思议的现象是，帝国学校"把非土耳其人教育成土耳其人"；而神学院则恰恰相反，它把无数个土耳其人教育成非土耳其人（从阿拉伯伊斯兰教对他们的文化定位来看）。在帝国学校里，教学及学术语言是土耳其语；而在神学院中，学术语言却是阿拉伯语。事实上，正如悉纳·阿克辛所指出的那样，"从现代角度来看，这种具有讽刺意味的情况还不止于此。在一个有公开宗教倾向的非世俗国家里，这些穆斯林的后代不参与军队和政府事务，而基督教徒的后代则直接肩负着国家的命运"[②]。

德米舍梅制度比较典型地体现了奥斯曼帝国时期土耳其人的认同特点，在土耳其人看来，不管你以前是什么民族和宗教，只要能

---

① ［土耳其］悉纳·阿克辛：《土耳其的崛起》，吴奇俊、刘春燕译，社会科学文献出版社2017年版，第13页。

② ［土耳其］悉纳·阿克辛：《土耳其的崛起》，吴奇俊、刘春燕译，社会科学文献出版社2017年版，第13—14页。

够接受伊斯兰教成为穆斯林,你就是他们中理所当然的一员。这里,宗教信仰(而不是民族或族群)构成奥斯曼人唯一的认同标尺。这种情况不仅体现在他们如何对待改宗后的基督教青少年,更体现在帝国识人用人的方方面面。帝国境内的所有主要族群或民族成员,一旦他们皈依伊斯兰教,都能毫无例外地获得平等的发展和晋升机会。奥斯曼人的这种认同特点,加上他们对穆斯林群体所采取的特权待遇,使得帝国晚期在面对喷涌而出的民族主义运动及实践时,遭受巨大挫折,其基于宗教信仰的认同也显得格外脆弱和不堪一击。

当然,也要看到,德米舍梅制度的实践也产生了明显的种族融合效果。强行从基督教徒群体中征召禁卫军士兵和政府工作人员、推行奴隶制,以及在此过程中发生的伊斯兰教的皈依和通婚现象[①]等,都对生活在土耳其(奥斯曼帝国)的各类种族差异人群的融合起到重要推动作用。除了种族融合方面的作用以外,德米舍梅制度的推行,也使得突厥语成为安纳托利亚地区的通用语言,从而把安纳托利亚民众与中亚联系在一起。[②]

从另一个维度来看,德米舍梅制度的实施也反映了奥斯曼帝国政治文化中的包容性[③],这种包容性不仅使得"奥斯曼帝国能够统治原本属于基督教世界的巴尔干及其他行省和民族长达400年之久"——"一个政府在语言和宗教上都同其臣属迥异,竟然能仅仅依靠武力统治巴尔干数个世纪之久",其中的玄机与奥斯曼帝国包容性的制度选择显然有着密切的联系。同时这种制度上的包容性选择

---

① "事实上土耳其人与亚洲突厥部落的后裔没有明显的相似点,而且即使是生活在土耳其的土耳其人也没有相同的体征",这一点似乎间接证明了种族间通婚的存在。[土耳其]悉纳·阿克辛:《土耳其的崛起》,吴奇俊、刘春燕译,社会科学文献出版社2017年版,第6页。

② 参见[土耳其]悉纳·阿克辛《土耳其的崛起》,吴奇俊、刘春燕译,社会科学文献出版社2017年版,第6页。

③ 尽管"从21世纪的视角来看,奥斯曼帝国在态度方面可能不太开明,但在其统治巅峰时期,表现出了宗教宽容以及在对待臣属民族和种族方面非常开阔的胸襟。使他们转而成为东正教的保护者,并保护东正教徒和受到天主教迫害的新教徒。他们同时也欢迎逃避西班牙宗教裁判所迫害的犹太人。相对于欧洲的封建主义,提马尔土地所有制压迫较少,对农民的剥削也较轻"。[土耳其]悉纳·阿克辛:《土耳其的崛起》,吴奇俊、刘春燕译,社会科学文献出版社2017年版,第21页。

也使得奥斯曼帝国除了在政治统治和组织技术上的表现明显优于其他政治实体，而且也使得帝国在包括诗歌、建筑学、制陶业、袖珍艺术（the art of miniaturization）以及古典音乐等方面取得了非常突出的成就。①

三 奥斯曼帝国晚期的认同问题

19世纪奥斯曼帝国进入急剧衰落的时期，伴随着巴尔干各民族的起义及民族主义运动的风潮，帝国境内尤其是巴尔干地区的穆斯林群体首当其冲遭受巨大冲击和迫害。伊斯兰教的认同纽带和穆斯林群体在法律上享有的特权，使得巴尔干地区的非穆斯林各民族掀起了针对奥斯曼帝国"统治民族"疯狂的报复活动。据有关资料，自1821—1922年百年期间，在巴尔干地区有超过500万名穆斯林被驱逐出家园，另有多达550万名穆斯林遭到屠杀或死于疾病和饥饿。② 1856—1914年，从帝国各地逃往安纳托利亚地区的穆斯林难民多达700多万人。③ 很大程度上可以说，奥斯曼帝国晚期穆斯林群体在巴尔干地区遭受了严重的人道主义危机（大量无辜的穆斯林在战败后遭到无情杀戮），使穆斯林身份的土耳其人急于寻找新的认同进而导致土耳其民族主义的兴起。④

面对深刻的危机，奥斯曼帝国以改革求生存，其中一项重要的内容是改革基于宗教认同形成的不平等制度。1839年开启的坦齐麦特改革的一个重要内容是，帝国臣民不分宗教信仰一律平等。这种权利平等的范式，显然是受到法国大革命的影响，具有浓厚的公民

---

① 参见［土耳其］悉纳·阿克辛《土耳其的崛起》，吴奇俊、刘春燕译，社会科学文献出版社2017年版，第21页。
② Justin McCarthy, *Death and Exile: The Ethnic Cleansing of the Ottoman Muslims, 1821-1922*, Princeton, N. J.: Darwin Press, 1995, p. 1.
③ Kemal H. Karpat, "Historical Continuity Identity Change", in Kemal H. Karpat eds., *Ottoman Past and Today's Turkey*, Leiden: Brill, 2000, p. 22.
④ 参见严天钦《"土耳其化政策"与土耳其的民族认同危机》，《世界民族》2018年第2期。

认同色彩。

坦齐麦特改革及后来相关改革的一个重要目的是改变单纯的基于宗教身份的认同,"通过吸纳与统一臣属于奥斯曼人的各民族,创造出一个奥斯曼民族"。这种基于奥斯曼主义的"民族"认同,具有三个重要特点：一是爱国主义,即要忠于奥斯曼帝国；二是"国族主义",即要用国家（帝国）的力量造就一个新的民族（国家）；三是平等主义,即要破除那种基于宗教信仰划分社群的米利特制度,改变以往那些基于宗教差别的不平等制度。

奥斯曼主义的出炉,反映了奥斯曼人数百年来第一次意识到帝国需要确立新的认同基调,需要解决帝国境内数量众多的不同民族和宗教人群的认同和归属问题,并在此基础上将他们凝聚成一个不分民族和宗教差别的国族群体。在这一点上,奥斯曼人甚至抱有美利坚人的幻想——将不同民族与宗教人群炼于熔炉。这种认同上的转换,最大的原因无疑是帝国内的民族主义运动及地方势力的崛起。

面对帝国境内的基督教民族主义和作为民族国家的西方列强,"青年奥斯曼党"的代表人物纳末克·凯末尔（Namik Kemal）坚决主张用奥斯曼主义统一国家,凝聚人心。他认为奥斯曼帝国应该确保非穆斯林与穆斯林群体的平等,帝国境内各个民族（族群）、宗教和教派应该统一于"瓦坦"（祖国）之下,效忠于祖国。他饱含自由主义理念的语句定义他心目中的"瓦坦"（祖国）,他说,"瓦坦所包含的并不是借征服者的宝剑或是文人的笔,画在地图上的抽象的线条,它是由像民族、自由、福利、手足之情、财产、主权、敬奉祖先、爱护家庭、青年时代的回忆等之类的许多高尚情操结合而产生的一种神圣的观念"[1]。

纳末克·凯末尔关于祖国的描述,受到西方民族国家观念和奥斯曼土耳其族裔情感的双重影响。一方面,在理念上,他笔下的奥斯曼国家有超越民族、宗教和族裔情感的一面；另一方面,由于时

---

[1] 转引自昝涛《现代国家与民族建构——20世纪前期土耳其民族主义研究》,生活·读书·新知三联书店2011年版,第121页。

代的局限，他所谓的国族式的"祖国"，实际上不过是当时知识分子中间所流行的种种观念和思想如自由平等、效忠苏丹与哈里发、珍惜祖辈所建立的古老的帝国家园以及救亡图存等因素的混合。就当时的情况来看，奥斯曼的知识精英阶层还远没有形成比较成熟的民族—国家观念。实际上，直到19世纪60年代，"奥斯曼民族"这一术语才正式出现；直到20世纪初，"奥斯曼民族"所包含的政治和文化意蕴依旧混杂、模糊。

尽管如此，伴随着大片领土的丧失和各地风起云涌的民族独立运动，以及在此过程中穆斯林群体被大规模地驱逐和杀戮，奥斯曼土耳其人不得不思考帝国的命运以及自身在帝国中的地位。他们开始意识到在帝国境内存在着语言和宗教同时一致的突厥裔奥斯曼人，感受到了彼此的亲近和作为同一个民族的不离不弃，在巴尔干基督教民族相继离去（独立）以及一些穆斯林身份的少数民族放弃对帝国的忠诚之后，在巨大的政治灾难和历史命运感面前，他们作为土耳其民族的认同感、危亡感油然而生，尽管并不是十分清楚"土耳其民族"的内涵及外延，但他们首先意识到那些在族裔血缘和宗教文化（语言）上异质性强且与帝国的反叛和敌对势力站在一起的群体如亚美尼亚人、希腊人等是最危险的"他者"，基于这种认识，执掌晚期帝国政权的团结与进步委员会开始行动起来。

他们按照"亲疏"不同的民族主义原则，对帝国境内不同的民族或族群采取不同的做法，对于"异质性"强（不可能同化于奥斯曼人）、对帝国可能不忠且存在潜在安全威胁的群体如亚美尼亚人、希腊人、保加利亚人采取"清洗"原则，途径是通过强制迁离原居住地、驱逐（边远地区或境外）、人口交换甚至大屠杀。为此，团结与进步委员会当局颁布了《临时驱逐法》（1915年5月）。

对于穆斯林背景的各个非突厥土耳其族群或民族，则根据他们自身的特点及诉求，按照有利于同化的原则分别予以不同的安排。对于反抗性较强、分离倾向比较明显的阿拉伯人，采取将他们从原居住地迁出的办法。第一次世界大战期间，有5000多个阿拉伯人家庭从叙利亚被安置到安纳托利亚地区的城市和农村。那些从巴尔干地区逃难出来的信仰伊斯兰教的阿尔巴尼亚人、波斯尼亚人、保加利亚人以及罗姆人等，则被安排到突厥土耳其人比较集中的安纳托利亚中部地区，以利于这些族体相对较小的穆斯林群体快速融入当地突厥土耳其人社区。

对于穆斯林少数群体中人数较多、民族意识较强的库尔德人则采取比较强硬的态度。从1909年开始，库尔德人的学校被关闭，一些组织如"库尔德人崛起和进步协会"的领导人和民族主义刊物《库尔德斯坦》的办刊人或遭到逮捕处死，或被迫流亡海外。库尔德人的精英如部落酋长、宗教首领（伊玛目）等被隔离于他们所在的部落和社区（被分散安置在城市），以防范他们进行族裔主义或宗教的动员。

为了有效地同化这些穆斯林身份的少数民族，团结与进步委员会还规定，在安置地区，此类人群的比例不得超过当地总人口的10%。

此外，团结与进步委员会还从经济和语言政策等方面，系统地表达和规划他们的民族主义思想和观念。在经济上实行"国有化"政策，刻意打击那些长期以来在奥斯曼帝国的商业、贸易和金融中处于垄断或优势地位的亚美尼亚人和希腊人，为突厥裔土耳其人赢得经济上位的机会。为此，团结与进步委员会甚至制定了在商业活动中禁止说土耳其语以外的语言政策。从1913年开始，土耳其语被规定为高中唯一合法的教学语言，在非穆斯林地区的学校，土耳其语被规定为必修课。

总之，到奥斯曼帝国晚期，面对内忧外患的严峻局面，帝国境内的突厥裔土耳其人的民族意识终于被唤醒。尽管对成为"奥斯曼土耳其人"到底意味着什么，团结与进步委员会并不十分清晰，但他们对身边的穆斯林和非穆斯林群体，突厥裔奥斯曼人（土耳其人）与非突厥裔奥斯曼人（土耳其人）有了明确的感知和认识，并在此基础上付诸行动。他们在巴尔干战争爆发以后的五年之内，重新安置了大量信奉伊斯兰教的少数族裔，其中包括约 100 万巴尔干难民、将近 200 万库尔德人和土库曼游牧部落以及上文提到的来自叙利亚的 5000 个阿拉伯家庭、从安纳托利亚东部逃过来的将近 1500 万难民、从的黎波里和班加西逃来的数目不详的阿拉伯人、40 万新增巴尔干地区的难民和从叙利亚逃离过来的一些切尔克斯人。同时，重新安排了 1200 万非穆斯林的希腊人和超过 1500 万人的亚美尼亚人。上述两类人口加起来小亚细亚将近有一半的人口受到团结与进步委员会当局的民族主义行动的影响。实际上，正是由于团结与进步委员会对民族格局的大洗牌，安纳托利亚地区的非穆斯林族群数量锐减，为穆斯塔法·凯末尔下一步建构民族国家奠定了基础。①

晚期的奥斯曼帝国危如累卵，各种思想互相激荡。奥斯曼精英们面临的任务纷繁复杂，但中心议题无疑是如何救亡图存。要做到这一点，首先则必须分清敌我，而分清敌我的一个前提条件是确立认同。毫无疑问，晚期的奥斯曼帝国同时存在三种认同，在危机的刺激下，帝国的精英们在奥斯曼主义、泛伊斯兰主义和土耳其主义之间徘徊。奥斯曼主义代表着帝国的过去和辉煌与帝国人口、领土的完整性，坚持奥斯曼主义，意味着祖先留下来的基业和帝国境内各民族继续生活在一起的状态得以延续，但面临的问题是帝国的领土在不断丧失，帝国境内的各民族正在不断地走向独立，坚持各民族一律平等的奥斯曼主义已不足以挽留相继离去的被征服民族。

泛伊斯兰主义是帝国扩张和发展的原动力，从散乱、各自为政的突厥各部落到奥斯曼国家的建立、帝国的兴起，再到帝国政治权力体系的维系、社会的治理，等等，没有一个环节可以少得了超越部落、部族和族裔的超然意识形态——伊斯兰教。可以毫不夸张地说，没有伊斯兰教就没有奥斯曼帝国。然而，当面对晚期帝国的现实时，奥斯曼帝国的精英们蓦然发现，原先连接各个部落、部族和族群的伊斯兰教，已经再也难以胜任以前的任务和角色。更有甚者，

---

① 参见严天钦《"土耳其化政策"与土耳其的民族认同危机》，《世界民族》2018 年第 2 期。

由于宗教认同所固有的排他性，作为连接穆斯林各民族纽带的伊斯兰教成为基督教各民族分离和独立的催化剂。不仅如此，帝国的精英们还发现，即使是固守伊斯兰认同，舍弃非伊斯兰教的各民族，奥斯曼仍然实现不了内部认同的统一——因为一些穆斯林民族（如阿拉伯人）的分离愿望在一定程度上一点也不亚于非穆斯林族群。

以上情况表明，不论是奥斯曼主义还是泛伊斯兰主义，都难以在晚期的奥斯曼帝国担当起凝聚人心、重建认同的作用。唯一可能的选项就是"土耳其主义"或者说以土耳其地域和伊斯兰教为限定项的突厥主义。土耳其主义综合了族裔血缘和宗教、文化、语言等多种属性，同时具备这几种属性的人显然利于形成一种较高程度的认同。

从19世纪末到土耳其共和国的成立，土耳其的民族主义者先驱在一条充满激烈冲突和迷茫的道路上前行探索。尽管这些民族主义者对土耳其民族主义究竟应该包含哪些内容不甚了了，但他们已开始意识到在族裔、文化（宗教）和语言上存在着一个命运共同体，这就是奥斯曼土耳其人，并以此为认同和行动的边界，对一些同时为非土耳其族和非穆斯林的少数民族（族裔）实施清洗，以期拥有与欧洲列强一样的民族—国家。此时的土耳其，尽管对泛突厥主义尤其是泛伊斯兰主义还抱有相当程度的认同和情感，但毫无疑问，强烈的土耳其民族主义力量已然崛起。为了拯救危在旦夕的民族命运，土耳其的民族主义者将随时可能放弃任何有害于民族生存和发展的价值和认同，这一点在土耳其共和国成立后得到了全面的体现。

第二节　土耳其民族国家构建时期的国家认同问题

土耳其共和国的成立，标志着土耳其民族主义者在军事、外交和对内的政治控制方面取得了胜利，但它不是土耳其民族国家构建的结束，相反，它只是土耳其民族国家构建的开端。如许多成功的民族国家一样，土耳其也是先有国家，后有民族，以国家塑造或锻造民族，再以民族认同国家并继而完成国家认同是土耳其构建民族国家及其认同的重要途径。

土耳其独立后，以凯末尔为首的土耳其民族主义者面对的是一个在政治上已成为土耳其人，但是在思想上仍然停留在中世纪的宗教认同上的土耳其民众（大部分土耳其人更多把自己看成是一个穆斯林，而不是土耳其国民）。

为了打造类似西方现代国家的国家认同，以凯末尔为首的统治集团，逐步确立了土耳其共和国立国的六大原则即共和主义、民粹主义（populism）、革命主义、民族主义、国家资本主义和世俗主义[①]，其中民族主义与世俗主义是缔造或构建土耳其国家认同的两驾马车。

首先，将注意力转向消除境内的非穆斯林人口，为此加紧推动与希腊签署的人口交换协议的实施。土耳其共和国成立的第二年即1924年，就排除万难实现了与希腊的人口交换，这次交换再加上20世纪50年代和60年代伊斯坦布尔发生的针对希腊人的骚乱及取消希腊人的居住权等行为，使得伊斯坦布尔乃至整个土耳其几乎看不到希腊人及其文化的存在和遗迹。

其次，在实现宗教上的"均质化"目标之后，凯末尔当局很快将目光转向族性上的"他者"——库尔德人。库尔德人与土耳其族人一样，信仰伊斯兰教，属逊尼派。晚期奥斯曼帝国各伊斯兰民族（族群）相继离去的教训使土耳其民族主义者认识到，单凭宗教上的一致性，并不能使土耳其成为一个真正的民族国家。不仅如此，在欧洲民族主义思想的冲击下，库尔德民族主义者的民族国家意识也日益增强。这种结果导致土耳其国家实际上也难以像欧洲一些国家如英国、西班牙一样，将库尔德民族主义者的独立建国诉求转化成

---

① 这六大原则反映了凯末尔在构建和发展土耳其共和国方面的全部见解和主张，是构成凯末尔主义的结构性内容。

土耳其国家的少数民族权利如实施一定程度的自治。有鉴于此，几乎与土耳其独立建国同步，凯末尔的民族主义者集团对库尔德人进行强行同化，库尔德人很快变成"山地土耳其人"，他们原有的语言、服饰入罪化。一夜之间，横亘在库尔德人与土耳其族人中间的认同障碍被去除，库尔德人成了"无差别的"土耳其人。

最后，从公共领域驱逐伊斯兰教，将土耳其国家认同牢牢固定在对土耳其民族的认同上。在解决了库尔德人的民族认同问题之后，土耳其民族主义者所追求的国家认同仍然面临着被伊斯兰教解构的重大风险。从伊斯兰教的基本教义来看，它追求的是一种超越国家、种族（族群）、文化（语言）的认同，这种认同往往在一定场域、一定时期产生强烈的凝聚效应（如奥斯曼帝国早期），但是随着时间的推移，这种凝聚效应会逐步被其内部的教派、部落分歧所消解。尤其是在面对来自欧洲的咄咄逼人的民族主义运动时，其缺陷就显得更加明显：民族主义的标准是世俗的和可度量的（如肤色、语言、文化及主要价值观），而宗教认同是"神圣的"且无法用更明确和具体的标准来衡量。

对于新生的土耳其国家来说，宗教认同的不可靠更来自历史经验。以宗教圣战起家的奥斯曼帝国，在其晚期遭遇了严重的认同危机。不仅帝国的米利特制度所维持的多元认同被各种形式的民族主义或族裔主义所代替，而且长期维系帝国统治群体凝聚力的伊斯兰教也遭遇严重的认同危机：一些信仰该宗教的群体如阿拉伯人在民族主义拉力下，走向自身的民族认同。

因此，不论是从伊斯兰教自身的特性，还是从其历史经历的角度，淡化乃至消除伊斯兰教对土耳其民族国家认同的影响都刻不容缓。以凯末尔为首的土耳其民族主义者通过一系列政策和法律措施，强行将伊斯兰教从共和国的政治体制和公共领域剥离，使民众的伊斯兰教信仰只保存在民间或私人领域，与此同时，通过种种行政手段来管理宗教领袖（伊玛目）、宗教场所和宗教财产等。

需要指出的是，强行推行世俗主义或者说将宗教从政治体制和公共领域驱逐出去的实践，与土耳其特定时期的政治体制特点、统治性的意识形态及奥斯曼帝国集权传统密切相关。凯末尔作为土耳其共和国的缔造者，其个人威望及依托这种威望建立起来的威权主义政体，为当时只有少数精英所极力支持的世俗主义运动提供了强有力的保障。同时，数百年的奥斯曼集权统治，也为广大民众的普遍服从提供了深厚土壤。也就说，土耳其当局力推世俗主义的种种做法及效果与其政体的威权性质和历史上的民众服从传统密切关联。因此，可以想见，一旦这种威权体制开始变革，一旦民众开始通过选票去选择统治者，这种威权政体所支撑的世俗主义改革或认同就会发生巨大变化。

（本章主要内容发表于周少青、和红梅《土耳其国家认同的历史演变及当代困境》，《学术界》2022年第4期。）

第八章

土耳其族群政策和立法的历史演变及其内在价值逻辑

尽管存在着理念、政治及法律制度上的诸多限制，土耳其事实上是一个典型的多民族国家。自独立以来，土耳其政府在不同的历史时期采取不同的族群政策和立法。在共和国成立的最初二十多年里，土耳其政府从语言等多个方面入手着力打造"土耳其人"，致力于建构一个不分族群的公民国家。进入民主化时期，土耳其政府一方面试图通过政党政治等民主化的政策和立法化解"民族问题"[1]；另一方面却由于民主化失序导致的军人政治而使其民族问题急剧恶化。2000年后，随着欧盟、美国等外部力量介入程度的加深，土耳其的族群政策和立法呈现出一定程度的"人权化"取向，其民族问题随之也得到一定缓和。2015年之后，随着加入欧盟愿景的渐行渐远，土耳其的族群政策和立法逐渐回归其传统的强硬立场。

土耳其族群政策和立法的历史演进及其内在价值逻辑，一方面反映了新兴国家进行民族国家构建的普遍困境，另一方面也折射出土耳其作为一个有着特殊历史遗产和国情的发展中国家所面临的独特挑战。显然，研究土耳其的族群政策和立法的历史过程，不仅有

---

[1] "民族问题"是中文语境下对与少数民族或族群相关的政治、法律、社会和文化现象的概括性称谓。尽管不同国家对"民族问题"话语及含义有着十分不同的解读，但这并不妨碍我们对其"民族问题"的研究。

助于总结并鉴取土耳其在应对民族问题上的经验和教训，而且有利于全面认识新兴国家在民族国家构建问题上的得与失。

第一节　土耳其的族群政策和立法的历史演变

如前所述，尽管存在着丰富的族裔、宗教、文化和语言多样性，但在政策和立法层面，土耳其政府并不承认"少数族群（民族）"的存在。其相关政策和立法文本很少提及"少数族群"（ethnic minority）甚至"少数群体"（minority）。在其国家政策和立法体系中，既没有专门的政策和立法来规范少数族群的权利保护问题，也没有间接地通过反歧视法保障少数族群的权利法律法规①。不仅如此，在外交活动中，土耳其政府也尽力避免可能导致承担保护少数族群权利的国际义务的行为②。但是，土耳其这一系列的策略选择并不能说明土耳其不存在少数族群，更不能得出土耳其没有族群政策和立法的结论。相反，由于"民族问题"在土耳其国家

---

① 1999年赫尔辛基峰会后，为满足欧盟提出的入盟要求，土耳其开始改革其相关法律和政策，强化公民权和人权框架的反歧视行动。在此过程中，极力避免将少数族群作为一个单独的类别进行特殊保护。

② 如果相关条约是专门针对少数族群权利的，如《欧洲保护少数民族框架公约》，那么土耳其的政策就是拒绝签署；如果条约不是关于少数族群问题的，但条约的实施可能导致对少数族群的赋权，那么它的策略便是有保留地签署，如签署《公民权利和政治权利国际公约》时对其第27条做出保留，对《儿童权利公约》第17、29、30条和《经济、社会及文化权利国际公约》第13条的第3、4款做出保留式签署。土耳其政府的这种态度同样也体现在对待"欧安组织"相关条约的条款上。A Quest for Equality: Minorities in Turkey, report prepared for Minority Rights Group International project titled "The Protection of Minority Rights and the Prohibition of Discrimination in Turkey", funded by the European Commission, European Initiative for Democracy and Human Rights, Combating Racism and Xenophobia and Promoting the Rights of Minorities (December 2007). https://www.hertie-school.org/fileadmin/5_WhoWeAre/1_People_directory/Postdoctoral_researchers_downloads/Kurban/Dilek_Kurban_CV_Publications.pdf. Retrieved on September 17th, 2019.

中的特殊地位①，土耳其的族群政策和立法深深地镶嵌在其体制和实践之中，其历程至少与土耳其共和国的历史等长②。建国后，土耳其的族群政策和立法大致经历了以下五个历史阶段。

一 土耳其共和国成立至民主化开启时期（1923—1949年）的族群政策和立法

1923年10月，土耳其共和国宣布成立。建国后，为了构建一个类似西欧国家的均质化民族国家，新生的土耳其共和国从各个方面发力。在国家认同方面，凯末尔主义者将"土耳其人"（Turkish people）定义为"那些保护和促进土耳其民族（Turkish Nation）的道德、精神、文化和人文价值的人"；有时凯末尔也将国家认同或"土耳其人"的标准归结为"共享一种语言的人"③，他认为，"语言是一个民族（nation）最明显、最宝贵的品质，一个声称归属于土耳其国家（Turkish nation）的人应该首先并且无论如何都应该讲土耳其语。如果一个人不讲土耳其语，那么无论他怎样声称归属于土耳其民族（Turkish nation）和土耳其文化都是不可信的"④。受凯末尔（主义）的影响，许多土耳其政治家和知识分子都认为，要想获得土

---

① 土耳其民族问题至少具有以下四个特点，即"民族问题与国家安全之间存在着一种历史—结构性的联系""民族问题与宗教问题深度勾连""民族问题具有强烈的外部性""土耳其民族问题事关全局性"等。在土耳其，民族问题绝不是一个边缘性的或细枝末节问题，相反，它是贯穿土耳其民族国家发展过程的一个重大结构性问题。在某种程度上，可以说民族问题决定着整个土耳其国家的发展走向乃至国运。周少青：《土耳其民族问题析论》，《学术界》2019年第8期。
② 实际上，早在土耳其共和国成立前的洛桑会议上，协约国代表及土耳其共和国的建国先驱者就已经为土耳其未来的族群政策和立法定了基调。
③ 早在土耳其共和国成立之前的1911年，团结与进步委员会就决定在帝国的所有学校推行土耳其语，以打造"土耳其人"的民族意识和爱国精神。Senem Aslan, "Citizen, Speak Turkish!: A Nation in the Making", *Nationalism and Ethnic Politics*, Routledge, 2007. pp. 245–272; Umut Özkirimli and Spyros A. Sofos, *Tormented by History: Nationalism in Greece and Turkey*, New York: Columbia University Press, 2008, p. 167.
④ Hans-Lukas Kieser ed, *Turkey beyond Nationalism: Towards Post-nationalist Identities*, London; New York: I. B. Tauris; New York: Distributed in the USA by Palgrave Macmillan, 2006, p. 44.

耳其公民的全部权利，就必须学习和使用土耳其语。他们认为，就少数族群而言，如果不讲土耳其语或者不接受土耳其文化，就不能成为土耳其公民。① 1935 年，在共和人民党的第四次代表大会上，时任土耳其总理伊斯梅特·伊诺努公开声明："与我们生活在一起的所有公民都必须说土耳其语，对此我们不会保持沉默。"②

正是在上述背景下，在土耳其政府的支持下，一些深受民族主义影响的法律系学生③发起"公民，说土耳其语！"运动④，该运动的倡导者要求那些非土耳其语使用者在公共场合讲土耳其语。他们的宣传横幅上写着"不说土耳其语的人不是土耳其人""要么说土耳其语，要么离开这个国家"。⑤ 值得注意的是，这种学生发起的社会运动并没有仅仅停留在宣传或鼓动层面，而是对语言少数族群产生了实实在在的后果。⑥

除了语言上的一体化政策和实践以外，针对不同的族群，土耳其政府分别采取不同的政策和立法。第一，对于国内最大的少数族群库尔德人，采取"阶级化"和"去族群化"的策略：一方面，延续《洛桑条约》甚至奥斯曼帝国米利特传统，将库尔德人视为主体族群的一部分，认为他们代表着反世俗化、反现代化和反西方化的

---

① Başak Ince, *Citizenship and Identity in Turkey: From Atatürk's Republic to the Present Day*, London: I. B. Tauris, 2012, p. 61.

② Soner Cagaptay, *Islam, Secularism, and Nationalism in Modern Turkey: Who is a Turk?* Routledge, 2006.

③ 当然，其中不乏有人仅仅是出于推广国家"通用语言"的目的。

④ "'公民，说土耳其语！'运动"正式发起于 1928 年年初，而在此之前的 1924 年，土耳其大国民议会已经开始酝酿将土耳其语规定为"强制性语言"（compulsory language）、违者罚款的立法。而几乎与此同时，一些地方如布尔萨市、巴勒克埃西尔（Balıkesir）等已经开始对公共场所使用非土耳其语的人进行罚款，到 1936 年此类地方性的罚款立法遍及全国。Başak Ince, *Citizenship and Identity in Turkey: From Atatürk's Republic to the Present Day*, London: I. B. Tauris, 2012, pp. 61 - 62.

⑤ Başak Ince, *Citizenship and Identity in Turkey: From Atatürk's Republic to the Present Day*, London: I. B. Tauris, 2012, p. 61.

⑥ 在宾馆、饭店、剧场、咖啡馆等公共场合，一些少数族群成员因不会讲土耳其语而受到骚扰，还有一些人因此遭到罚款，不少人遭到逮捕直至被以"诋毁土耳其特性"（insulting Turkishness）的罪名追究刑事责任。E. Fuat Keyman and Ahmet Icduygu ed., *Citizenship in a Global World: European Questions and Turkish Experiences*, Routledge, 2005, p. 299.

部落人群；另一方面，从单一民族国家建构的立场坚决否定库尔德人的族性（Kurdishness），将他们归类为"山地土耳其人"。实践中，对东南部地区库尔德部落的宗教叛乱坚决予以镇压。1934年颁行的《迁徙法》否定了库尔德部落的政治和行政权威，将传统社会下的部落"分权"一律废除或收回。[①] 1937年土耳其议会通过一项法案，该法案试图通过将东部地区一部分库尔德人移居到西部，同时把来自巴尔干和卡夫卡西亚（Kafkasya）的移民安置到该地区来改变东部地区人口结构，从而达到同化库尔德人的目的。

除强制迁徙部落人口到土耳其族人居住的西南部地区外，伴随着20世纪二三十年代的平叛活动，土耳其政府还加强了对库尔德人居住的东部和东南部的社会改造和经济开发：在广大的库尔德农村地区放逐或处死有影响力的领主，以期打破部落制，破坏封建体系；向东部修建铁路，在边远地区修建公路，开办学校讲授土耳其语，改善农业生产以吸引游牧的库尔德人转向农业，如此等等。

第二，在对待除库尔德人以外的其他少数族群（群体）方面，土耳其政府坚持《洛桑条约》的原则性规定并按照自己的理解来确认少数族群。为了确保主体族群（穆斯林）以外的少数者权利，《洛桑条约》将保护的重点放在非穆斯林群体上，强调土耳其必须保护其境内的非穆斯林少数群体。循着并利用这个思路，土耳其政府巧妙地将少数群体（族群）的资格限定于希腊人、亚美尼亚人和犹太人三个宗教少数群体，而对亚述人、切尔克斯人等许多少数族群特征明显的群体一律选择性忽略。1925年，土耳其与保加利亚签订"友好条约"，同意把伊斯坦布尔的保加利亚裔土耳其公民纳入少数族群的范围。[②] 这

[①] Mesut Yegen, "The Kurdish Question in Turkish State Discourse", *Journal of Contemporary History*, Vol. 34, No. 4, 1999.

[②] 这一条约可视为1913年奥斯曼土耳其与保加利亚签署的《君士坦丁堡条约》的继续，该条约第8条明确规定："所有保加利亚领土上的伊斯兰保加利亚臣民应享受具有保加利亚血统臣民所享受的同样的公民和政治权利。他们应享有思想自由、宗教自由和举办公开的宗教活动的自由，伊斯兰教徒的习惯应受到尊重。"周少青：《少数民族权利保护的国际共识和国家义务（二）》，《中国民族报》2012年6月22日。

样，三个宗教少数群体加上保加利亚裔少数族群，土耳其政府确认"合法的"少数族群人口数量实际上只有9万多人。[①]

第三，对于上述"合法的"少数群体以外的其他少数族群，土耳其政府一律采取"平等的公民权利"范式，即赋予他们作为土耳其公民的"无差别的"公民权利。然而，实践中对这些少数族群的歧视层出不穷。[②] 与此同时，公民权利的保障范式也使得土耳其主体族群[③]在政治、社会和教育等方面享有实际上的优势或特权地位。

第四，对诸如阿拉维人这样特殊的宗教少数群体[④]，则采取了政治和社会生活的世俗化进路，其中一个重要做法是消除清真寺以外的宗教仪式和实践，使他们失去借以组织自己特有的宗教仪式的场所如礼拜堂（Cemevis）、托钵僧小屋等，从而消除该群体对主流逊尼派的冲击。[⑤] 需要指出的是，尽管作为宗教少数群体，阿拉维人没有获得宗教上的合法地位，但由于广泛推行凯末尔主义的世俗化和西式的天赋人权、自由平等理念和制度，阿拉维人第一次获得了法律上的平等权。[⑥]

---

① Sule Toktas, and Aras Bulent, "The EU and Minority Rights in Turkey", *Political Science Quarterly*, Vol. 124, No. 4, 2009.

② 如在两次世界大战期间，土耳其军队以穆斯林或"土耳其人"为标准进行区隔，非穆斯林或非土耳其族（Turkish race）被解除武装，分配到非战斗岗位。1942年颁布的《资本税法》对非穆斯林适用高税率，一些缴不起税的非穆斯林甚至被送入劳动营。此外，歧视性做法还体现在定居政策和公民身份（入籍）等多个方面。参见 Sule Toktas, and Aras Bulent, "The EU and Minority Rights in Turkey", *Political Science Quarterly*, Vol. 124, No. 4, 2009。

③ 由于土耳其族群、宗教关系的交互性和复杂性，所谓"主体族群"在现实中主要指谓的是逊尼派哈乃斐派穆斯林（而不仅仅是血统和文化上的"土耳其人"）。

④ 阿拉维人在世俗主义和政治认同方面与土耳其民族主义者并不存在冲突，其孜孜以求的目标是实现自身宗教（教派）的合法性。阿拉维人的这一目标与土耳其的宗教正统派——逊尼派哈乃斐派穆斯林发生了明显的冲突。

⑤ Ayhan Kaya, "Multiculturalism and Minorities in Turkey", in Raymond Taras ed., *Challenging Multiculturalism: European Models of Diversity*, Edinburgh University Press, 2013, pp. 304 – 305.

⑥ 作为奥斯曼宗教帝国的"异端"之一，阿拉维人长期遭受迫害和边缘化，土耳其共和国的成立使他们第一次获得了至少是形式上的平等权。Lale Yalcin-Heckmann, "Ethic Islam and Nationalism Among the Kurds in Turkey", in Richard Tapper ed., *Islam in Modern Turkey*, London: I. B. Tauris, 1991, pp. 102 – 120.

第五,在"合法的"少数群体权利保护方面,土耳其政府总的策略是缩小权利保护的类别,限制权利保护的范围。《洛桑条约》为少数族群规定了政治平等、语言权利、宗教自由、移民与迁徙自由、结社自由等基本权利和自由,并特别规定了少数族群建立宗教、教育和社会福利机构的权利。这些权利和自由中,除了迁徙或移民权基本得到兑现外,其他权利和自由大多停留在纸面上。在权利保护的范围中,以教育权为例,虽然有关政策和立法允许非穆斯林的三个宗教少数群体开办私立学校,但根据法律,这些学校的教师一律由教育部门挑选,而作为非穆斯林的少数族群学校的校长,在挑选教师等方面也没有任何权利。[1] 同时,这些私立学校也不能从地方或国家层面的教育预算中获得资金支持。在宗教权利方面,上述三个非穆斯林少数群体也不能新建宗教场所,如此等等。

不仅如此,伴随着土耳其民族国家运动如火如荼地开展,土耳其少数族群的各项权利都面临威胁。土耳其1926年刑法第159条规定"公开诋毁土耳其特性(Turkishness)、土耳其共和国或者土耳其大国民议会的处以六个月至三年以下徒刑"[2]。

从土耳其共和国成立到民主化时期开启是土耳其族群政策形成的关键历史时期,这一时期确立的族群政策和立法的基本原则、基本内容尤其是价值理念为后来土耳其的族群政策和立法的发展定下了基调。[3]

---

[1] Lale Yalcin-Heckmann, "Ethic Islam and Nationalism Among the Kurds in Turkey", in Richard Tapper ed., *Islam in Modern Turkey*, London: I. B. Tauris, 1991, pp. 102 – 120.

[2] 1928年,9名犹太人因参加抗议一名中年土耳其男子杀害一名名叫艾扎·妮戈(Elza Niego)的年轻犹太女子的活动而被控"诋毁土耳其特性",与此同时,土耳其媒体上出现了大量反犹言论。最终有4四名犹太人被判"诋毁土耳其特性罪"。"New Trial Ordered for Nine Constantinople Jews Once Acquitted", *Jewish News Archive*, January 16, 1928, Retrieved 23 May, 2018.

[3] 此后即使经历了重要的社会转型期民主化时期和应欧盟要求所做的政治和法律改革运动,也未能从根本上改变土耳其族群政策和立法的基本面。

二 土耳其民主化前期（1950—1983年）的族群政策和立法

20世纪40年代后期开启的民主化进程对土耳其少数族群权利意识的觉醒起到重要的推动作用。1950年议会选举，在包括库尔德人等少数族群在内的民众支持下，从共和人民党中分离出去的民主党一举击败建国的共和人民党，掌握了土耳其的国家机器。

为了保持既有的政治优势，同时回报支持其上台执政的保守的农民、大地主、新兴的中产阶级以及少数族群（库尔德部落），民主党政府取消了对宗教团体和各族裔群体活动的禁令。[①] 在后继的政党竞争中，民主党更是以改善库尔德人的处境相号召拉取选票，承诺将减少对东部库尔德地区的文化限制，减少该地区宪兵的"粗暴行为"，为了增强党的代表性和影响力，民主党甚至吸收了不少具有影响力的库尔德人进入议会。

与此同时，长期一党执政的、靠一味打压库尔德人而稳定政权根基的共和人民党也开始转变立场。为了吸引库尔德人和左翼人士的选票，共和人民党开始承诺让被从东部驱逐出去的库尔德人重返家园，扩大民主与自由，赋予（库尔德）地方政府更大的权力。[②]

民主化及政党政治的持续推进，使土耳其社会出现了新的分化现象，即以往的主要沿着族裔边界发生的分化（即同化与反同化），开始向阶级或利益分界的方向发展。1960年民主党政府被土耳其军方颠覆，政变后的土耳其政府曾一度恢复共和人民党时期的强制土耳其化政策，但是随着所谓还政于民和1961年宪法的颁行，民主政治又重回土耳其并出现了土耳其历史上比较罕见的"最为自由的10年"。1961年宪法赋予土耳其公民类似西方国家的一系列权利和自

[①] Kemal H. Karpat, "The Military and Politics in Turkey, 1960–64: A Socio-Cultural Analysis of a Revolution", *The American Historical Review*, Vol. 75, No. 6. (Oct., 1970).

[②] 哈全安、周术情：《土耳其共和国政治民主化进程研究》，上海三联书店2010年版，第88页。

由，土耳其的少数族群作为公民也同样享有这些权利和自由。

当然，也要看到，由于民族问题尤其是"库尔德问题"在土耳其社会的特殊敏感性和土耳其政治转型的复杂性，1961年宪法给少数族群及左翼人士带来的"民主和自由"十分有限。事实上，该宪法颁布后不久，很多有关库尔德人政治和文化权利的杂志和出版物都遭到查封。1963年，土耳其政府以"企图在土耳其领土上建成库尔德国家"为罪名，逮捕了60多名库尔德知识分子。[①]

值得注意的是，这一时期成立的土耳其工人党公开批评政府的库尔德政策，主张在"民主"和"宪法"的框架内，以权利保障的形式解决库尔德问题。1970年土耳其工人党在其政治纲领中正式提出库尔德问题。虽然土耳其工人党对土耳其政治的影响几乎可以忽略不计，但作为一个合法的土耳其政党，它在对待所谓"库尔德问题"上迈出了重要一步。[②]

1971年3月12日，土耳其军方以土东南部分裂主义问题为借口，再次发动政变。军方大肆逮捕库尔德人和左派人士，关闭和禁止了所有与库尔德人有关的组织和党派。在此过程中，土耳其工人党也遭到取缔，其领导人几乎全部被捕。在军事上和政治上对库尔德人高压的同时，库尔德人的语言文化权利进一步收紧。

非穆斯林少数族群方面，1974年土耳其最高法院（the Court of Cassation）裁定"不允许任何由外国人组成的法人团体获取不动产"，这里的所谓"外国人"包含了土耳其的非穆斯林公民，他们的不动产仅限于他们在1936年名单上所宣示的，1936年之后购买或获赠的不动产均属非法。

1980年9月政变后的军人政府试图利用土耳其伊斯兰复合文化（Turkish Islamic synthesis）来减少乃至消除导致土耳其社会失序、政

---

① 李秉忠：《土耳其民族国家建设和库尔德问题的演进》，社会科学文献出版社2017年版，第259页。

② 参见 Chris Kutschera, "Mad Dreams of Independence: The Kurds of Turkey and the PKK", Middle East Report, No. 189, the Kurdish Experience, 1994, Printed by Middle East Research and Information Project, Inc.

治极化的社会差异。为了促进以国家为中心的土耳其—伊斯兰意识，这一复合文化模式对相关符号和历史事件做了非同寻常的单一化阐释。① 在这一思想指导下，土耳其军政府及新宪法不仅完全忽略和排斥库尔德人、阿拉维人及其他少数族群的文化和价值诉求，而且致力于消除其最大少数族群库尔德人的族裔特性：库尔德（语）媒体被完全关闭，禁止任何媒体使用库尔德语，所有库尔德语书籍、电影和音乐专辑都被销毁，库尔德村庄的名称也被更改，如此等等。②

土耳其民主化前期正处于土耳其社会和政治结构剧烈变动时期，在此期间库尔德人也处于传统社会结构逐渐解体、族裔主义勃发的高潮期。民主化为族群政治提供了空间，也为更大的社会失序和政治极化提供了条件。为实现有效的社会控制、防范库尔德人的分离主义，民主化前期的土耳其共出现了三次影响深远的军事政变。这些军事政变使得土耳其的族群政策和立法变得更加刚性和难以适应变化中的现实。

三　土耳其民主化后期（1984—1999 年）的族群政策和立法

由于民主化过程的几近失控、军事政变以及库尔德族裔主义日益极化等多种因素的作用，从 1984 年开始，土耳其的族群政策尤其是库尔德人政策逐渐演变成单向度的军事行动和严厉的社会控制。为了肃清库工党武装、确保土耳其国家领土主权完整及社会稳定，土耳其政府在东南地区进行长达十多年的军事围剿和社会控制，造

---

① M. Hakan Yavuz, "Political Islam and the Welfare (Refah) Party in Turkey", *Comparative Politics*, Vol. 30, No. 1. 1997.

② 尽管此期间成立的福利党（WP）明确反对库尔德族裔主义和土耳其民族主义，强调以奥斯曼文化和伊斯兰教打造库尔德人和主体民族的统一性，并通过使用伊斯兰术语和符号实现多样性的族裔和区域文化的共存和繁荣，但这一倡导并没有影响到主流的土耳其族群政策和立法。Yavuz, M. Hakan. "Political Islam and the Welfare (Refah) Party in Turkey", *Comparative Politics*, Vol. 30, No. 1, 1997, pp. 63–82.

成数万人的伤亡和巨大的经济损失。

与此形成鲜明对比的是，对于凯末尔主义的坚定支持者宗教少数派阿拉维人，土耳其政府则网开一面，给予其比较充分的文化权利和财政支持。1989年结社禁令被废止后，阿拉维派的各类文化活动如雨后春笋般在全国范围内活跃起来。在政府各项政策的支持下，阿拉维人的出版、结社、科研及各类艺术形式蓬勃发展。从20世纪90年代起，土耳其各级政府开始打破禁止修建清真寺以外的礼拜场所的禁忌，允许甚至资助阿拉维人修建各种宗教活动场所。

关于阿拉维人政策，最引人注目的是政府对阿拉维人"文化复兴"事业的支持。1990年官方拨款支持举办阿拉维人的哈兹贝克塔什文化节，该节日不仅为阿拉维人的音乐家、政治领袖、学者、媒体人等提供了活动的平台，而且成为土耳其政治家包括总统总理的活动舞台。1997年以来，土耳其国家电视台（TRT）开始直播哈兹贝克塔什文化节开幕式。土耳其政府甚至有意将哈兹贝克塔什镇打造成阿拉维人的国际活动中心。祖国党与民主左翼党联合政府首次为阿拉维人提供财政预算支持，1998年阿拉维人协会获得土耳其政府42.5亿里拉的财政拨款。[①]

最值得关注的是土耳其政府高层对阿拉维人文化事业的态度。1998年土耳其总理和副总理亲自领导对阿拉维派文化的研究；1999年大选后成立的多党联合政府更是表示"有必要重视强化逊尼派—阿拉维派的兄弟情谊"，这是第一次在官方正式文件中出现阿拉维人的字眼。[②]

阿拉维文化客观上契合了土耳其官方所倡导的伊斯兰复合文化的基本理念，即将土耳其价值与伊斯兰教相结合，土耳其总理埃杰维特认为，阿拉维人的文化传统体现了土耳其民间文化和土耳其人对伊斯兰教的独特理解。土耳其文化部部长则宣称土耳其社会承认

[①] Sehriban Sahin, "The Rise of Alevism as a Public Religion", *Current Sociology*, Vol. 53 (3), 2005.

[②] 李艳枝：《土耳其的宗教少数派——阿拉维派》，《世界宗教研究》2015年第3期。

阿拉维—贝克塔什思想是"进步、复兴和现代化的推动力"[①]。尽管阿拉维人作为一个宗教少数群体，没有获得法律上的合法性，但其（政治）文化和传统，得到土耳其政府与社会的广泛认可和接纳。阿拉维人与库尔德人的不同政策待遇与这两个群体的文化和特性以及土耳其政府的政治考量标准等因素密切相关。

20世纪90年代以后，土耳其政府越来越意识到，解决库尔德民族问题是实现土耳其民主化的一个重要前提。1992年，苏莱曼·德米雷尔（Süleyman Demirel）总理第一次公开宣布政府承认"库尔德现实"（Kurdish reality）。厄扎尔（Turgut Ozal）总统则对库尔德问题提出"多样化"和"自由化"的解决方略。土耳其政府首次承认库尔德群体的存在并废止了禁止库尔德语言的法律。随之，土耳其的族群文化活动重新开始活跃。然而随着厄扎尔的去世[②]，土耳其的族群政策特别是库尔德政策重新回到原有轨道。这也说明，在涉及库尔德问题上，是军队主导的国家安全委员会而不是民选政府决定土耳其的族群政策。[③]

四　欧盟助推时期（2000年至2015年6月）的族群政策和立法

1999年库工党首领厄贾兰的被捕和同年底赫尔辛基峰会决定承认土耳其的欧盟候选国资格以及正发党的执政（2002年），是影响这一时期土耳其族群政策和立法的三个重大事件。厄贾兰被捕后数次宣布单方面停火，寻求暴力以外的解决路径。欧盟候选国身份的取得，使得土耳其国内欢欣鼓舞。正发党的执政为土耳其诸多领域

[①] Sehriban Sahin, "The Rise of Alevism as a Public Religion", *Current Sociology*, Vol. 53 (3), 2005.

[②] 随后埃尔巴坎总理提出用"伊斯兰性"来解决库尔德问题，但很快遭到军方的否决和弹压。

[③] Umit Cizre Sakallioglu, *Parameters and Strategies of Islam-State Interaction in Republican Turkey*, 1996, p. 247.

的政策转型提供了历史契机。其中,欧盟成员资格的吸引对于土耳其族群政策和立法的转型起到关键作用。

为了迎接欧盟的民主、人权及少数族群保护标准的大考,土耳其政府对相关政策和法律进行了较大幅度的修改,其中涉及少数族群的改革主要表现在语言权利、文化权利、平等权及反歧视,以及少数族群基金会的财产权等方面。

2001年宪法修正案废除了1982年宪法中第26条至第28条关于严禁使用法律禁止的语言发表言论和进行新闻报道的限制。[①] 2002年,土耳其通过了一项法令,允许开设私人课程（private courses）并教授少数民族语言,同时指出,这并未与维护国家安全相悖。[②] 2003年出台的法律规定,可以保留教授少数民族语言的私人课程,同时政府对开设少数民族语言的学校及其教师和生源都进行了严格控制和考核,并声明绝不鼓励学校开设除土耳其语以外的其他少数民族语言。2004年起,土耳其巴特曼（Batman）、迪亚巴克尔（Diyarbakır）、尚勒乌尔法（Şanlıurfa）、阿达纳（Adana）、伊斯坦布尔（Istanbul）、凡城（Van）、马尔丁（Mardin）等地均开设了库尔德语言课程。然而,由于受到种种限制、官僚体制问题及少数群体不愿意自费学习母语等问题,这些课程被迫叫停。

2003年出台的民事登记法律（The Civil Registry Law）取消了父母给孩子取名的限制,但法律同时规定,父母给孩子取的名字必须符合土耳其的"道德价值观",且不得"冒犯公众"。2003年9月,内政部颁布法令,规定土耳其少数族群的人名中只能包含土耳其字母,而不得出现如Q、W和X等常出现于库尔德语言中的字母。[③]

[①] 李艳枝:《正义与发展党修宪与土耳其民主政治的发展》,《阿拉伯世界研究》2016年第2期。

[②] Law on the Amendment of Certain Laws, No. 4771, 3 August 2002, Official Gazette, No. 24841, 9 August 2002, Art. 11.

[③] Dilek Kurban, A Quest for Equality: Minorities in Turkey, report prepared for Minority Rights Group International Project Titled "The Protection of Minority Rights and the Prohibition of Discrimination in Turkey", 2007, https://minorityrights.org/wp-content/uploads/old-site-downloads/download-739-A-Quest-for-Equality-Minorities-in-Turkey.pdf.

在国家法律有所松动的大背景下①，一些少数族群聚居的地方开始尝试用包括少数族群语言在内的多语种提供公共服务。2006年10月，位于迪亚巴克尔市古老的苏尔区（自治市）政府委员会通过一项"多语市政服务"的议案，并决定提供亚美尼亚语、亚述语、英语、扎扎语、土耳其语和其他语言服务，该政策是基于苏尔区市政府的一项调查。调查显示，该地区占72%的居民使用库尔德语，24%的人使用土耳其语，剩下的居民使用阿拉伯语、亚述语等。②

2004年，《结社法修正案》取消了对结社自由的许多限制，组建协会不再需要事先授权。③该法案为少数族群行使自己的权利创造了更多的空间和可能，如，可以通过建立协会等方式来发展自己的文化。此后，如罗姆人、切尔克斯人等均建立了属于自己的文化协会。该法案同时允许协会在非官方的函件中使用少数族群的语言。但是由于该法案规定了禁止利用协会实现宪法所禁止的目的，这些少数族群协会在行使权利方面面临着很大的障碍。

在平等权及反歧视方面，2003年《公共工程法修正案》将"清真寺"一词改为"礼拜场所"，该修正案为亚美尼亚人、犹太人、基督教徒等少数群体平等地兴建自己的礼拜场所提供了法律上的保障。随着新法的实施，国家宗教基金管理局（Directorate of Religious Foundations）开始为包括少数族群在内的所有礼拜场所支付电费。

---

① 2001年宪法修正案在少数族群语言的使用方面有所放宽，但并未明确规定少数群体在公共机构享有使用自己的语言的权利。因此，即便是少数群体聚居区的少数群体（如位于该国东部和东南部的库尔德人聚居区），在不掌握官方语言的情况下，公共服务机构也不提供除土耳其语以外的其他语言。尽管有证据表明，少数族群与公共行政机构的沟通能力与他们获取健康、司法、教育和其他公共服务的质量成正比。"不会讲土耳其语"是语言少数族群无法获取医疗卫生服务的主要原因。事实表明，承认少数族群语言在公共服务机构的使用权，对少数群体聚居的农村妇女尤为重要。有一项针对97个村庄的472名已婚妇女进行的调查，结果显示约80%的受访者为文盲。比起男性，少数族群女性学习土耳其语的机会要少得多。

② 然而，苏尔自治市的此项举措却遭到了检察机关的调查。土耳其内政部以苏尔市政府违反宪法第42条第149款"禁止使用任何除土耳其语以外的任何语言"的规定为由，于2007年5月22日最终裁决解散了苏尔市议会。

③ Law on Associations, No. 5253, 4 November 2004, Official Gazette, No. 25649, 23 November 2004.

第八章　土耳其族群政策和立法的历史演变及其内在价值逻辑　169

在此之前，该局只为清真寺的电费买单。2003年修改的《劳动法》明确禁止基于语言、种族、宗教及宗教团体成员身份的歧视。2004年通过的新刑法将种族主义、种族灭绝和危害人类罪以及就业和获得公共服务中的基于语言、种族、肤色、宗教或宗派的歧视列入打击和惩处范围。为了消除基于特定身份的歧视，土耳其政府还修改法律，允许公民按照自己的意愿决定是否在身份证上表明自己的宗教信仰。此外，教育部还主持修改教科书，试图消除对少数族群的偏见。2005年内政部下属的州长办公室开始接管原先由省安全局负责的有关非穆斯林少数族群机构的相关事宜。①

在少数族群基金会的财产权方面，土耳其大国民议会2006年起草、2008年生效的《基金会法》虽然没有彻底解决非穆斯林基金会的不动产产权问题，但比1935年的相关法律进步不少。在基金会的立法方面，2013年以来，官方没有针对非穆斯林基金会的选举程序发布任何新法规。在缺乏法规的情况下，这些基金会无法为其董事会成员举行选举。

进入21世纪以来，阿拉维人的权利不断得到提升。在正发党政府的支持下，阿拉维人不仅开始享有广泛的文化权利，其特有的信仰体系也开始被纳入公立学校必修课的计划。与此同时，宗教事务局开始讨论是否将阿拉维派列为伊斯兰教的一个分支。② 2008年后，正发党政府开始兴建阿拉维人的礼拜场所。③ 然而，在政治权利尤其是在公共部门担任职务方面，阿拉维人的处境仍然没有多少改善。④

随着族群政策和立法的逐渐放宽，政治和法律层面解决库尔德问题逐渐提上日程。2005年，时任总理埃尔多安表示政府意识到

---

① Sule Toktas, and Aras Bulent, "The EU and Minority Rights in Turkey", *Political Science Quarterly*, Vol. 124, No. 4, 2009.
② Sehriban Sahin, "The Rise of Alevism as a Public Religion", *Current Sociology*, Vol. 53 (3), 2005.
③ 李艳枝：《土耳其的宗教少数派——阿拉维派》，《世界宗教研究》2015年第3期。
④ David Shankland, *The Alavi in Turkey: The Emergence of a Secular Islamic Tradition*, Routledge, 2007, p. 184.

"库尔德问题"(Kurdish question)的存在。8月在迪亚巴克尔的一次演讲中,埃尔多安指出,土耳其人和库尔德人之间的文化、宗教和历史联系将为库尔德问题提供解决方案,他动情地说:"太阳温暖着每一个人,雨水是上帝对所有人的恩典,因此我想对那些询问'库尔德问题将怎么办?'的人说,库尔德问题就是我的问题,我们将通过民主解决所有问题。"[①]

在上述思想的主导下,土耳其官方开始软化立场,承认库尔德问题的存在,并开始在部分地区允许库尔德语的使用,放松对库尔德语出版的管制。2002年11月,土耳其政府全面取消东南部省份的紧急状态;2004年6月,库尔德语节目正式获准在土耳其国家电视台播出,两年之后私人电视台及媒体获批播出库尔德语节目。[②] 2009年1月,土耳其国营广播电视网络TRT的新电视频道6台开播24小时库尔德语节目;9月,电视和电台使用库尔德语的权限进一步放宽,规定私人电视台和国家电视台一样,拥有可以全天播放库尔德语节目的权限。[③] 此后,土耳其较大城市中的几所大学逐渐开设库尔德语言课程。2011年,土耳其东南部马尔丁·阿图克卢大学开设库尔德语言文字系。与此同时,官方接纳库尔德人的政党参与,人民民主党(HDP)逐步走向土耳其政治前台。这些政策创新反映了执政的政治精英的思维方式发生了改变,表明他们愿意正视过去,并修补长期的军事行动对库尔德群体造成的伤害。[④]

值得注意的是,族群政策和立法的相对宽松并没有改变土耳其政府对"土耳其特性"的执守。2005年6月生效的刑法第301条依旧保留了1926年刑法的"公开诋毁土耳其特性"的罪名。第301条

[①] M. Hakan Yavuz, *Secularism and Muslim Democracy in Turkey*, Cambridge: Cambridge University Press, 2009, p.189.

[②] 库尔德语电视节目的播出时间受到严格限制,电视台播出时间不得超出4个小时,电台播出时间不超过5个小时。同时严禁播出儿童卡通片和学习库尔德语的节目。

[③] 唐志超:《中东库尔德问题透视》,社会科学文献出版社2013年版,第90页。

[④] Ayhan Kaya, "Multiculturalism and Minorities in Turkey", in Raymond Taras ed., *Challenging Multiculturalism: European Models of Diversity*, Edinburgh University Press, 2013, p.307.

被用于多起涉及少数族群问题的案件。① 2008年4月，在内外部压力下，土耳其修改刑法，将公开诋毁土耳其特性（Turkishness）、土耳其共和国、土耳其大国民议会或者国家司法机关的徒刑由六个月至三年以下徒刑改为六个月至两年，同时规定"公开诋毁军方或警察机构适用同样的刑期"。

总的来说，欧盟助推时期是土耳其共和国历史上族群政策和立法最为宽松和开明的时期。正发党的励精图治和土耳其加入欧盟的巨大诱惑，使得土耳其政府暂时摆脱了数十年的路径依赖，以"和平"与"和解"的姿态应对和处理族际关系。然而，随着亲库尔德人政党人民民主党（HDP）挺进土耳其大国民议会，正发党政府的族群政策尤其是库尔德政策便开始发生逆转②。

五 后欧盟助推时代（2015年6月至今）的族群政策和立法

由于种种因素的合力作用，自2015年6月之后，土耳其的库尔德族群政策开始向军事打压和严控回归。一方面再次宣布东南部地

---

① 同年著名作家奥尔罕·帕慕克（Orhan Pamuk）在接受瑞士杂志 Das Magazin 的采访时称："在这片土地上，有3万库尔德人和100万亚美尼亚人被杀，但除了我几乎没人敢提及此事。"随后帕慕克受到"公开诋毁土耳其特性罪"的指控，在国际人权组织尤其是欧盟的压力下，法院以司法部部长没有就此指控是否成立做出决定为由拒绝继续受理此案。帕慕克案引起国际社会、欧盟及人权组织的普遍关注，欧盟宣称，"此案件是土耳其欧盟成员资格的试金石"；欧洲委员会东扩执委奥利·雷恩（Olli Rehn）得知法院放弃帕慕克案后表示"这对于土耳其的表达自由来说是一个好消息"，但他同时警告"土耳其必须解决其可能限制言论自由的法律上的漏洞"。Court drops Turkish writer's case, BBC. 2006/01/23.

② 本来人民民主党（HDP）成功地进入议会，不仅使得库尔德人的声音有了合法表达的渠道，也为土耳其政府通过政党政治的民主化程序，化解长期困扰土耳其国家和社会的库尔德问题提供了重要平台。然而正是由于人民民主党进入议会这一历史事件，使得长期依赖库尔德人选票的正发党感到前所未有的威胁，同时，人民民主党入驻大国民议会也引起土耳其民族主义和保守、右翼势力的忌惮，他们担心人民民主党的成功将会激发库尔德人的政治热情，使土耳其的民主政治沿着族裔边界分化。这些因素，再加上土耳其因长期入盟无望失去了改善族群政策和立法的决心和动力等原因，终于导致正发党"民主"解决包括库尔德问题在内的民族问题的愿望流产。

区进入紧急状态，恢复军事手段，并先后三次跨境打击库工党军事组织；另一方面采取种种政治和法律手段打压亲库尔德人政党。① 与此同时，库尔德语媒体以及报道库尔德人的媒体不断遭到逮捕和审判。2016 年 7 月 15 日之后的紧急状态期间及之后，土耳其政府更是严厉限制库尔德人领域的人权工作者，许多库尔德团体、媒体及文化机构被关闭。② 不少知识分子、记者、作家、人权倡导者等因为发表维护少数群体权利的意见而遭到指控。③ 根据 2016 年统计数据显示，土耳其的言论自由权利在全世界 180 个国家中排名第 151 位，2017 年该数据下滑至第 155 位。④

尽管库尔德语依旧保留在公立学校及大学课程的选修课名单上，但库尔德语言文学受到特别的限制：一些库尔德学者和教师被解雇，其中一些人还受到与恐怖主义有关的调查；库尔德语团体和机构被关闭、库尔德语书籍遭禁。在东南部地区，一些库尔德人的纪念碑、文学遗迹以及双语路标等被拆除。⑤

其他方面，根据欧盟 2019 年发布的"土耳其报告"，在土耳其，提供公共服务的语言除土耳其语以外，其他语言都不具有法律上的合法性；中小学母语教育仍然受到诸多法律限制；非穆斯林少数族群基金会的财产权尤其是不动产权立法仍然得不到保障。在反歧视方面，相关立法在实践中得不到落实，2019 年土耳其反歧视机构

---

① 2015 年年底，正发党提议恢复死刑；2016 年 6 月，土耳其总统埃尔多安批准取消议员的豁免权，这意味着包括人民民主党主席萨拉哈丁·德米尔塔什在内的 50 余名人民民主党议员将面临刑事指控。Erdoğan lifts Turkish MPs' immunity in bid to kick out pro-Kurdish parties, https://www.theguardian.com/world/2016/jun/08/erdogan-lifts-turkish-mps-immunity-in-bid-to-kick-out-pro-kurdish-parties.

② "Commission Staff Working Document: Turkey 2019 Report", Brussels, 29.5.2019 SWD (2019) 220 final.

③ 刑法第 301 条的"诋毁土耳其"是重要法律依据之一。

④ Yaman Akdeniz & Kerem Altıparmak, Turkey: Freedom of Expression in Jeopardy, https://www.englishpen.org/wp-content/uploads/2018/03/Turkey_Freedom_of_Expression_in_Jeopardy_ENG.pdf.

⑤ "Commission Staff Working Document: Turkey 2019 Report", Brussels, 29.5.2019 SWD (2019) 220 final.

（NHREI）仅完成两例反歧视案件的审理工作。2015年以来，对少数族群如犹太人的仇恨言论问题依旧很严重，其中媒体和官员的仇恨言论尤为引人关注。此外，教科书中仍存在着影响相关宗教少数群体平等权的内容，国家对少数族群学校的补贴大幅下降，等等。

在完成反歧视的国际义务方面，2016年4月，土耳其签署了《网络犯罪公约附加议定书》（尚未批准），该议定书建议将通过计算机系统的种族主义和仇外行为定为刑事犯罪。此外，欧盟委员会还认为，土耳其还应该签署《欧洲人权公约第十二议定书》，该议定书全面禁止歧视并致力于完成"欧洲反对种族主义及不容忍委员会"（ECRI）的各种建议。

在罗姆人权利保障方面，在欧盟的支持下，自2015年以来，土耳其政府实施了"罗姆人聚居区促进社会融入援助工程（2015—2017年）""罗姆公民国家战略（2016—2021年）"，以帮助长期遭受歧视和边缘化的罗姆人群体。然而，据欧盟2019年的"土耳其报告"，截至目前罗姆人的处境仍然不容乐观。[①]

总之，自2015年6月以来，在内外多种因素的影响下，土耳其族群政策和立法开始转向。从国内来看，由于亲库尔德人政党人民民主党入驻议会，极大地影响了正发党的多数党地位[②]，加之正发党2002年以来的库尔德政策不断遭到土耳其民族主义政党的诟病。从外部情况来看，2014年IS崛起之后，周边三国的库尔德人程度不同地迎来了"复兴"的历史机遇，这极大增加了土耳其政府对国内库尔德问题的担心。介于内外部之间的是，土耳其长期努力向欧盟靠拢，为此不惜花大力气改善形象，改革沿袭了数十年的族群政策和

[①] 总体上来看，罗姆人住房普遍条件差，缺乏基本的公共服务，对国家福利依赖程度高，城市改造项目经常导致他们流离失所。教育方面，罗姆儿童在接受优质教育方面困难重重；罗姆社区的学校资源匮乏，受教育机会严重不足；罗姆学生辍学率很高（特别是在初中和高中阶段）。就业方面，罗姆人找到长期正式工作的机会很低，就业率仅为31%。政治参与方面，2018年6月议会选举，有两名罗姆人当选为议员。"Commission Staff Working Document: Turkey 2019 Report", Brussels, 29.5.2019 SWD (2019) 220 final.

[②] 人民民主党2015年13.02%和2018年11.17%的选票很大程度上分流的是正发党的选票，这直接导致正发党在这两次议会大选中没有获得过半的选票。

立法，但遥遥无期的入盟梦让土耳其感到心灰意冷，甚至萌发了背对欧盟的"向东看"意念。在这三个向度的力量作用下，土耳其的族群政策和立法开始出现"返祖"现象，程度不同地向2000年前的强硬范式回归。

第二节　土耳其族群政策和立法演变的内在价值逻辑

以上笔者较为详细地论述了土耳其建国以来的族群政策和立法，可以发现，由于独特的历史经历、建国背景，土耳其的族群政策和立法一开始就具有强烈的建构性特征。为了建构一个类似法兰西的均质化民族国家，土耳其的建国者们对"少数族群（民族）"采取几乎一律否认的态度，坚持只承认三个人口数量微不足道的宗教少数群体。随着民主转型的深入，特别是随着加入欧盟目标的临近，土耳其政府开始有条件地承认并保护少数群体（族群）权利。随着后欧盟时代的到来，土耳其的族群政策及立法逐步向强硬式的传统范式回归。纵观土耳其的族群政策和立法，其历史演进逻辑中至少包含了"国家安全""权利平等""尊重人权"和"保存多样文化"四种价值理念，其中"国家安全"是内生的、基础性的、贯彻始终的价值逻辑，而其他三种价值逻辑则是伴生的、阶段性的及策略性的。

一　国家安全的价值理念

国家安全的价值理念深植于土耳其民族国家的基因中。在土耳其共和国成立之前协约国主持下的《色佛尔条约》中，土耳其（奥斯曼帝国）遭到无情的瓜分，面临"亡国灭种"之危机。瓜分和灭亡土耳其的不仅有远在欧洲的英法等列强，更有身边的希腊人、亚美尼亚人乃至库尔德人。① 从对土耳其核心领土威胁的角度来看，后者的作用更加险恶。尽管三年后的《洛桑条约》废止了《色佛尔条约》，从而使土耳其最终避免了被瓜分和灭亡的命运，但《色佛尔条约》给土耳其的建国者们以及后来的土耳其民族主义者们留下了难以磨灭的历史记忆。在这个历史记忆的网格中，不论是作为未来土耳其给共和国"合法""少数群体"的希腊人、亚美尼亚人，还是没有得到承认的库尔德人，抑或是英法等西方列强，都被深深地与土耳其民族国家的安全与命运联系在一起：以至于一提到"少数民族""少数族群"或"少数群体"等词汇，土耳其国家精英和民族主义者就本能地将其与"分离主义""分裂势力"联系在一起。在与欧盟打交道的过程中，"西方国家"总是自觉不自觉地被与历史上严重威胁土耳其国家领土与主权完整的协约国集团联系在一起。在此理念指导下，不仅少数群体"自治"被认为严重危害国家安全，而且一般意义上的语言权利、文化权利等②都统统被视为威胁国家安全的因素。同样的，土耳其对欧盟提出的保障少数族群权利的入盟条件充满怀疑和不信任，③甚至将欧盟开出的保护少数族群的入盟条件与试图分解奥斯曼土耳其的《色佛尔条约》相提并论④，而全然不顾欧盟的保护少数族群的条约和标准完全产生于欧洲自身的历史经验教训和发展进程逻辑。

  土耳其在国家安全问题的这种认知，已然形成影响甚至完全左

---

① 严格来说，此时的库尔德人总体上来讲，还很难说有什么成熟的建国意识。事实上，他们不久就参与到凯末尔领导的独立战争之中，成为土耳其共和国的诞生重要推动者。

② 就语言文化权利来说，土耳其政府担心的不是语言文化权利本身，而是这种权利本身可能激发的民族主义乃至分离主义意识。这一点从土耳其政府对同样是少数群体的阿拉维人的态度上就可以看出。阿拉维人支持凯末尔的民族主义，反对逊尼派的阿拉伯语宗教范式，坚持用突厥语举行宗教仪式，因而被称为"真正的土耳其人"。20 世纪 90 年代以来，阿拉维人的文化和社会地位不断提高，而且很少出现反复。

③ 土耳其拒绝签署《欧洲保护少数民族框架公约》也是出于这方面的担心。

④ Marcie J. Patton, "Turkey's Tug of War", *Middle East Report*, No. 239, Summer, 2006, p. 45.

右其族群政策和立法的"色佛尔综合征"(Sèvres Syndrome)。[①] 近百年来,在"色佛尔综合征"的影响下,土耳其始终坚持不承认"少数族群(民族)"的存在,不制定专门的族群政策,在反歧视的立法和实践中不突出少数族群(民族)甚至少数群体的身份。即使是在公民权项下的文化和语言权利领域,土耳其的政策和立法也是慎之又慎,唯恐少数族群的语言和文化权利会危害国家安全。土耳其总理人权顾问委员会在2004年的一份报告中将这种过度的谨慎和认知概括为"色佛尔偏执狂"(Sevres Paranoia)。[②]

从更久远的历史来看,"色佛尔综合征"或"色佛尔偏执狂"根植于奥斯曼帝国晚期的历史记忆中。彼时在西方列强的直接干预和怂恿下,那些深受"一族一国"民族国家观念和民族主义影响的非突厥语少数族群(民族)纷纷离心或独立,只留下风雨飘摇中的突厥语主体民族。这种深刻的历史经历和记忆给突厥语主体民族——土耳其人留下了难以磨灭的心理印象和阴影。

国家安全的价值理念作为一种理念共识最早出现在17世纪,其时,为了避免无休止的宗教战争对(准)民族国家及地区安全与稳定的破坏,一些国家开始尝试通过谈判解决宗教少数群体的权利保护问题。从最早的《奥格斯堡和约》(1555年)到《维也纳和约》(1606年)、《林茨条约》(1654年),从1648年的《威斯特伐利亚和约》到20世纪90年代欧安组织颁布的一系列有关少数族群权利保护的国际文件,一直到21世纪,几乎所有有关新的国家产生或独立,或已有国家的疆界发生变更的双边条约、多边条约等都同时包

[①] Taner Akçam, *From Empire to Republic: Turkish Nationalism and the Armenian Genocide*, Zed Books Ltd, 2004, p.45.

[②] 该委员会在2004年10月22日发布的《关于少数族群和少数群体权利的报告》中指出,"尽管国家安全与领土完整在西方人看来是可以理解的,但均质化的国家(national unity)就不那么让人容易理解了,因为就像欧洲人权法院一再强调的那样,承认一国存在着少数族群是不可避免的"。不出意料的是,该报告在发布会上遭到一个叫"Kamu-Sen"的公务员组织严厉批评,报告被当场撕毁。发布会之后,人权顾问委员会受到深受民族主义情绪鼓动的媒体和公众的声讨,被迫停止活动。报告的起草者也被送上法庭。Sule Toktas, and Aras Bulent, "The EU and Minority Rights in Turkey", *Political Science Quarterly*, Vol.124, No.4, 2009。

含了国家的主权权利（力）和保护少数族群权利的条款。[①] 纵观国家安全价值理念形成和发展的历史，可以发现，第一，国家安全的理念共识虽形成于国家之间，但其深厚的动因在于主权国家之内；第二，理念自身具有强烈的功利主义色彩，即保护少数族群权利的动机主要在于维护国家安全。[②]

土耳其国家安全价值理念的形成既与《色佛尔条约》试图剥夺土耳其国家生存权利的历史悲情有关，也与《洛桑条约》争取到国家生存权利的民族自豪感密不可分；既来自土耳其政治精英的历史记忆，也受到西方国家特别是法国的国族观念和实践的深刻影响；既受到周边国家库尔德跨界民族的直接影响，又受到美国、俄罗斯、欧盟以及众多非国家主体的间接影响。与传统欧美国家相比，土耳其在应对族群问题上的国家安全理念具有两个基本特点，一是受外部因素驱动更加明显，[③] 二是具有浓郁的"历史情境性"[④]。

国家安全价值理念在土耳其族群政策和立法中占据着"灵魂般"的地位，不管国家政治形势发生了怎样的变化——不论是建国后的威权时期，还是后来的民主化时期；不论是军管政府时期，还是追逐"欧盟梦"时期，在应对族群问题上，土耳其政治精英始终将国家安全放在不容置疑的优先地位上。

二 权利平等的价值理念

所谓"权利平等"是指，国家将少数族群视为无差别的公民，给予其完全平等的公民权利和自由。权利平等的价值理念最大限度

[①] 参见周少青《权利的价值理念之维：以少数群体保护为例》，中国社会科学出版社2016年版，第27—29页。

[②] 参见周少青《权利的价值理念之维：以少数群体保护为例》，中国社会科学出版社2016年版，第40—44页。

[③] 参见周丽娅、周少青《论土耳其库尔德民族问题的"外部性"》，《学术界》2020年第8期。

[④] 即不论现实发生了多大变化，土耳其政治精英的国家安全想象一直停留在《色佛尔条约》和《洛桑条约》所塑造的特定历史时刻。

地契合了土耳其共和国开国者的原初理想：以法兰西为摹本，严格实行世俗主义和中央集权制，以个体权利而不是族裔或者宗教身份构建平等的公民身份（认同）。[1] 权利平等的价值理念也内在地呼应了国家安全的价值理念，即以构建一个不可分的土耳其人民（Turkish people）防范国家沿着族群的边界分化。

早在19世纪中期，面对境内各族群日益严重的反抗与离心，奥斯曼帝国就试图通过"公民权利一律平等"的整合范式来打造帝国的认同。为此帝国的改革者破天荒地提出了"帝国所有臣民不分宗教信仰一律平等"的"国民"身份构建大原则，试图创造出一个不分（宗教）身份差别的"奥斯曼民族"。然而，在经历了数百年宗教身份的鸿沟式划界和各自为政之后，再试图打破这种界限和统治样式为时已晚。

土耳其共和国成立后，以凯末尔为代表的民族主义者，在大力推进西方化、民主化、世俗化、现代化的基础上，着力打造一个基于个体权利和自由平等的公民国家。20世纪40年代后期开启的民主化更是全面开创土耳其的"公民政治"新时代，国家鼓励公民积极参与国家政治和社会生活，禁止以族群或宗教身份为基础组建政党，力图用公民政治化解和吸收族群政治和宗教政治离心倾向。即使是面对加入欧盟的巨大诱惑，土耳其始终坚持用公民权利的路径解决欧盟提出的人权及少数族群权利保障问题。具体的操作路径上，土耳其将"哥本哈根标准"及其他人权标准化为三个维度的公民权利问题，一是反歧视，二是改善文化权利，三是促进宗教自由。[2]

在反歧视问题上，土耳其主要致力于维护各种文化和宗教背景公民的平等权，如：（1）在坚持不改变公民身份证上记录个人宗教信仰政策的前提下，允许少数族群根据个人意愿决定是否在身份

---

[1] Clement H. Dodd, "The Development of Turkish Democracy", *British Journal of Middle Eastern Studies*, Vol. 19, No. 1, 1992, pp. 16 – 30.

[2] 参见 Sule Toktas, and Aras Bulent, "The EU and Minority Rights in Turkey", *Political Science Quarterly*, Vol. 124, No. 4, 2009。

证上标明宗教信仰，以此来实现主体族群与少数族群的平等权。（2）打击媒体和公务人员对少数族群的不容忍或仇视言论，尤其强化对反犹言论的惩治。（3）修改刑法，将种族主义、种族灭绝以及反人类罪作为重点惩治对象，将就业和公共服务中的基于语言、种族、宗教和教派的歧视入罪化。（4）修改劳动法，将基于语言、种族、宗教和教派等背景的歧视列入惩处范围。（5）修改教科书，消除对少数族群的偏见，如此等等。

关于文化权利，侧重改善少数族群的文化和语言权利，在不承认少数族群如库尔德人族群身份的前提下，赋予他们作为公民的普遍的文化权利。如此，库尔德人便可以在族群身份没有得到承认的情况下，享受在媒体和学校使用本族群语言的权利。在2002年的修宪改革中，少数族群的语言与土耳其的各类方言并列获得合法地位。

宗教自由是横亘在土耳其与欧盟之间的另一个重要难题。在宗教自由问题上，欧盟关注的重点是非穆斯林及非逊尼派宗教少数群体的权利。土耳其的应对策略是，一方面，修改相关政策和法律，尽可能赋予所有宗教群体平等的公民权利和自由，如允许基督教、犹太教群体兴建自己的宗教场所和社团，传播自己的宗教经典书籍，赋予他们创办的基金会同等的财产权，等等。另一方面，实践中除了勉强承认《洛桑条约》中规定的三个宗教群体的少数群体（族群）地位外，对于其他宗教或教派群体采取一律不予承认其少数群体（族群）地位的态度。

在宗教自由问题上，土耳其政府面临的一个困境是，如果承认《洛桑条约》以外其他宗教或教派群体（包括穆斯林和非穆斯林）的少数群体（族群）地位，其后果不仅可能危及土耳其来之不易的世俗主义根基，而且容易激发宗教极端势力。这也是为什么虽然经历了一系列改革，土耳其的宗教少数群体在法人资格、财产权、培训等方面依旧面临许多困难的重要原因。

以上简单论述了土耳其以公民权利平等的价值理念化解族群政治的基本理路。在土耳其看来，欧盟虽然提出了少数族群权利保护标准，但它并没有要求土耳其赋予各种差异文化群体少数族群的地位，而只是要求对包括少数族群在内的所有公民，给予同等的待遇。土耳其的这种理解显然符合欧盟的实际情况。在欧盟层面，如何定义少数族群及确定其权利保护的具体标准，始终没有一个清晰的法律标准。因而在实践中，欧盟成员国往往根据自身的历史、国情及政治和法律体制来确定保障少数族群权利的具体路径。这为土耳其在公民权利的框架下解决少数族群权利保障问题留下足够的空间。

权利平等理念是土耳其解决包括族群问题在内的所有与公民与自由相关问题的通约性价值准则（normative principle）。在土耳其，"权利平等"不论是作为一种价值理念，还是一种话语或实践，对于土耳其国家的公民身份构建以及凯末尔式的民族国家构建范式来说都至关重要。早在1876年的奥斯曼帝国宪法中，"公民权利一律平等"的价值理念就已经成为奥斯曼土耳其人迟来的共识，经过1924年、1961年及1982年几部宪法及修正案的反复夯实与淬炼，权利平等的价值理念已成为深嵌于土耳其政治法律制度和体系中的结构性要素。

三 尊重和保护人权的价值理念

所谓"尊重和保护人权的"价值理念是指，从同为平等的人类、享有平等的人类尊严和权利出发，以"待彼如待己"的价值取向对待和处理少数族群的保护问题。尊重和保护人权的价值理念最早可以追溯到《洛桑条约》，该条约第37—45条专门就土耳其少数族群的地位做出规定。协约国希望通过这些条款，确保土耳其能够"平等地"对待其国内的非穆斯林少数族群。在权利和自由保障的路径上，《洛桑条约》采取的是"普遍的"人权而非"特殊的"少数族群权利范式。正是在这个意义上，一些学者认为，《洛桑条约》实际上是一个"国际人权文件"，最能体现这一点的是，该条约第45条规定，第37条至第44条所涵盖的少数群体权利同样适用于希腊色

第八章　土耳其族群政策和立法的历史演变及其内在价值逻辑　181

雷斯西部的土耳其族裔的公民。①

与世界大多数国家一样，土耳其的人权改革开启于20世纪40年代后半期，具体做法是，在其宪法及其他相关政策和法律文件中注入了体现现代人权标准的内容。1993年哥本哈根标准出台后，针对欧洲理事会提出的民主、法治、尊重人权和保护少数族群的基本标准，土耳其对其相关政治和法律制度进行了一系列改革。1999年土耳其获得候选国身份，2005年10月就加入欧盟进行协商。

需要指出的是，土耳其有关少数民族保护标准的改革，并没有触动其原有的政策和制度框架。在同欧盟的协商谈判过程中，土耳其一直坚守其传统的族群政策和立法，即除了《洛桑条约》中所规定的三个宗教少数群体外，土耳其不存在任何其他的少数族群。坚称除了希腊人、亚美尼亚人和犹太人以外，所有人都是地位平等的土耳其公民，享有无差别的普适性人权。②

在对待欧盟提出的少数族群人权标准问题上，土耳其的策略有两个，一是将其报告中反复提到的"少数族群权利和少数族群保护"放在更广泛的人权框架下；二是坚持将国际人权公约和条约置于其国内政治与法律框架之下。拒绝把少数族群权利保护视为一个独立的问题，同时拒绝单独为少数族群制定人权保护的政策和立法。通过保障少数族群成员个体的权利和自由，确切地来说通过保障少数族群成员个体的平等权、文化权以及宗教自由权来完成哥本哈根标准，改善自身的人权。

总的来说，尽管有着内生的发展逻辑——土耳其的西方化、民主化的政治过程客观上要求政府尊重和保护包括少数族群在内的有所土耳其公民的人权，但外部力量尤其是欧盟的人权压力对土耳其尊重和保护人权价值理念的形成更为关键。也就是说，与国家安全和权利平

---

① Sule Toktas, and Aras Bulent, "The EU and Minority Rights in Turkey", *Political Science Quarterly*, Vol. 124, No. 4, 2009.

② Sule Toktas, and Aras Bulent, "The EU and Minority Rights in Turkey", *Political Science Quarterly*, Vol. 124, No. 4, 2009.

等两个内生性价值理念相比，尊重和保护人权价值理念具有更多的外部驱动性，因而在实际效果上，尊重和保护人权价值理念更多地停留在话语或意识形态层面，表现为一种"形式上的合法性"。①

四 保存多元文化的价值理念

保存多元文化是土耳其族群政策和立法中的一个重要价值理念。土耳其共和国兴起于奥斯曼帝国的废墟，其民族国家的建构、发展以及内部族群关系的结构与奥斯曼帝国有着千丝万缕的联系。土耳其共和国既是奥斯曼帝国失败的产物，也是其文化、政治遗产的最大继承者。奥斯曼帝国数百年的历史是各种族群、语言、文化和传统交流和交融的历史。

尽管进入20世纪以来，为建构一个类似西欧国家的土耳其民族国家，以青年奥斯曼党人和凯末尔党人为代表的土耳其政治势力，有意识、有计划地消除或减少土耳其的族裔、语言和宗教的多元性，但从总体上来看，土耳其仍然是一个富有多元文化传统的国家，这种多元文化传统不仅表现在事实层面，如仍然存在着众多的族裔、文化和宗教群体，也表现在土耳其人的观念中——奥斯曼多元文化传统的历史记忆以及土耳其民族（nation）在族裔、语言、文化、宗教上的多样性。

长期以来，在如何对待多元文化理念的态度上，土耳其的政治精英和民族主义者备受两难处境的折磨：一方面，作为一个拥有丰富文化遗产的地区大国，土耳其有雄心、有抱负发掘和展示其文化

---

① 实质上，不论是从权利主体、权利属性，还是从权利的范围及救济方式来看，土耳其的少数族群所享有的仅仅是一种无差别的公民权利而非"普遍的人权"：土耳其不承认少数族群的群体权利，法律并不保护除公民权以外的其他权利。以宗教自由权为例，土耳其劳动法规定，神职人员须有土耳其国籍，没有土耳其国籍的人员只有经过特别许可，才能从事相关宗教活动。实践中，土耳其通过严格的国籍管控，将来自伊朗等其他伊斯兰国家的宗教极端派神职人员牢牢地挡在国门之外。这从另一个向度说明，土耳其特定的政治、法律和社会构成及秩序，很难使其产生或适应类似西方一些国家的"普适的人权"。

影响力，同时，为了改善国际形象，迎合欧盟对其包容性与开放性的期许，土耳其也乐于接受这一具有时代性的进步符号。但是，另一方面，由于奥斯曼帝国推行多元文化政策的深刻教训①，以及土耳其均质化的民族国家构建模式，多元文化理念被认为有害于土耳其民族国家的统一性甚至领土主权完整。许多民族主义者将保存多元文化理念与承认多元族群联系内在地联系在一起，认为承认或接受这一理念，势必导致对多元族群的承认，进而导致国家陷入冲突甚至战争。②

土耳其国家精英和民族主义者的上述矛盾心态，使得他们对多元文化理念更多地采取了一种精神和话语层面承认，而实际操作上反对的双重策略。一方面政府大力宣传奥斯曼帝国多元的文化遗产，国家甚至提供经费保护土耳其境内的语言、历史和文化。另一方面，一经发现这种操作将导致对多元族群尤其是库尔德人承认的时候，土耳其政府便毫不犹豫地退回到均质化或一元主义的传统路径上。土耳其政府及民族主义者的这种策略选择，一方面是由于他们对多元文化主义理念的功能及所依托的时代背景缺乏足够的认识，③ 另一方面也与土耳其传统文化结构的先天不足有着密切的联系。④

---

① 奥斯曼帝国时期推行的米利特制度被认为是一种"多元文化主义政策"，土耳其民族主义者认为，米利特制度是导致帝国崩溃瓦解的根本原因。
② Jubilee Campaign NL, 2005 Report on Religious Freedom, p. 25.
③ 多元文化主义理念本质上与民族国家构建的历史进程相一致，没有近代以来的民族国家构建，就没有近现代意义上的多元文化主义理念。多元文化主义理念反映了人们对（民族）国家的观念发生了历史性变化，"从一种文化、一个民族、一个国家的传统排斥性的民族国家转变到接受多种族裔、多样文化共存于一个国家的多民族国家的理念"。多元文化主义价值理念的提出表明，"在当前的世界体系下，一国内的少数民族或族群在不必通过分治或分离的条件下，就能实现对国家权力的分享和对主流文化的平等参与。多元文化主义价值理念的提出，解决了一元同化条件下主流民族同少数民族的长期对立，为从两个方向（民族分离主义和大民族主义）上防范对多民族国家的侵害，提供了强大的价值理念支撑"。周少青：《多元文化主义视阈下的少数民族权利问题》，《民族研究》2012 年第 1 期。
④ 土耳其缺乏类似中国的"多元一体"的历史和政治基础，其数百年的帝国统治仅实现了政治和军事的统一性，在文化和法律（特别是私法）传统上严重缺乏统一性。这也是帝国后来在西方民族主义的冲击下迅速土崩瓦解的重要原因。同时这一状况也部分地解释了为什么土耳其的民族国家构建更多建立在否定其历史文化传统的基础之上。

五　几种价值理念的分析与评价

以上笔者较为详细地论述了土耳其族群政策和立法中的四种价值理念，这几种价值理念中，国家安全的价值理念始终占据着不容置疑的主导地位。其他三种价值理念，要么紧紧围绕和服务于国家安全的价值理念，要么被国家安全价值理念所排斥或遮蔽。以公民权利和自由为核心的权利平等价值理念，致力于打造一个类似法兰西的均质化国家，其所倡导的"单一性"和"不可分的国族"为土耳其的国家安全理念提供了基础性的支撑。而尊重和保护人权以及保存多元文化的理念，尽管在不同程度上契合了土耳其的欧盟梦和大国梦，但由于其所蕴含的承认和保障少数族群权利的价值意蕴，在实践中不断受到国家安全理念的挤压乃至完全遮蔽，最终沦为一种仅存在于形式或话语上的价值理念。

由于特殊的历史经历和建国背景，土耳其政府对国家安全的执着追求，不仅大大超乎绝大部分后起的第三世界国家，也使得民族国家的发源地——西欧国家相形见绌。在土耳其近百年的建国历史过程中，尽管经历了巨大的社会及政治变迁，但在其族群政策和立法中，始终坚持国家安全压倒一切的价值理念。尽管从效果上看，土耳其的做法可谓"求仁得仁"，基本上实现了其开国先驱们及国家政治精英所期冀的国家安全目的，即国家的领土、主权完整，但是这种单一向度的理念追求，也使土耳其付出了巨大的政治、经济和社会代价。[①] 更严重的是，损害了其族群关系长期健康发展及其中所蕴含的国家安全利益。

以国家安全考量族群政策和立法是一个较为普遍的历史和现实现象。"毋庸置疑，在当代世界体系下，国家依旧是政治和社会秩序

---

① 除了巨大的经济和人员损失外，这种安全观也使得土耳其的政治和社会转型不断遭遇挫折和危机。数十年来，各种政治势力包括军队、政党和一些社会组织等动辄以国家安全为借口，直接干预国家的政治—社会转型，打击和攻击政治上的异己。

的不二的缔造者和维护者。国家也几乎是所有公共产品的提供者。因此，对多数族群来说，国家安全的意义自不待多言。而且，就一般情况而言，国家安全对少数族群来说也意味着更大的利益。从这个意义上来说，国家安全具有普遍的实用主义和道德价值。"[1] 然而，族群政策和立法与国家安全之间的关系是十分复杂的。什么样的族群政策和立法有利于国家安全，不论是在理论上还是实践中都是一个有待进一步深化研究和观察的重大课题。

族群政策和立法能否产生有利于国家安全的效果，不仅取决于族群政策和立法本身是否科学、民主并且符合基本的正义原则，而且与一系列相关因素如一国少数族群自身的特点[2]、国家的地缘政治地位以及跨族群的国家认同的政治整合功能是否完善等密切相关。为了在一个"不可分"的国族框架下追求国家安全，土耳其的政治精英将非常复杂的族群问题简单化和理想化，对内坚持不承认少数族群及其权利的存在，对外坚持不签署含有承认少数族群及其权利的国际和区域条约，从而在根本上抽掉了尊重和保护人权及保存多元文化价值理念的核心要素，致使其所标榜的尊重和保护人权及保存多元文化价值理念空洞化、空心化，成为一种名副其实的"装饰性的"（ornamental）价值理念。不仅如此，由于国家安全理念的强大影响力和统摄力，当其所践行的（公民）权利平等价值理念在实践过程中可能导致对少数族群及其权利的承认时，土耳其政治精英甚至转而自我侵蚀这一根本的立国理念。

国家安全是一个十分复杂的政治现象，它的达成需要一系列精巧的理念、制度和机制的设计。当前条件下，如何协调国家安全价值理念与其他三种价值理念的关系，从而实现全面、持久和富有正当性的国家安全，是摆在土耳其国家精英面前的一项真正有挑战性的工作。

---

[1] 周少青：《权利的价值理念之维：以少数群体保护为例》，中国社会科学出版社2016年版，第40—41页。

[2] 这些特点大致包括了与主体族群在种族、语言、宗教、文化等方面的差异性，人口数量及地理分布（是否为跨界民族）等。

第三节　小结

尽管从威斯特伐利亚体系建立算起，民族国家的历史已长达370余年，但是与漫长的人类历史相比，民族国家存在的历史还相当短暂。如何在政治、经济、社会、文化和历史传统条件千差万别且持续变化中的国度里成功地构建一个包容力、生存和发展能力俱佳且能够与外部世界和谐相处的现代民族国家，仍然是摆在世界各国面前的一件大事。马克思说过，"人们自己创造自己的历史，但是他们并不是随心所欲地创造，并不是在他们自己选定的条件下创造，而是在直接碰到的、既定的、从过去承继下来的条件下创造"①。族群政策和立法的制定也是如此。土耳其根植于一个有着数百年历史的多元族群和宗教共存的帝国，尽管在建国前夕，通过人口交换等异乎寻常的方式最大限度地实现了人口的均质化，但是土耳其的建国者包括后来的政治精英及民族主义者"直接碰到的"，或者说"从过去承继下来的"，仍然是一个族群、宗教（教派）十分多元的多族群国家。如何在这样一个国度通过恰当的族群政策和立法，在政治上整合多元的族裔、文化和宗教群体，塑造他们的国家认同，是摆在土耳其政府面前的一件大事。

建国初期，土耳其政府坚持语言政策的一体化和族群政策差异化并行，一方面在语言上大力推行土耳其语，另一方面根据不同族群的实际状况力推"土耳其化"，此举激起少数族群尤其是库尔德人的激烈反抗。进入民主化②时期，土耳其迎来了解决族群问题的历史

---

① 马克思：《路易·波拿巴的雾月十八日》，《马克思恩格斯选集》第1卷，人民出版社2012年版，第669页。

② 民主制"被认为是促进族群包容和国家建构最有效的制度"，因为"民主可以鼓励政治领导人超越自己的族群圈走向大众，并寻求跨越族群分界的选票"，民主也可以使少数族群的领导人通过自由结社参与政治过程并最终"以合作伙伴的身份建立起获胜联盟"。同时，民主政治所倡导的竞争性选举可以造成政府更替，最大限度地降低少数族群永远被排除在行政机构代表之外的风险，从而避免族群矛盾长期的激化和对立。

参见［瑞士］安德烈亚斯·威默《国家建构——聚合与崩溃》，叶江译，格致出版社、上海人民出版社2019年版，第193页。

新机遇。然而，由于土耳其政治与社会转型过程中的严重分化和失序，加之建国初期以来形成的解决族群问题尤其是库尔德问题的历史惯性，民主化及政治竞争体制总体上不仅没有化解族群问题，反而使得库尔德问题空前恶化。1984年之后，以库工党为代表的暴力恐怖组织成为长期困扰土耳其国家发展与稳定的重要因素（尽管在此期间阿拉维人的权利得到了很大的提升）。21世纪特别是2002年正发党执政以来，土耳其再次迎来解决族群问题尤其是库尔德问题的历史契机。加入欧盟的热切愿望，加上正发党励精图治，决心以民主的方式解决其族群问题等因素的叠加，促成了土耳其族群政策和立法的新转机。在21世纪初的20余年时间里，土耳其政府出台了大量有关少数族群的平等权、文化权及宗教自由权的政策和立法。然而，正当族群政治沿着民主化的路径继续取得进展时，由于政党政治固有的逻辑和缺陷，加之土耳其所在的地区形势日趋恶化，再加上日益濒临破产的"欧盟梦"，最终导致土耳其的族群政策和立法发生逆转甚至出现令人关注的"返祖"现象。

土耳其族群政策和立法的这种演变逻辑，与其历史文化传统、建国经历、民主化进程中的种种挫折以及外部环境的剧烈变化密切相关，但归根结底与其族群政策和立法中的理念权衡更为直接关联。

（本章主要内容发表于周少青、和红梅《土耳其族群政策和立法的历史演变及其内在价值逻辑》，《贵州民族研究》2020年第11期；周少青、和红梅《土耳其族群政策和立法中的价值理念问题》，《学术界》2021年第7期。）

第九章

影响土耳其民族问题的外部因素

"民族问题"是现代民族国家普遍面临的重大问题之一。一般来说,"民族问题"往往与民族国家构建过程相伴而生,没有民族国家"以族划界"的建国行为,就没有现代意义上的"民族问题"[1]。民族问题的主要场域是民族国家,民族国家是民族问题的承载者。就近现代的土耳其来说,没有20世纪初的民族国家构建行为,就难以产生现代意义上的土耳其"库尔德民族问题"。[2]

与其他国家的民族问题相比,土耳其库尔德民族问题的一个鲜明特点是,它的发展、变化受其主权意志外因素影响明显,具有强烈的"外部性"[3]。由于特殊的历史经历和建国历程以及所处的地缘

---

[1] 前民族国家时代的"民族问题"本质上来说是一种政治或社会问题,它是指各民族、族群、社群或者部落、部落联盟在政治和社会交往中发生的一系列冲突和不适应行为的总和。

[2] 土耳其库尔德人口近1500万人,是中东最大的库尔德族群,约占土耳其总人口的18%。土耳其库尔德问题自第一次世界大战后产生,其实质是土耳其库尔德人为争取和实现民族权益而与政府之间发生的矛盾和冲突,后因民族分裂势力库尔德工人党一度通过暴力恐怖行为要求建立独立的库尔德国家使得该国库尔德问题更加复杂和棘手。"库尔德民族问题"伴随了土耳其民族国家构建的整个历程,它的形成、发展及激化严重地影响了土耳其的经济发展、政治及社会转型。

[3] "外部性"又可以称为"外部效应""外部影响"等,它是指一些主体的行动和决策,影响到另一些主体的利益或安全。在经济学意义上,外部性是指市场主体的经济活动对他人和社会造成的非市场化影响,这些市场主体进行经济活动时,其成本与后果不完全由行为人自己承担。经济学意义上的外部性可区分为正外部性(positive externality)和负外部性(negative externality),前者指市场主体的经济活动使他人或者社会受益,而受益者无须付出代价;后者指市场主体的经济活动使他人或者社会受损,而造成损失的人却没有因此付出代价或承担成本。土耳其民族问题的"外部性"很大程度上是这两种"外部性"的复杂混合。由于多个外部主体的存在和行为选择,使得土耳其民族问题日益趋于复杂和难以应对。

政治环境等因素，土耳其库尔德民族问题的解决在很大程度上取决于众多直接或间接相关的外部主体。这些外部主体，由于受到各种利益和纷争的驱动，成为最终解决土耳其库尔德民族问题难以控制的变量。[1] 换言之，土耳其库尔德民族问题的形成、缓和、恶化或者外溢，并不完全决定于土耳其民族国家自身的意志。[2]

限于篇幅，本书将对影响土耳其库尔德民族问题的诸种外部主体（因素），如历史和现实问题交织的近邻（伊拉克、伊朗、叙利亚等）、谋求中东乃至全球霸权的美国、具有相当世界影响力的欧盟，以及"伊斯兰国"等暴力恐怖型非国家主体和外来宗教、民族极端（保守）主义思潮等展开详细分析，以期揭示土耳其库尔德民族问题复杂的"外部性"。

第一节　周边国家对库尔德民族问题的影响

土耳其库尔德民族问题深受其周边国家的影响。数十年来，围绕库尔德问题，土耳其与其三个近邻伊拉克、伊朗和叙利亚展开了或明或暗、时而激烈时而相对平和的斗争。尽管作为后发的新兴民族国家，包括土耳其在内的四个库尔德人跨界的国家都不愿看到库尔德人在任何一国做大做强，更无法接受一个库尔德国家的出现，但是由于历史的和现实的种种因素如资源、领土、教派、地缘竞争等的影响，土耳其的三个邻国在库尔德问题上不时地采取政治实用主义策略，再加上三个邻国自身出现的政治动荡和变迁以及库尔德人为自身的生存和发展所做的种种斗争和权衡，极大地增加了土耳其解决库尔德民族问题的不确定性。

---

[1] 周少青：《土耳其民族问题析论》，《学术界》2019年第8期。
[2] 这一点同样也反映在历史上亚美尼亚和希腊人民族问题上。参见［伊拉克］凯马里·麦祖哈尔《一战期间的库尔德斯坦》（阿文版），穆罕默德·麦良译，贝鲁特法拉比书局2013年版，第18页。

一　伊拉克及其库尔德人群体对土耳其库尔德民族问题的影响

伊拉克影响土耳其库尔德民族问题的因素有三个：第一个是伊拉克的库尔德政策；第二个是伊拉克政府主动挑起或被迫参与的战争所导致的库尔德难民问题；第三个是伊拉克北部的库尔德地区作为一个相对独立的实体与土耳其政府之间的博弈。其中，第三个因素对土耳其的库尔德民族问题产生的影响更为直接、更为系统。

（一）伊拉克的库尔德政策

伊拉克是一个后发的新兴民族国家，其形成和独立的历史进程与库尔德问题密切关联。库尔德人是伊拉克最大的少数族群，它的人口大约占到伊拉克总人口的19%[①]，主要分布在杜胡克、埃尔比勒和苏莱曼尼亚三省以及大片的"有争议领土"——这些地区族裔混杂，伊拉克中央政府和库区政府都主张管辖权。目前库区控制着包括石油资源丰富的基尔库克省在内的有争议领土的大部分地区。自《洛桑条约》将库尔德南部划归属于英国势力范围的伊拉克之后，伊拉克库尔德人便与英国殖民者及后来的伊拉克政府发生了一系列冲突和对抗。总的来看，由于人口结构及种种历史和政治因素的影响，伊拉克政府对其库尔德少数群体始终保持高压态势，到了萨达姆政权时期，这种高压政策最终演变成大规模的军事镇压和清洗。伊拉克政府的库尔德政策一方面呼应了同样严苛的土耳其库尔德政策，客观上有利于土耳其应对其国内的库尔德民族问题，另一方面也在一种程度上造成土耳其国内民族问题的紧张和复杂，这在伊拉克政局不稳或失控的情况下表现得尤为明显。

---

① 美国中央情报局官网，https：//www.cia.gov/library/publications/resources/the-world-factbook/geos/tu.html。

（二）伊拉克政府挑起或被迫参与的战争所导致的库尔德难民问题

伊拉克政府主动挑起或被迫参与的战争如两伊战争、海湾战争和伊拉克战争产生的大量库尔德难民，对土耳其的库尔德民族问题产生了明显影响：两伊战争产生的大量库尔德难民涌入土耳其并在土耳其媒体上亮相，使当时正在致力于否认甚至消灭"库尔德族"的土耳其政府陷入尴尬和被动。海湾战争及随后伊拉克战争的爆发，使长期遭受萨达姆政府迫害的库尔德人得以逃亡土耳其避难，数十万库尔德难民的涌入，放大了土耳其库尔德民族问题的存在，使得本已白热化的库尔德民族问题变得更加棘手和难以应对。为了缓解危机，土耳其政府不得不接受在伊拉克北部建立一个可以稳定和"回笼"库尔德人的"半自治的"库尔德区的建议，而伊拉克北部库区自治政府的建立，对土耳其库尔德民族问题产生了系统而深远的影响。

（三）伊拉克北部库区政府与土耳其政府之间的博弈

在整个20世纪90年代，土耳其政府与伊拉克库尔德民主党（KDP）的巴尔扎尼保持了密切关系，目的是对抗伊拉克库工党在土耳其境内的渗透，伊拉克库尔德斯坦的"自由战士"[①]甚至一度从土耳其军队领取兵饷。[②] 伊拉克战争以来，经过慎重的考量，土耳其实际上开始默许一个渐进的库尔德自治实体的出现，这一立场的转变主要有以下几个方面的原因。

首先，土耳其库尔德政治精英逐步放弃追求自治的传统诉求，开始积极融入土耳其政治及社会，土耳其国内族际政治的这种变化，

[①] 伊拉克库尔德人的民族意识较强，教派冲突不明显，他们将自己的军队命名为"自由战士"，而不是冠之以"民族"或"宗教"称谓。参见［埃及］阿卜杜·穆纳伊姆·穆拉克《第二次海湾战争和伊拉克国家融合——库尔德个案研究》（阿文版），开罗阿拉伯研究中心出版2001年版，第234—252页。

[②] M. Hakan Yavuz, Nihat Ali Özcan, "The Kurdish Question and Turkey's Justice and Development Party", *Middle East Policy*, Vol. XIII, No.1, Spring 2006.

使得土耳其政府不再担心一个独立的伊拉克库尔德政权会对土耳其的库尔德人起到分离主义的样板作用。① 其次，土耳其在库区的投资与贸易也给土耳其的经济发展和国防建设提供了重要的能源支撑。② 再次，伊拉克北部库区库尔德独立运动及周边库尔德人对它的态度，表明传统的库尔德民族主义已经摆脱了《色佛尔条约》中那种整体民族主义的藩篱，开始追求局部的库尔德群体利益，这种"发散的"库尔德民族主义，大大减轻了库尔德人口最多的国家土耳其的疑虑。复次，在解决库工党问题上，土耳其政府希望库区的库尔德人能够影响叙利亚的库尔德人，从而使他们不要在追求自治的过程中与库工党结盟，更不要为库工党提供发动武装暴力活动的基地。最后，伊拉克和叙利亚日益增长的政治不确定性是土耳其将目光彻底转向伊拉克北部库区的重要原因。在土耳其看来，一个独立的库尔德国家将会在安全上为土耳其提供一种缓冲，也有可能为邻国提供更多的安全和稳定。③

对土耳其来说，库区的独立应该以一种缓慢、渐进和稳健可靠的方式进行，而突然走向独立，将会带来政治和经济上的风险，特别是当这种独立对土耳其和叙利亚的库尔德人要求更大的自治权起到明显推动作用的时候。④ 而选择渐进的独立路线图，则不仅土耳其从中受益，而且新生的库尔德实体将会在土耳其的政治、贸易、投资等一系列综合因素支持下，很快实现政治上的稳定和经济上的发展，并成为土耳其稳定其国内库尔德问题的一个

---

① 尽管2015年大选后出现了针对库尔德人的暴力活动以及恢复了对库工党的清剿行动，2016年未遂军事政变后，地方上的库尔德官员及教育工作者受到打击，但是这一系列措施的背后，不是"重燃反库尔德文化的战争"，也不是为反库尔德群体，而是为了加强埃尔多安主导的中央政府权力，以应对来自土耳其内外的挑战。
② 库尔德自治政府与土耳其建立石油输出贸易，并达成共同开采油田的协议。
③ 汪波：《伊拉克"后重建时期"的库尔德分离主义新危机》，《阿拉伯世界研究》2010年第3期。
④ Alireza Nader, Larry Hanauer, Brenna Allen, Ali Scotten, "Regional Implications of an Independent Kurdistan", Published by the RAND Corporation, Santa Monica, Calif, Library of Congress, 2016.

天然调节器。① 但如果库区的独立伴随着泛库尔德民族主义甚至出现领导这类民族主义的有组织的力量，那么土耳其很可能联合伊朗、伊拉克等国，共同应对这一极有可能外溢的民族主义分离运动。

总体来看，伊拉克及其库尔德人在土耳其的库尔德民族问题上扮演了颇为冲突的双重角色。一方面，伊拉克政府的虚弱及北部库区的坐大，使得土耳其在库尔德民族问题上有一种"火药桶"濒临爆炸的感觉；另一方面，也在一定程度上对土耳其库尔德民族问题起到了"减压阀"和"蓄水池"的作用。

二 伊朗及其库尔德人群体对土耳其库尔德民族问题的影响

伊朗有五六百万库尔德人，其中大部分居住在与伊拉克和土耳其相邻的西北部地区。在种族和语言方面，库尔德人与伊朗人比较接近，所以伊朗库尔德人对主体民族的排斥感要比对土耳其人和阿拉伯人弱得多。伊朗伊斯兰革命后，伊斯兰教成为伊朗的国教，宗教治国使得波斯人与库尔德人之间的距离明显缩小，加之伊朗政府的库尔德人政策相对比较温和，库尔德人的基本权利得到了较好的保障等原因，总体上伊朗的库尔德问题并不突出。②

在土耳其库尔德民族问题上，伊朗及其库尔德群体的影响可以

---

① 土耳其旁边出现一个独立的库尔德国家，一方面可以消解库尔德人没有国家的悲情，另一方面也可以使土耳其的那些具有很强分离意识的库尔德人找到"自己的民族国家"。而对于绝大多数土耳其库尔德人来说，尽管他们可能为"伊拉克库尔德地区政府（KRG）取得成就感到自豪，但是除了极端民族主义者以外，土耳其东南部的绝大多数公民，要求的仅仅是更好的国家—公民关系、充分的文化表达权利和经济发展权利"。Ole Frahm, "Northern Iraq and its Neighbors: The Regional Dimension of the Kurdish Question", *Insight Turkey*, Vol. 9, No. 1, 2007.

② 自2006年起，伊朗政府与库尔德人的关系开始恶化。2006年2月，玛库市的10名库尔德示威者被杀引发了库尔德人与政府之间的激烈对抗。伊朗政府甚至一度采取土耳其政府长期以来的做法即雇用库尔德当地人做村防，以转移库尔德斯坦自由生活党的视线，同时从内部分化库尔德人。当然，伊朗政府与其库尔德少数群体的这种关系恶化，远远不能与土耳其政府和其库尔德少数民族的关系相提并论。

概括为两个方面。第一，由于伊朗强大的中央政府及相对包容的库尔德政策①，总体上没有直接产生土耳其库尔德民族问题的溢出效应。第二，伊朗及其库尔德群体是否或者说能够在多大程度上对土耳其库尔德民族问题产生影响，取决于两国基于地缘政治等因素的斗争。20世纪90年代两国关系紧张时，伊朗就会支持库工党并允许其在伊朗境内活动。进入21世纪之后，随着两国关系的改善，双方在打击库尔德分离主义组织上的共识增多，伊朗就会选择打击库工党并抑制本土的库尔德分离组织。

"阿拉伯之春"以来，两国围绕叙利亚危机、伊拉克问题等产生严重分歧，伊朗利用库尔德问题对土耳其进行报复的可能性大大提升。②2017年伊拉克北部库区独立公投事件再一次给双方关系缓和提供了契机，出于对各自国家安全和领土主权完整的担忧，伊朗和土耳其一致强烈反对伊拉克库尔德自治区的独立公投。在随后的埃尔多安访伊期间，双方再次就反恐反分离主义等问题达成共识。总之，伊朗是继伊拉克之后又一个对土耳其库尔德民族问题产生重要影响的变量国家，与伊拉克的双主体变量相比，伊朗的变量主体主要是伊朗政府。

三 叙利亚及其库尔德人群体对土耳其库尔德民族问题的影响

叙利亚大约有175万（另一数字为220万）库尔德人，大约占到总人口的10%（也有人认为是15%）。③长期以来，叙利亚的库尔

---

① 尽管历史上礼萨汗时期尤其是两伊战争时期也出现过同化、镇压等现象，但是总体上特别是两伊战争结束以来，伊朗的库尔德政策趋于平稳，库尔德问题并不突出。

② Bayram Sinkaya, "Rationalization of Turkey-Iran Relations: Prospects and Limits", *Insight Turkey*, Vol. 14, No. 2, 2012.

③ 关于叙利亚库尔德人的数量，相关资料出入较大。美国中情局的数据显示，阿拉伯人占到叙利亚人口的90.3%，而库尔德人、亚美尼亚人及其他族裔一共才占到9.7%。而据英国广播公司的一篇报道，叙利亚库尔德人大约占总人口的7%—10%。参见中情局官网，https://www.cia.gov/library/publications/resources/the-world-factbook/geos/sy.html；"Who are the Kurds?", BBC News, 31 October 2017.

德人没有像其他三国那样受到国际社会的关注,但叙利亚内战及极端组织"伊斯兰国"的横空出世,为叙利亚的库尔德人提供了历史性的机遇。2011年叙利亚内战爆发,库尔德人趁机占领了叙利亚北方大片领土,并于2016年成立了三个省级的地方自治政府。2017年9月,库尔德人在这三个地区进行地方选举,试图在这些地区实行"完全自治",进而在叙利亚实行联邦制。库尔德人声称,他们的目标不是独立,而是实现自治。以阿萨德为首的叙利亚政府不承认库尔德人的"地区自治政府",对库尔德人所谓的"地方选举"表示强烈的反对。

作为邻国,土耳其对叙利亚库尔德人的自治企图持坚决反对的态度,原因之一是土耳其认为叙利亚库尔德人的主要政党叙利亚民主联盟党及其武装组织与库工党关系密切。从1998年因叙利亚庇护库工党组织及其领导人导致土叙关系急剧恶化之后,土耳其和叙利亚因对伊拉克北部库区独立采取比较一致的立场而关系日趋改善。伊拉克战争后,两国关系改善迅速。"阿拉伯之春"特别是叙利亚危机以来,跨界伊拉克、伊朗、叙利亚和土耳其的库尔德人出现了明显的联动迹象[1],这系统性地加剧了土耳其库尔德民族问题解决的难度。如何协调四国在库尔德问题上的立场,直接影响到土耳其库尔德民族问题的解决。对土耳其来说,其他三个库尔德人跨界的国家在国家安全及反恐方面的配合对其国内库尔德民族问题的解决具有举足轻重的影响。

以上笔者分析了土耳其的三个邻国对土耳其库尔德民族问题及其相关(外交)政策的影响。总的看来,由于三个库尔德人跨居的近邻与土耳其之间复杂的地缘政治关系,以及三个邻国之间及内部的各种错综复杂的地缘、教派及族群关系,土耳其在应对本土的库尔德民族问题上,面对着根本无法预测和掌控的外部不确定性。

---

[1] F. Stephen Larrabee, "The Turkish-Iranian Alliance That Wasn't: How the Two Countries Are Competing After the Arab Spring", *Foreign Affairs*, July 11, 2012.

第二节 大国、区域性组织及非国家主体对土耳其库尔德民族问题的影响

一 美国

需要指出的是,尽管库尔德问题有着重要的政治、文化和安全影响,但是历史上美国政府的多数决策者都没有把库尔德问题置于双边关系的优先地位。[①] 1991年海湾战争期间,土耳其时任总统厄扎尔坚定支持美国入侵伊拉克,在受到反对派的掣肘之后,只得以提供军事基地和允许其进入土耳其领土来表达对以美国为首的"盟军"的支持。作为对土耳其支持的回报,美国默许土耳其将伊拉克北部的库尔德地区作为自己的"后花园"。与此同时,美军在该地区的驻扎、对库尔德人的保护以及对伊拉克北部库尔德人的支持等,引起土耳其统治精英的严重关切。[②] 海湾战争之后,在美国系列中东政策的影响下,库尔德问题(包括土耳其本土的库尔德问题)逐渐引起国际社会的关注,日益变成一个国际问题。

对于土耳其来说,尽管美国在反对库工党和协助抓捕其首领厄贾兰问题上给予土耳其支持和帮助,但由于"色佛尔综合征"(Sèvres Syndrome)[③] 等历史因素,特别是出于对在伊拉克库区建立一个库尔德国家的担心,在后来的伊拉克战争中,虽然土耳其依旧支持美国主导的所谓全球"反恐战争",但此时的土耳其政治精英尤其是执政的正义与发展党(AK)拒绝了美英入侵伊拉克时使用土耳

[①] Christie Lawrence, U. S. – Turkish Relations: Re-situating the "Kurdish Question", A Thesis Submitted to the Sanford School of Public Policy, Duke University, Durham, NC, 2016.

[②] Yasin Bor, "The Effects of The Kurdish Question on Turkey's Foreign and Security Policy with Reference to the Western World", University of Leicester, 2013, p. 182.

[③] Taner Akçam, *From Empire to Republic: Turkish Nationalism and the Armenian Genocide*, Zed Books Ltd, 2004, p. 45.

其土地。

20世纪90年代,由于美国众议院对土耳其"践踏人权"和"民主化进程失败"的尖锐批评,美国开始因库尔德问题实施禁运,土美关系变得紧张,美国甚至因此被指责支持库工党。这一时期,美国被认为在土耳其库尔德问题上起着关键作用,对土耳其政府有着重要影响。然而美国并没有就库尔德问题提出任何切实可行的方案,土耳其公众对此深表不满。① 当然,由于时任总统厄扎尔与美国保持着密切联系,土耳其在伊拉克北部对库工党展开军事行动仍然是可能的(尽管存在着以美国为首的军事力量)。当时美国的作用是双重的,一是庇护库尔德人,二是阻止他们建立一个库尔德国家。②

美国的这种双重作用显然影响到土耳其国内的库尔德政策,为应对美国在库尔德问题上给土耳其带来的威胁,时任总统厄扎尔试图改革传统的库尔德政策,移除对库尔德语言使用的限制,并着手修改相关法律,允许国家电视台播出库尔德语节目。然后,由于统治集团多数精英的坚决反对,随着1993年厄扎尔的去世,库尔德政策的改革彻底流产。

进入21世纪后,土美关系受库尔德问题的影响越来越大。2002年,对土耳其政局影响深远的正发党以明显优势赢得大选,成为土耳其建国以来第一个占据议会多数议席并单独组阁的政党。2003年伊拉克战争爆发,美国像海湾战争时期一样,向土耳其提出了使用其军事基地(领土)的要求,这项要求最终被土耳其议会否决。此举使土美两国关系开始变得紧张。③

---

① 土耳其公众的不满源于美国在20世纪初提出的在土耳其东南部建立库尔德国家的建议,在土耳其人看来,这一未实现的企图(《色佛尔条约》),在海湾战争后又有了新的可能。Yasin Bor, *The Effects of The Kurdish Question on Turkey's Foreign and Security Policy with Reference to the Western World*, University of Leicester, 2013, p. 217.

② Yasin Bor, *The Effects of The Kurdish Question on Turkey's Foreign and Security Policy with Reference to the Western World*, University of Leicester, 2013, pp. 214 – 267.

③ 正发党掌控土耳其政局后,为了向埃尔多安释放善意,尤其是为了争取土耳其在即将爆发的伊拉克战争中与美国站在一起,至少允许美国使用其军事基地,美国颇为令人意外地将库工党纳入恐怖组织的名单。

伊拉克战争爆发后，为了修复土美关系，同时陈兵于伊拉克北部库区，土耳其政府准备以支持美军打击伊拉克为名目出兵伊拉克北部，但是这一意图遭到库尔德团体的反对。后者及时向美国提出不满和抗议，而此时的美国也因土耳其议会拒绝允许其使用军事基地的行为感到不满，随即向土耳其表示"如果有需要，再向他们求助"。至此，20世纪90年代以来土耳其随意出入伊拉克北部库区的局面宣告结束。至此，土耳其在伊拉克北部反击库工党的行动，完全受制于美国对土耳其的政策。

土耳其国家安全委员会在讨论了形势之后，向美国政府提出，"既然你们不希望我们进入伊拉克北部，而更愿意只身前往，那么正如我们之前沟通的那样，向库工党施压的责任，只好落在你们身上了"[①]。在随后同美国的交涉中，土耳其表达了强硬立场，强调为恐怖组织库工党创造有利条件以及在穆苏尔—克尔库克地区增加库尔德人定居点的行为是不可接受的，如果美国不能践行其在伊拉克北部事务上的承诺，土耳其将重新考虑在这些问题上的立场。埃尔多安在同美国时任国务卿鲍威尔的会晤中表示，如果库工党对美国的威胁以及库尔德人之间的冲突进一步加剧，土耳其将考虑直接进入伊拉克北部[②]。

伊拉克战争全面爆发后，为了获得"盟友"土耳其的支持，美国政府在处理库工党和伊拉克库区问题上全面让步。2003年9月，土耳其和美国的安全官员召开会议，达成了一致消灭库工党的协议。双方同意就库工党的行动动向交换情报，在反对库工党的斗争中，要充分考虑到土耳其的关切。

总的来看，美国发动的伊拉克战争使得伊拉克的库尔德人获得空前的历史机遇，他们借机摆脱了萨达姆的独裁统治和军事弹压，

---

① Yasin Bor, "The Effects of The Kurdish Question on Turkey's Foreign and Security Policy with Reference to the Western World", University of Leicester, 2013, p. 223.

② "Ozkok to Powell: Keep Your Promises...", Erdogan to Powell: Do Not Make Us Meddle with Terrorists, Milliyet, April 4th 2003. 转引自 Yasin Bor, "The Effects of The Kurdish Question on Turkey's Foreign and Security Policy with Reference to the Western World", University of Leicester, 2013。

从而在伊拉克北部建立具有准国家性质的高度自治。萨达姆政权被推翻后，伊拉克库尔德人明确提出在松散的伊拉克联邦内实行"完全的自治"。

美军在战争中对库尔德人的利用和援助，从各个方面提升了库尔德人的地位：大量的军事物资和经费援助，直接强化了（伊拉克）库尔德人的武装；战争促进了土耳其和伊拉克库尔德人的联系。① 同时，战争导致伊拉克政府失去原有的控制能力，从而极大地增强了伊拉克库尔德人的"领土"扩张能力和野心，他们在控制基尔库克等地后，公然宣称"基尔库克是库尔德人的耶路撒冷"②。最重要的是，伊拉克战争使得库尔德人在其北部的传统自治升级为"完全的自治"。不仅如此，战争引起的土耳其对其与伊拉克北部边境控制能力减弱，导致伊拉克战争后土耳其国内暴恐袭击和武装冲突加剧。

面对伊拉克战争后的严峻形势，土耳其民众的反美情绪进一步升温，土耳其民族主义者认为，美国支持和纵容库尔德人的政策将会进一步恶化土耳其传统的库尔德问题，甚至最终导致土耳其的分裂。在2007年进行的一项民意调查中，"伊拉克战争""美国支持库尔德人""没有帮助清剿库工党"分别列为土耳其民众反美的第一、第二和第五位原因③，其中位于第一位原因的"伊拉克战争"包含了很强的库尔德因素。时任美国驻土耳其大使丹尼尔·弗里德（Ambassador Daniel Fried）在众议院外交事务委员会欧洲小组委员会作证时指出，"土耳其的反美主义是广泛的，但在我们看来根基是不深的"，他断言如果库工党的情势发生变化，这种反美主义将很快逆转。④

---

① 由于战争中土耳其的库尔德人充当了给美军运送从土耳其购得的军事物资的卡车司机，客观上加强了两国库尔德人的联系。"Glimmerings of Tolerance: Turkey's Kurds", *The Economist*, December 13th, 2003.

② ［土耳其］穆罕默德·扎黑德·奥利：《基尔库克在伊拉克库尔德斯坦公投中的未来》，https://www.alquds.co.uk/مستقبل-كركوك-في-استفتاء-كردستان-الع.

③ Forrest Watson, "Mitigating Anti-American in Turkey Through Public Diplomacy", Bilkent University, 2007, p. 80.

④ Daniel Fried, "U. S. Turkish Relations and the Challenges Ahead", Hearing of the Europe Subcommittee of the House Foreign Affairs Committee (Washington, D. C., March 15, 2007).

进入21世纪后，美国对伊拉克北部库区的政治地位的态度发生了变化。2004年年初，鲍威尔明确表示不支持独立的库尔德国家的方案，但赞成某种形式的自治；在随后通过的美国操纵的伊拉克临时宪法中，伊拉克北部库区被定位为"伊拉克统一国家下的正式地方政府"。对美国来说，如果库区自治甚至独立采取一种渐进的方式，或者理想一点，通过双方（巴格达和埃尔比勒）协商的方式实现，那么对该地区的影响将会降到最低限度。

"阿拉伯之春"尤其是叙利亚内战以来，中东的形势急转直下，为了在复杂的地区形势中继续保持美国在中东的影响，美国政府在中东的策略开始向机会主义、实用主义和一定程度的冒险主义并用转变。不论是突然从叙利亚撤兵，还是暗杀伊朗圣城旅司令的鲁莽行为[1]都表明，至少在近期内，美国对中东尤其是叙利亚和伊拉克库尔德人的庇佑作用和影响会变得越来越小，它对土耳其库尔德民族问题的影响也将随之减弱。[2]

二　欧盟

土耳其申请加入欧盟的历史最早可以追溯到20世纪50年代末[3]。半个多世纪以来，尽管土耳其一直很努力，并在欧盟要求改善的许多方面都取得不小的成就，但加入欧盟对土耳其来说，一直是一个可望而不可即的梦想目标。

土耳其难圆"欧盟梦"的原因很多，如长期以来政治形势的多变、政治体制的不稳定，从欧盟一方来看，土耳其存在的价值观排

---

[1]　该刺杀行为将引起一系列连锁反应。据报道，伊拉克议会已全票通过决议要求"外国军队撤离"，伊朗媒体将其解释为"是让美军走"。

[2]　美外交关系委员会中东项目高级研究员史蒂文·库克指出，特朗普从叙利亚北部撤军的决定……标志着美国在当地影响力的终结。转引自汤先营《"抛弃库尔德人"引发美国内质疑》，《光明日报》2019年10月14日。

[3]　1959年，为了抗衡希腊，土耳其申请加入欧洲经济共同体，但被后者以"国内条件不适合"为由拒绝。1963年，通过《安卡拉协定》，土耳其成为欧洲经济共同体的"联系国"，从此土耳其开启了漫长的加入欧盟之旅。

斥以及地缘政治安全等都是重要原因。需要指出的是，尽管土耳其一直未能加入欧盟，但欧盟对土耳其的各个方面尤其是对其库尔德人政策有着重要影响，它在库尔德问题上采取的一系列立场、政策和实际做法对土耳其有着立竿见影般的影响，这在土耳其"向东看"之前是非常明显的。

总的来看，欧盟对土耳其库尔德民族问题的影响可以从四个维度理解：第一，欧盟制定的一些区域性政治标准、形成的评估性报告等，对土耳其的少数民族权利保护起到直接督促和监督的作用；第二，欧盟对土耳其的接纳性政策，总是能够引起土耳其的积极回应；第三，欧盟围绕库尔德问题对土耳其的批评和谴责，往往能够敦促土耳其在相关领域进行一定程度的改革；第四，欧洲人权法院的涉库尔德人判例，也对土耳其产生了重要影响。

（一）欧盟制定的一些区域性政治标准、形成的评估性报告等，对土耳其的少数民族权利保护起到直接督促和监督的作用

在欧盟有关土耳其入盟的具体条件和标准方面，库尔德问题占有很重要的权重。事实上，就库尔德问题所关涉的内容来说，几乎涉及土耳其政治和法律体制的方方面面：人权、民主和保护少数群体，这些内容既是土耳其的内政，也关系到欧盟国家的集体安全和价值观准则。因此，自土耳其加入欧盟的意愿明晰以来，欧盟始终把库尔德问题作为考核或与土耳其谈判的一个重要内容。而制定标准是其中一个重要方面。

1993年欧盟制定了成为其正式成员国的"哥本哈根标准"，包括政治、经济两方面的重要内容。对土耳其而言，最重要的莫过于政治标准，该标准要求申请国必须拥有"确保民主、法治、人权及尊重和保护少数民族的稳定的制度"，其中，欧盟坚持的人权及保护少数民族的价值理念和制度保障成为悬在土耳其头上的两把利剑。

哥本哈根标准制定后，土耳其官方的库尔德政策，不论是在欧盟官方眼里，还是在普通民众眼中，都显得严重不合时宜。土耳其

不承认库尔德人"少数民族"的身份和地位，以及在相关人权和民主政治方面持续存在的问题，导致欧盟官方和民间一片不满。

2005年，欧盟正式开启土耳其的入盟谈判，双方围绕库尔德问题等进行了交锋，谈判多次被迫中断。2006年，欧盟驻土耳其官员向土耳其当局呼吁，承认库尔德人的"民族认同"，并且提出这种承认与土耳其库尔德人的公民身份并不冲突。同年，欧盟提出的报告认为，土耳其在保护少数民族和文化多样性方面基本上没有取得多少进展。2008年，欧盟将土耳其确立为优先入盟的发展对象，土耳其随后通过相应的改革措施来回应欧盟递出的为数不多的橄榄枝，尽管这些回应在欧盟看来远远不够。

（二）欧盟对土耳其的接纳性政策，一般总是能够引起土耳其的积极回应

1999年欧盟赫尔辛基峰会上，土耳其获得欧盟候选国的身份，欧盟同时许诺，如果土耳其符合"哥本哈根标准"，并妥善处理与希腊的关系问题，土耳其将获得正式成员国身份。土耳其加入欧盟的希望因此变得日益明朗，为了扫清入盟路上的重要障碍——库尔德问题，从当年的梅苏特·耶尔马兹（Mesut Yılmaz）总理开始，承认并解决库尔德问题逐渐成为土耳其顶层政治日程的一部分。从2000年开始，土耳其当局开始允许库尔德人用库尔德语给他们的孩子取名字；2002年开展库尔德人重返家园活动，库尔德人的一些文化权利得以实现。

2005年，时任总理埃尔多安在解决库尔德问题上迈出了一大步，他首先承认土耳其存在库尔德问题（而不再是"山地土耳其人"问题）；其次承认土耳其政府在库尔德问题上犯有错误；最后承诺将以"民主"的方式解决库尔德问题。随后几年，土耳其政府在库尔德人聚居的东南地区的基础建设、民生项目等领域加大投资，有效地促进了该地区的经济社会发展。

2009年，土耳其总统阿卜杜拉·居尔再次重申了解决库尔德问

题的重要性。他说，不管是将其称作"库尔德问题"，还是"东南安纳托利亚问题"，抑或是"恐怖主义问题"，解决库尔德问题刻不容缓。埃尔多安说："如果土耳其没有将其能源、预算、和平和年轻人用于打击恐怖主义，如果土耳其在过去25年中，没有在冲突中度过，那么今天的土耳其会是什么样？"[①] 随后，土耳其政府公布"库尔德开放或倡议"（又称"民主开放或倡议"），该倡议对库尔德人的语言文化权利、公民权利、地方政府权利等做出某些保障性规定。为解决数十年的军事冲突和恐怖主义暴力问题，土耳其政府与库工党高层在奥斯陆进行了谈判。

2011年年底，时任总理埃尔多安在库尔德问题上迈出了重大一步，他公开承认并为土耳其政府20世纪30年代所杀害的近万名库尔德人道歉，认为这是土耳其近代史上"最沉痛和最悲惨"的事件之一。[②] 2012年11月，土耳其政府重启与库工党的谈判，次年厄贾兰在库尔德新年致辞中，表达了对停止武装冲突、在一个和平的政治框架下解决库尔德问题的信心。厄贾兰在讲话中呼吁库工党放下武器，停止抵抗。双方随后签订了和平协议，结束了30多年的军事对抗。应该说，这一停战或和平协议的取得，固然与土耳其内部的政治过程和逻辑不无关系，但与欧盟持续的压力和以入盟为条件的动力系统的运作更是密不可分。

（三）欧盟围绕库尔德问题对土耳其的批评和谴责，往往能够敦促土耳其在相关领域进行一定程度的改革

在土耳其试图加入欧盟的整个进程中，欧盟对土耳其的人权标准、政权的民主合法性尤其是其库尔德少数群体的保护状况一直保持着批评甚至强烈谴责的话语高压之势，这些批评和谴责一般都会

[①] Michael M. Gunter, "The Turkish-Kurdish Peace Process", *Georgetown Journal of International Affairs*, Vol. 14, No. 1 (Winter/Spring 2013).

[②] 葛文元：《土耳其总理埃尔多安为政府军曾屠杀库尔德人而道歉》，央视网，http://news.cntv.cn/world/20111124/107506.shtml。

促使土耳其在某个特定领域或问题上进行改革，进而在解决库尔德问题上取得一些进展。1997年12月，欧盟因土耳其在库尔德问题上存在的"大规模侵犯人权"现象而拒绝土耳其的入盟申请；1998年，欧盟发表声明，强烈要求土耳其停止对库尔德平民的军事行动，欧盟甚至因此将土耳其政府定性为恐怖组织的库工党称赞为"为库尔德人民的自由而战"的"正义之师"。在欧盟发表的有关评估报告中，呼吁土耳其用政治的而非军事的手段解决库尔德问题；报告还呼吁给予库尔德人更多的包容，赋予他们应得的文化认同权利，等等。

1998年欧盟委员会在其有关土耳其入盟资格的报告中指出，土耳其宪法不承认库尔德人的少数民族地位，政府动辄迫害或追责那些主张或宣扬库尔德民族认同的人。[①] 该报告认为有足够的证据表明，土耳其政府曾以不人道的方式大规模地驱逐库尔德人并毁坏他们的村庄。在1999年和2000年的报告中，欧盟委员会对厄贾兰的死刑判决、库尔德人的语言文化权利等相关问题提出尖锐批评。作为回应，土耳其在2002年的宪法改革中，有限度地承认了库尔德人的文化权利，并在废除死刑的改革中将厄贾兰的死刑改为无期徒刑，从而化解了厄案带来的政治冲击。

值得注意的是，近些年来，随着中东局势的巨大变化，入盟问题久拖不决的土耳其对欧盟的态度逐渐发生变化，这种变化总体上来讲，就是批评和谴责所产生的边际效应越来越低，甚至在某些情况下，起到与批评者的愿望正好相反的作用。

（四）欧洲人权法院的涉库尔德人判例，也对土耳其产生了重要影响

除直接的政治、经济压力例外，欧盟的司法机构欧洲人权法院

[①] "Regular Report from the Commission on Turkey's Progress towards Accession", Brussels: European Commission, COM (1998) 711final, Brussels, November 1998. "Regular Report from the Commission on Turkey's Progress towards Accession", Brussels: European Commission, COM (1999) 513final, Brussels, November 1999. "Regular Report from the Commission on Turkey's Progress towards Accession", Brussels: European Commission, November 2000.

的一系列有关库尔德人的裁决，也对土耳其产生了重要影响。1999年的"埃尔多度和英杰"（*Erdoğdu and İnce v. Turkey* 1999）一案涉及对《民主的反对派》（*Democratic Opposition*）刊物编审的刑事起诉，起因是该杂志刊登了土耳其社会学家对土耳其人和库尔德人之间关系的采访报道。欧洲人权法院判定，"申诉人的定罪和量刑与所追求的目标不成比例，因而'这样的裁决在民主社会中并非必要'"。法院认为，这是因为尽管媒体专业人士行使言论自由权利时的"义务和责任"在冲突和紧张局势中具有特殊意义，特别作为组织（机构）代表发表被认为可能引发暴力行为的观点时需要特别谨慎，以防止公共媒体成为传播仇恨言论和煽动暴力的工具……但是，如果发表的言论不能引发上述的仇恨暴力时，缔约国（盟国）就不能以"保护国家领土完整""国家安全"或"预防犯罪和秩序混乱"为由，通过让公众知晓在媒体上发言可能招致刑事责任，而达到限制公众言论自由权的目的。

同年，类似的判例还有苏莱克与约孜代米尔案（Sürek and Özdemir）和阿斯兰案（Arslan）。同样，在阿斯兰案中，欧洲人权法院指出，土耳其法院对一位出版关于库尔德问题的书的作者量刑过度。欧洲人权法院指出，申诉人只是个体，他是通过文学作品而不是通过大众媒体公开他的观点，这对土耳其的"国家安全""公共秩序"和"领土完整"等并未造成实质性的影响。虽然他的书中的确有些段落对土耳其裔的人口起源问题进行了较为尖刻的描述，勾勒了一幅消极的图谱，字里行间也带着对土耳其裔（Turkish origin）的敌对的语调；但是这并不构成煽动暴力、武装抵抗或暴动的罪行。人权法院认为，公民的言论自由权利是否构成煽动暴力、武装抵抗或暴动等是量刑定罪时一个重要的考量标准。事实上，（仇恨）言论的强度以及引发暴力行为的可能性是定罪量刑的决定性标准——尽管美国最高法院在此类案件上的摇摆态度表明，法院可以在较大范围内进行自由裁量。

1999年6月，土耳其国家安全法院以叛国罪、从事分裂活动以及谋杀罪,判处厄贾兰死刑。但是在欧洲人权法院的压力下,土耳其当局不得不暂停执行对厄贾兰的死刑判决,进而借司法改革的契机将其改判为无期徒刑。

进入21世纪后,围绕包括库尔德问题在内的各类人权问题,土耳其继续成为欧洲人权法院的被诉大户①,以至于欧洲委员会东扩执委奥利·雷恩（Olli Rehn）在不得不接受恢复与土耳其的入盟谈判决定时,摆出了"火车不停但会减速"的消极态度②,让土耳其的入盟"永远在路上"。

总之,尽管欧盟作为一个有重大影响的区域性组织,对土耳其的内政——库尔德问题产生了重大影响,甚至可以说,没有土耳其加入欧盟这一背景,没有欧盟围绕库尔德问题敲打土耳其,今天土耳其的库尔德问题可能更加不可收拾。但是,也要看到,正是库尔德问题的日益"欧洲化",使得土耳其越来越难以加入欧盟和融入欧洲——库尔德问题及其相伴的暴力问题的外溢欧洲,导致欧盟或欧洲各国政要及民众越发担心,一个不稳定的土耳其不仅将会"株连"或殃及他们自身的安全,也会危及欧盟所确立的基本价值原则。而且就库尔德问题本身来说,欧盟的加入及欧洲各国复杂的政治形势,使本已十分复杂的库尔德问题变得更加复杂和棘手:它不仅涉及库尔德少数群体与土耳其国家的关系,更涉及欧盟与土耳其之间复杂的历史和现实关系。

实际上,随着形势的发展,土耳其的库尔德问题不仅大大突破了一个主权国家的内政（问题）边界,而且其整个外交已然被库尔德问题绑架。库尔德问题,不仅成为欧盟所代表的西方世界,

---

① 仅从2005年9月到2006年3月短短半年间,欧洲人权法院就收到两千多起针对土耳其的诉讼。最近的一个涉及库尔德问题的案例是"依姆雷特诉土耳其案"［IMRET V TURKEY（NO 2）：ECHR 10 JUL 2018, References：57316/10,［2018］ECHR 597］,欧洲人权法院的裁决认为,土耳其应该修改其刑法第220条第7款和第314条中有关恐怖主义犯罪的模糊规定。European Commission, commission staff working document-Turkey 2006 Progress Report, SEC（2006）1390, Brussels：European Commission.

② "Turkey's EU hopes suffer Cyprus setback", Guardian, November 27, 2006.

层层加码于土耳其的几乎所有重要的内政（人权、少数民族政策乃至民主化进程）和外交（与希腊解决爱琴海问题和塞浦路斯问题以及与欧洲诸国的交往和关系等）问题的重要工具，而且成为西方集团钳制土耳其发展，左右土耳其战略发展趋向的一种用之不竭的资源。

自2015年欧洲难民危机以来，土耳其与欧盟的关系变得更加微妙。一方面，基于经济利益的考量①，"东向"的土耳其不忘随时回头凝望欧盟；另一方面，基于自身安全和价值观考虑，不断令土耳其失望的欧盟又在入盟尤其是有关难民的具体政策上对土耳其亮出接纳的胸怀和"付出"之心。2015年12月，欧盟五年来首次开启土耳其入盟谈判的新章节；2016年欧土达成难民协议，协议规定欧盟向土耳其提供60亿欧元补贴，向土耳其提供免签旅游签证待遇并承诺重启入盟谈判，作为交换，土耳其帮助欧盟封堵非法移民向欧盟流动的通道。②在免签旅游签证待遇问题上，欧盟提出了72个条件，其中一个重要内容涉及修改土耳其的《反恐法》。2016年7月，土耳其未遂军事政变发生后，埃尔多安政府采取的一系列政治、法律措施包括大规模抓捕异见人士、强化舆论监管以及试图恢复死刑等，尤其是扩大《反恐法》的适用导致土欧关系"一夜生变"③，欧盟对土耳其发生的"民主倒退"以及"践踏人权和基本自由的做法"表达了激烈的反对和谴责。所有这些变故都将直接影响到土耳其的库尔德政策，土耳其将由一个在对待包括库尔德问题在内的民主人权方面"受表扬的孩子"，变成一个失去了外部"奖励诱惑的任性孩子"。欧盟作为一个外部因素对库尔德问题的影响可见一斑。

---

① 据估计，土耳其对外贸易的一半与欧盟有关，其70%—75%的外国直接投资来自欧盟。
② 参见曲兵《难民危机下的欧盟与土耳其关系》，载《中东格局变迁背景下的土耳其历史和国家治理学术研讨会论文集》，2017年10月13—15日（西安）。
③ 参见曲兵《难民危机下的欧盟与土耳其关系》，载《中东格局变迁背景下的土耳其历史和国家治理学术研讨会论文集》，2017年10月13—15日（西安）。

三　欧洲（西欧）各国的散居库尔德人对库尔德民族问题的影响

据估计，目前欧盟国家大约有130万库尔德人，其中绝大多数来自土耳其。他们通过直接参加选举、游说德国有关部门、舆论宣传、筹集资金[①]等多种方式影响土耳其本土的库尔德民族问题。

反土耳其政府的库尔德人尤其是库工党把欧盟各国当作理想的动员基地、组织基地和操练场，他们不仅在这些国家宣传自己的政治主张、游说政客、招募人员、筹措资金，而且公开游行示威甚至针对土耳其在欧盟各国的使馆及土耳其在这些国家的移民进行暴力活动。

1993年库工党及其支持者冲击土耳其在德国、瑞士和法国的领事馆，劫持人质，造成很大的影响。1999年厄贾兰被捕后，法国、德国、丹麦、意大利、英国、瑞典、瑞士、希腊等国家均出现了程度不同的游行示威、抗议乃至暴力活动。在法国巴黎，抗议者袭击了肯尼亚大使馆，劫持人质，示威者还占领了希腊驻斯特拉斯堡和马赛的领事馆。在德国，200多名库尔德人手持铁棍袭击了以色列驻柏林领事馆，因为以色列情报机构摩萨德被怀疑协助土耳其抓捕了厄贾兰；在汉堡，执政的社会民主党的一名成员被库工党的支持者扣押；在法兰克福，抗议者掀翻车辆，与警察对峙，有50多人占领了希腊领事馆；在杜塞尔多夫，300多名抗议者占领希腊领事馆；在斯图加特，警察强行攻进希腊大使馆，逮捕27名抗议者。此外，肯尼亚驻波恩大使馆也遭到抗议者袭击；在意大利，20多名抗议者占领了米兰的希腊领事馆，将领事扣为人质；在英国，3000多名抗议者围攻希腊大使馆，50多名库尔德抗议者占领希腊大使馆长达三天；在瑞士，库尔德抗议者冲击联合国难民署总部，20多名库尔德抗议者冲进位于日内瓦中心的联合国难民事务高级专员办事处，导

[①] 为筹集资金，库工党成员甚至在欧盟建立起了规模不小的毒品交易网络，从而对欧盟各国的治安和社会秩序带来冲击。

致该办事处大量工作人员撤离,如此等等。

进入21世纪以来,包括库工党在内的反政府库尔德人及其支持者不时地在欧盟成员国的一些中心城市掀起抗议和游行示威活动。这些抗议、游行示威活动,在一些情况下往往发展成袭击土耳其人在这些城市开的店铺、焚烧他们的车辆等暴力活动。事实上,只要发生了与土耳其库尔德人相关的不利事件,欧盟的一些大城市就会出现库尔德人的抗议甚至暴力活动。德国及其他欧盟国家将库工党列为恐怖组织后,库工党及其支持者与欧盟诸国的关系一直处于紧张状态。2007年,比利时、法国、德国、荷兰和斯洛伐克五国共抓获近40名库工党嫌疑成员;同年,德国还向土耳其引渡了两名库尔德武装分子。2008年4月,欧盟执法机关——"欧洲刑警组织"的一份报告指出,库工党认领了2007年15起恐怖袭击中的14起;6月,德国禁止了一家库尔德电视台,德国内政部部长称该电视台长期充当库尔德武装分子的喉舌;7月,库尔德武装分子在土耳其绑架了三名德国人质,绑架者提出"除非德国政府改变对库工党的敌对态度,否则不会释放德国人质"[①]。

2016年7月,土耳其未遂军事政变发生后,数名库工党的支持者冲进日内瓦联合国办事处,他们声称"在为被捕的库工党领袖阿卜杜拉·厄贾兰的自由而示威",要求土耳其领导人明确告知厄贾兰的状况,因为他们担心厄贾兰已经遇害。

在库尔德武装分子把欧盟诸国作为争取独立运动或所谓"更大权利"的场域的同时,土耳其当局或与当局有染的土耳其民族主义分子同样把欧洲诸国当作宰制库尔德武装分子和库尔德民权运动人士的重要场地。2016年未遂军事政变发生后,成千上万的记者、学者包括一些散居在德国等西欧国家的库尔德人以及同情库尔德人的

[①] Kurdish Rebels Release German Hostages, http://edition.cnn.com/2008/WORLD/meast/07/20/kurds.hostages/index.html.

土耳其左翼人士受到土耳其本土势力的迫害，甚至遭到有计划的暗杀。①

散居在欧盟诸国的库尔德人尤其是库工党的同情者将欧洲作为反抗土耳其当局的"第二战场"，以及土耳其政府或民族主义者在这些国家所采取的反制行为，给欧盟国家的社会秩序和稳定带来一定的冲击或不利影响。面对这种状况，欧盟国家一方面谴责库工党的暴力行为，另一方面对土耳其的少数民族政策、人权乃至政治体制的"非民主化"进行尖锐的批评。为应对欧盟的这一反应，土耳其政府一方面加紧或不放松对库工党武装力量的清剿，另一方面也在一定程度上改革库尔德政策，改善库尔德人的整体生存状态。在入盟希望很大的某些节点如21世纪初，欧盟对土耳其库尔德政策的批评或政策建议往往产生很积极的反响。

四 非国家主体如"伊斯兰国"（IS）

除了美国、欧盟及散居欧洲的库尔德人对土耳其民族问题的"外部性"外，非国家主体如"伊斯兰国"（IS）对土耳其民族问题的影响也是不可忽视的。IS的崛起，使中东的政治生态发生剧烈变化，库尔德人成为抗击IS最得力的力量，赢得了美国的支持和信任，而土耳其出于维护领土完整和国家安全的考虑，多次不顾反恐大局，对库尔德人痛下狠手，致使美土的关系紧张。

2015年7月，土耳其军队轰炸库工党在伊拉克北部的据点。7月20日，土耳其南部的城镇苏鲁奇遭到IS的恐怖袭击，造成34人死亡，死者大部分都是库尔德年轻人，因此库尔德人怀疑恐怖袭击

---

① 土耳其国会议员、人民民主党成员加罗·佩兰（Garo Paylan）称，"一个以土耳其为基地的机构，在德国、法国和其他欧洲国家从事暗杀活动"，他表示"已从多个来源验证了这些信息，并将其传递给土耳其政府……德国安全部门今天发表声明并证实了这一信息"。Robert Hackwill, Turkish HDP Member of Parliament Says Death Squads are Killing Turkish Opposition Abroad, https://www.euronews.com/2017/12/22/turkish-hdp-member-of-parliament-says-death-squads-are-killing-turkish-opposition-abroad.

得到土耳其政府的秘密支持，相互间的关系更加恶化。库工党随后单方面宣布停火协议无效，并对土耳其境内的警察局发动连续袭击。

对于土耳其来说，地区性恐怖组织 IS 的出现，使其对外政策（包括对其他三国库尔德人政策）产生了很大变数。起初土耳其政府甚至将 IS 视为推翻阿萨德政权的可利用力量，但随着形势的发展和 IS 势力的急剧膨胀，企图利用 IS 的土耳其反被 IS 所伤。[①]

总的来看，IS 的崛起客观上将土耳其置于严重不利之地。与 IS 的斗争不仅有效地提升了中东库尔德人的国际声誉，磨炼了他们的实力，甚至促进了他们之间的跨国联合。所有这些对土耳其解决内部的库尔德民族问题造成巨大压力。2015 年 6 月后，土耳其的库尔德政策骤然收紧，许多已经出台的权利保护政策和立法或被废止，或被闲置。

如今尽管 IS 实体已经被消灭，但是在中东"失败国家"或治理低效国家之间及内部仍然存在着大量形形色色的恐怖主义组织，这些组织将继续成为影响土耳其库尔德民族问题的重要外部因素（主体）。

五 外来宗教、民族极端（保守）主义思潮的影响

除了上述四类主体外，外来宗教、民族极端（保守）主义思潮也是影响土耳其民族问题的重要因素。土耳其民族问题深受宗教问题的影响。2011 年"阿拉伯之春"以来，伴随着中东局势的日益恶化，该地区的宗教极端主义思潮开始崛起。与此同时，在全球化负效应的影响下，欧美国家的宗教保守主义和极右翼民族主义思潮开始泛滥。中东地区的宗教极端主义与欧美国家的宗教保守主义、极右翼民族主义相互激荡和相互激发，对经历了近百年世俗主义洗礼和民族主义熏陶的土耳其产生了巨大影响：一方面，久经压

---

① 2015 年夏天，IS 袭击了土叙边境地区的一个土耳其文化机构，造成 30 多人死亡，100 多人受伤的严重后果，这是土耳其试图"坐视"IS 扩张以来，首次发生在土耳其本土的由 IS 发动的大规模恐怖袭击。

抑的宗教保守力量开始出现大规模复兴的苗头，保守的宗教民众（包括库尔德人）"纷纷要求恢复伊斯兰教参与国家政治和社会生活的权利，要求给予伊斯兰教更大的尊重和空间"；另一方面，不论是土耳其民族主义者，还是库尔德精英都受到全球范围尤其是西方国家的福音民族主义①和极右翼民族主义的激励，变得更加激进。显然，外来宗教、民族极端（保守）主义思潮的输入，使土耳其在民族宗教问题上处于一种两难状态："当政府选择一种低烈度的民族主义和世俗主义时，民族问题尤其是库尔德问题总体上便处于一种较为缓和状态，但是主体民族的宗教情绪便趋于增强，世俗主义受到威胁；当政府的民族主义和世俗主义取向强烈时，主流社会的宗教气氛趋于弱化，世俗主义得到加强，但民族问题（库尔德问题）便趋于恶化。"②

第三节　小结

以上笔者以较大的篇幅述及土耳其周边国家、美国、欧盟及散居其内的库尔德人，"伊斯兰国"以及外来宗教、民族极端（保守）主义思潮对土耳其库尔德民族问题可能产生的影响。从周边国家的情况来看，库尔德问题既是他们各自国家主权安全的严重威胁因素，也是它们之间相互争斗和利用的主要筹码之一。相邻国家库尔德人状况对土耳其（库尔德）民族问题的解决有着直接影响，产生直接后果：伊拉克和叙利亚境内的库尔德人不论是建立自治还是图谋分离，都会对土耳其的库尔德民族问题造成很大的影响。

从美国的角度来看，近年来随着土耳其"战略纵深"思想的出台，以及所伴随的日益"向东看"，美国需要寻找一个制衡土耳其的

---

① 笔者认为，美国基督教福音派的政治化到了特朗普时代，已然发展成一种形态完备的、以白人至上主义为底色的民族主义。
② 周少青：《土耳其民族问题析论》，《学术界》2019年第8期。

新力量，显然库尔德人是一个理想的选择对象。库尔德人力量的崛起不仅有利于抗击"伊斯兰国"等非国家实体的恐怖组织，而且成为美国在中东可以信赖的盟友（美国称库尔德人为"天生的战士"）[1]。另外，库尔德人的发展壮大甚至独立建国，则会使中东地区本已混乱不堪的政治局势雪上加霜。

从民主、人权等价值理念的角度来看，库尔德人作为中东四国的少数族裔群体，在一些地区如叙利亚北部成功建立了跨越族群和教派的军队和社会秩序，遵从西方国家的基本价值观如民主、平等、世俗主义以及男女平等，这些现象不仅引起美国政府的关注，也吸引了美国内外众多人权组织的关注，这是美国深度干预中东库尔德问题的重要"道义"动机。总之，不论是从在中东的战略利益出发，还是从西方国家秉承的人权价值理念来看，抑或是从土美关系博弈的角度，美国都是土耳其库尔德问题解决的重要外部变量之一。

从欧盟的情况来看，土耳其库尔德民族问题的妥善解决与否，既关涉其基本价值观是否得到土耳其的尊重，也关系到欧盟国家的集体安全。同时，由于欧盟的"东方问题"视野，库尔德问题也是欧盟牵制"伊斯兰土耳其"的一个重要筹码。由于在库尔德问题上，土耳其政府多次触碰到欧盟的底线，引起欧盟的激烈批评，不仅其入盟的目标遥无希望，而且引起整个西方世界对土耳其的孤立和反对，土耳其也因此与西方国家日渐疏离。库尔德民族问题不仅影响土耳其内政，而且日益成为影响土耳其外交的一个重大因素。

散居在欧盟国家的众多库尔德人也是影响土耳其库尔德问题的重要因素，这些被称为"离散人群"的库尔德人，利用欧盟国家民主体制所提供的种种权利和自由，以公开集会、抗议、示威游行以及国会游说等多种方式，向所在国家公开表达干预土耳其库尔德问

---

[1] 讽刺的是，从近期叙利亚北部发生的事件来看，美国似乎不是库尔德人的可靠盟友。

题的愿望和心声，使土耳其政府在库尔德问题上时时处于被"紧盯"的压力之下。

"伊斯兰国"同样是影响土耳其库尔德民族问题的重要外部主体，它的出现使库尔德人迎来命运的某种转机。在美国等西方大国的支持下，中东尤其是伊拉克和叙利亚（东）北部的库尔德人力量迅速得以增强，从而改变了地区力量的均衡状态。出于打击"伊斯兰国"，以及遏制土耳其和伊朗在叙利亚及中东的渗透和影响等目标和利益考量，将库尔德人与美国等西方盟友紧紧捆绑在一起。在"伊斯兰国"实体被消灭后，中东存在的其他形形色色的恐怖组织将继续成为影响土耳其库尔德民族问题的重要外部因素（主体）。

外来宗教、民族极端（保守）主义思潮是影响土耳其民族问题的又一个重要变量，它使得土耳其在应对民族和宗教问题时陷入了一种"跷跷板"式的不平衡状态。

总的来看，土耳其的库尔德民族问题受到外部因素影响的程度和复杂性要远远高于其他国家。这些外部因素中，不仅有复杂难控的库尔德跨国民族[①]所造就的三个恩怨难解的近邻、谋求中东乃至全球霸权的美国[②]、具有强大影响力和"重塑力"[③] 的欧盟以及"伊斯兰国"等暴力恐怖的非国家主体，而且还有外来的宗教、民族极端（保守）主义思潮的影响。这些外部主体或因素的存在，极大地影响着土耳其库尔德民族问题的解决。[④] 土耳其库尔德民族问题的解决，

[①] 从库尔德人内部来看，又存在着多元的部落、教派及党派之争，所有这一切也使得这一群体本身充满着不确定性。

[②] 近年来，俄罗斯在中东库尔德问题上的影响力越来越明显。关于俄罗斯对中东或土耳其库尔德问题的影响将另文讨论。

[③] Andreas Blätte, "The Kurdish Movement: Ethnic Mobilization and Europeanization", in Harald Kleinschmidt (ed.), *Migration, Regional Integration and Human Security*, Hampshire: Ashgate, 2006, p. 196.

[④] 其中三个近邻的影响更为直接，这三个国家如何在各自民族国家构建过程中包容库尔德少数群体，真正以现代多民族国家的理念、机制和制度接纳库尔德少数群体的合理诉求，从而有效地将库尔德跨界民族整合进各自的民族国家体系，不仅关系到各自的国家安全、领土主权完整以及所在地区的稳定与和平，也直接考验着现代民族国家的包容力乃至生存和发展能力。在这方面，土耳其面对的问题是相似的。

不仅取决于相关各方的价值和行为选择，也直接考验着现代民族国家的包容力乃至生存和发展能力，以及现代国际体系协调和解决国际和地区冲突的有效性。

（本章主要内容发表于周丽娅、周少青《论土耳其库尔德民族问题的"外部性"》，《学术界》2020年第8期。）

第 十 章

土耳其政府处理民族问题的经验和不足

土耳其的民族问题①是土耳其民族国家建构过程中有关国家认同、民族（族群）认同、世俗主义等一系列相关问题的总和。尽管从逻辑和历史事实上来讲，土耳其的民族问题应该基本上与土耳其共和国的历史等长，但是，由于特殊的历史经历和建国历程，土耳其的民族问题有着自身十分复杂的特殊性：它的根源可以追溯到奥斯曼帝国时期，事实上，正是千百年来以宗教立国的政治和文化实践，既导致了帝国在其绝大部分历史时期，没有"民族主义"，因而也不存在"民族问题"，又导致帝国末期大大小小的民族主义泛滥和共和国初期土耳其国家民族主义的亢奋。与那些传统的民族国家相比较，土耳其的民族问题具有自身鲜明的特点：它一开始就与土耳其的国家安全问题紧密相关；与宗教问题深度勾连甚至相互型构；土耳其的民族问题不仅仅是一个关涉族裔、文化等特定领域的特殊问题，而是一个事关国家发展和国家安全的"总体性事务"。同时，土耳其的民族问题还具有十分强烈的"外部性"，即它的民族问题不仅取决于土耳其政府的相关政策、理念及立法和制度的选择，还极大地受制于众多外部主体的行为规范和行为选择。因此，分析和总结土耳其应对民族问题的经验

---

① 与其他国家比较，土耳其的"民族问题"具有很强烈的宗教内涵，其实质上是一种"民族宗教问题"，为了行文规范，本章仍使用"民族问题"。

和教训，对于许多多民族国家来说，具有十分重大的意义。

第一节　土耳其民族问题的形成

如上所述，尽管从逻辑和历史事实来讲，土耳其的民族问题的生成与勃发同其现代国家构建的历史相当，但是从更深的逻辑和更远的历史来看，土耳其的民族问题深深植根于奥斯曼帝国的形成、发展和衰落的政治基因之中，是帝国政治逻辑发展的必然结果。

一　以"伊斯兰教"立国的帝国漠视一切形式的"民族"主义

很大程度上可以说，奥斯曼帝国的创立者和后续的推进者是一群在部落纷争时代寻找机会和财富的宗教激进分子。在帝国的雏形期，突厥语部落的穆斯林们高举伊斯兰教大旗，在圣战的名义下东征西讨，获取大量的土地、财富和战利品。对于被征服的战俘、民众和奴隶，不分种族和民族，只要愿意皈依伊斯兰教，一律以"穆斯林"相称相待，位列王朝（帝国）的"主人"行列。帝国的缔造者奥斯曼本人，信仰虔诚，生活简朴，恪守伊斯兰教义。在他统治期间，对内将伊斯兰教逊尼派奉为正统，对外狂热于圣战：奥斯曼以"神"的名义，号召那些宗教或准宗教组织团结在他的周围，为共同的伊斯兰教事业而奋斗。在奥斯曼的军营里，所有穆斯林——不分突厥语族（土耳其人）和其他民族——一律平等，平等地领受任务和接受军功封赏，只存在穆斯林和非穆斯林的分野，不存在任何"民族特权"。

在奥斯曼人那里，宗教是区分"我们"与"他们"的最重要甚至是唯一的标准。随着奥斯曼军队的不断扩张，帝国境内不同族群和宗教人群的数量激增，为了管理或统治这些差异性群体，奥斯曼帝国以宗教（而不会以族群或民族）为标准，把帝国的臣民区分为不同的米利特（社区或社群），其中穆斯林米利特最为庞大，它涵盖了突厥人（土耳其人）、阿拉伯人、库尔德人、阿尔巴尼亚人、希腊人以及巴尔干、高加索地区的斯拉夫人等，奥斯曼帝国将这些不同民族或种族的人群，视为"平等的"穆斯林统治者人群，在税收、官职和体制等方面实行无差别待遇。在奥斯曼帝国历史上，许多重要的官职如大维齐尔（宰相）和其他高级职位，都由非突厥（语）族穆斯林担任。

帝国以宗教圣战起家，用伊斯兰教法来治理一切——军队、法律诉讼、税收、教育等，都一断于伊斯兰教法。1517 年征服阿拉伯人的末代哈里发王朝（埃及）后，奥斯曼帝国的皇帝更是将全世界穆斯林的最高领导——哈里发称号揽在自己头上，从此帝国便成为"一个始终致力于促进和保卫伊斯兰教权力与信仰的国家。对于奥斯曼土耳其人来说，他们的帝国，包括所有早期伊斯兰的各个心脏地带在内，便是伊斯兰本身"。在奥斯曼的编年史中，伊斯兰教几乎占据了一切尊位：帝国的领土是"伊斯兰的领土"、帝国的军队便是"伊斯兰的士兵"、帝国的宗教首领是"伊斯兰的教长"，"帝国的人民首先想到的就是他们自己是穆斯林"。[1] 奥斯曼帝国是一个名副其实的宗教帝国。

在帝国存续的绝大部分时间里，"奥斯曼人"[2] 都没有以某种族裔或民族为核心建立起自身独特的认同。不仅如此，帝国还通过遍布全境的神学院把"土耳其人"教育成"非土耳其人"——使用阿拉伯语教授伊斯兰教背景的各门功课。也就是说，在绝大部分时间里，帝国不仅没有维护"土耳其"特性的意识，而且不断用阿拉伯语和伊斯兰教改造拥有"土耳其"特性的人，将他们改造为

---

[1] 黄维民：《伊斯兰教与土耳其社会》，《西北大学学报》（哲学社会科学版）1997 年第 4 期。

[2] 或者更准确地来说是"突厥语族人"或"土耳其人"。

只有宗教意识，没有族群或民族意识的"宗教人"——无差别的穆斯林。

奥斯曼帝国宗教"大一统"的理念及长期实践造就了一个数量众多，内部族群、种族、文化和语言差异巨大的穆斯林群体，这个群体在作为"统治民族"享受帝国提供的各种特权和便利的同时，与其原有族群保持着千丝万缕的联系。与此同时，那些游离于穆斯林社群外并得到官方承认的其他非穆斯林群体（包括各类族群、民族和种族）的帝国臣民，在享受着帝国授权的各类自治（米利特）的同时，完整保留着本宗教、族群、民族或种族的传统和特性。这种松散的社会和政治结构，在帝国处于上升时期，或没有遇到重大（外部）挑战时，尚能正常维系或延续。但是当帝国运势下行，并伴有外部民族主义的挑战时，危机乃至覆灭成为难以避免的事情。

总之，奥斯曼从创立、发展到进入衰退期，其整个制式是宗教的，而非任何意义上的民族的。帝国借助于伊斯兰教的"圣战"精神，纵横征服，开疆扩土，同时也借助伊斯兰教教法，管理并保障帝国的"主流"社会秩序。在帝国长达数百年的时间里，既不存在所谓"民族问题"——因为族群、民族或种族被按照宗教的归属编入各种米利特（宗教）社区；也不存在"宗教问题"，因为尽管存在统治和被统治地位的差别，各种宗教包括伊斯兰教都有自己合法的社会和政治法律空间。这种局面到了帝国晚期，开始遭遇系统性危机。

二　奥斯曼帝国晚期构建"国族主义"的尝试

19世纪初以来，伴随着帝国境内的基督教和伊斯兰教（背景）民族主义独立运动的高涨，奥斯曼帝国进入急剧衰退期。为挽救颓势，重建帝国的认同和政治社会秩序，奥斯曼政府开始改革以宗教为边界的认同范式。随后发生的以"坦齐麦特"运动为开端的改革破天荒地提出了"帝国所有臣民不分宗教信仰一律平等"的"国民"身份构建大原则。这场改革的目的在于整合奥斯曼帝国的各族臣民，以便创造出一个不分（宗教）身份差别的"奥斯曼民族"。

奥斯曼帝国晚期的"国族主义"政治实践建立在应对帝国境内四处弥漫的被征服民族的民族主义（独立）运动之上，本质上是一种帝国自我求生的手段。在经历了数百年宗教身份的鸿沟式划界和各自为政之后，再试图打破这种界限和统治样式无疑很不现实：帝国不仅严重缺乏连接不同宗教和民族（种族）群体的政治、文化乃至经济基础，而且遭遇到外部（基督教）民族主义的严重挑战甚至直接的干预。实际上，就连帝国统治者借以维护统治的穆斯林群体，也在民族主义运动的冲击下离心离德。

面对内忧外患，以青年奥斯曼党为代表的救亡图存势力，试图通过借鉴法国大革命的公民平等模式，甚至美国的熔炉模式，打造"无差别的"奥斯曼公民模式，并以此构建帝国臣民的凝聚力和社会团结。历史证明，这份迟来的国（臣）民整合模式，无法重建帝国的认同，更无法阻止帝国的离散和最终崩溃。

三 "被动的土耳其民族主义"催生下的土耳其民族问题

晚期奥斯曼是各民族大离心的时代，不仅基督教民族纷纷离心或独立，而且曾经包罗万象的伊斯兰教已无法起到统摄帝国境内穆斯林各民族的作用。面对这种形势，奥斯曼土耳其人开始思考自身在帝国中的地位和命运。他们开始意识到帝国境内、他们的周边的确存在着一个文化（语言）和宗教上一致的"土耳其人"——尽管这一民族的其他边界如种族并不十分明显，但他们与那些弃帝国而去的巴尔干基督教各民族以及穆斯林身份的阿拉伯等民族明显不同，他们坚守在帝国的中心地带——安纳托利亚地区，并且与帝国的反叛势力和敌对势力做着坚决斗争。"在巨大的政治灾难和历史命运感面前，他们作为土耳其民族的认同感、危亡感油然而生。""土耳其民族主义"产生了。

以民族国家认同和构建为指向的土耳其民族主义产生后，土耳其的"民族问题"也随之开始产生。①

尽管不能确切表达土耳其民族主义的内涵和外延，但是在风起云涌的"反叛""背叛"浪潮中，奥斯曼土耳其人找到了帝国，确切地说找到了新生民族主义的对手和敌人——亚美尼亚人、希腊（族）人、保加利亚人乃至离心的阿拉伯人等。于是，奥斯曼土耳其历史上最早的民族驱逐或强制迁徙、民族清洗乃至民族屠杀、民族同化等，开始在这个延续了数百年帝国上演。与此同时，土耳其未来民族国家的主要推手团结与进步委员会，还从人口、语言、经济等各方面为建立一个均质化的民族国家做准备。

为了有效区分"我们"与"他者"，以团结与进步委员会（青年土耳其党）为代表的土耳其民族主义者仔细研究区分穆斯林和非穆斯林群体、突厥裔奥斯曼人（土耳其人）与非突厥裔奥斯曼人（土耳其人），并采取不同的政策和策略加以应对。青年土耳其党的所作所为，在为未来土耳其民族国家构建开辟道路的同时，也在民

---

① 本书所谓"民族问题"严格界定在近代以来民族国家框架内，基本不涉及帝国、城邦和封建制三种国家形态。笔者认为，历史上的帝国等政治单位并不存在今天意义上的"民族问题"，以帝国为例，帝国追求的是对尽可能多的族群和民族进行统治（而不是以一个或多个族群或民族为主划界统治），它虽然也要求其组成部分的"忠诚"，但从不追求均质化的人口和文化；帝国内部虽然存在着等级主义和压迫，但它却抱有"普世主义"的价值取向（而非民族—国家的"特殊主义"取向）；帝国强调有效的统治即臣民的服从、税收和劳役、兵役等（而不是民族国家排他性的认同等）。帝国与民族国家的这些巨大差异，使得本尼迪克特·安德森得出了"帝国与民族—国家内在的不兼容"这样的结论。从帝国到民族—国家时代，世界体系发生了巨变，其中民族—国家的种种特性显然起到巨大作用。事实上正是民族—国家对一定特性的政治、人口或文化的追求才引发了国家自身及差异性少数群体对"民族问题"的关注和敏感。认识到这一点，对于我们研究国家主体性下的民族问题有着特殊的意义。参见 Krishan Kumar, "Empires and Nations: Convergence or Divergence?", In George Steinmetz, ed., *Sociology and Empire: The Imperial Entanglements of a Discipline*, Duke University Press, 2013; Benedict Anderson, *Imagined Communities: Reflection on the Origin and Spread of Nationalism*, revised edition, London and New York: Verso, 2006, p. 93。

族问题上留下了沉重的历史包袱。

值得注意的是，虽然土耳其民族主义主要从"民族"角度解释"土耳其人"，但在实践中对大量来自巴尔干地区的"非土耳其族裔"也予以了"国民待遇"，这说明，尽管泛伊斯兰主义从国家战略上退出了土耳其民族主义的议程，但在其意识深处，伊斯兰教仍是重要的认同标准。最能体现这一点的，或许是《洛桑条约》对有关事项的规定。

《洛桑条约》在土耳其历史上具有重大的作用，可以毫不夸张地说，没有《洛桑条约》对《色佛尔条约》的否定和覆盖，就没有今天的土耳其共和国。《洛桑条约》结束了土耳其与希腊等协约国成员的冲突，划定了其领土疆域，同时也从某些方面规定和影响了土耳其的"民族问题"。[①]

首先，面对由于民族国家划界所导致的"少数民族问题"，《洛桑条约》延续了欧洲的历史传统。为了保证划界后处于"少数民族"地位的民族国家公民能够享有平等的权利，同时也为了维护相关国家乃至整个地区的安全，条约专门就"少数民族权利"保护做出了规定。[②]

其次，在"少数民族"的划分标准方面，条约似乎延续了奥斯曼帝国时期的四大米利特群体的格局即穆斯林米利特、希腊人米利特、亚美尼亚人米利特和犹太人米利特，将希腊人（族）、亚美尼亚人（族）和犹太人归为"少数群体"，而将族裔、语言文化上差异明显的库尔德人实际上划归"土耳其人"。

显然，《洛桑条约》受到欧洲和奥斯曼两个传统的影响，前者相

[①] 不仅如此，在土耳其看来，希腊不能善待其国内穆斯林少数群体（主要为土耳其裔），也违反了《洛桑条约》的有关规定。2017年12月，埃尔多安访问希腊时，再三就希腊穆斯林少数群体的经济地位和平等权利提出批评，认为希腊穆斯林少数群体与主体民族之间存在"经济鸿沟"，受到主流社会的歧视性待遇。埃尔多安甚至因此提出要"更新"《洛桑条约》。《埃尔多安破冰之旅忙吵架，希腊政府很尴尬》，新华网，2017年12月10日。

[②] 王绳祖主编：《国际条约集（1917—1923）》，世界知识出版社1961年版，第856—859页。

信"少数民族权利保护"的范式,既可以保护被主权国家分割的少数民族权利,纾解他们的紧张情绪,同时也使新划界的主权国家在合法性和国家安全方面得到保障。同时,凯末尔的世俗主义也对西方集团在少数民族权利保护问题上起了重要作用:他们相信不论是劫后余生的亚美尼亚人,还是库尔德人都可能在未来的土耳其共和国中找到一席之地。

同时,条约之所以选择用宗教标准划分"民族"也受到奥斯曼帝国传统的影响,该传统将宗教作为划分(少数)民族(人群)的重要甚至唯一标准。

在上述标准和理念的指导下,实践中大量只会讲希腊语而不懂土耳其语的希腊穆斯林被迫迁往土耳其,相应地,那些虽讲土耳其语但不是穆斯林的土耳其基督教徒则被迫移民到希腊。

总之,在民族问题上,《洛桑条约》至少导致了两个重要后果:第一,库尔德人被取消了自治或独立建国的可能性,其族体被一分为四,分归四个穆斯林国家,这为后来四个国家的库尔德民族问题留下了历史性伏笔,其中由于种种原因,土耳其的库尔德问题最为严重。

第二,从土耳其国内来看,独立建国后的土耳其政府长期不承认库尔德人的少数民族地位,与《洛桑条约》的规定及其所秉持的理念密切相关,1924年制定的土耳其宪法将这一国际条约的规定和理念转化为国内法律。

如果说土耳其政府因为库尔德人是穆斯林而拒绝给予其不同于土耳其族的少数民族地位,并继而以"同为穆斯林兄弟"的意识形态或价值理念来打造其"国族",其效果可能要乐观得多:库尔德人因为伊斯兰教而长期追随在土耳其(族)人身边,实际上直到最后为土耳其国家的生存而战的过程中,库尔德人也与土耳其(族)人并肩战斗。

然而,土耳其民族主义者的目标是效仿西方民族国家,走世俗化的发展道路。世俗主义的路径,在拯救和发展土耳其国家的同时,却严重削弱了库尔德人对土耳其国家的认同。也就是说，土耳其国家在处理宗教与民族问题上面临着两难选择：如果选择在政府及其他公共领域中驱逐伊斯兰教，将不可避免地将库尔德人从身边推开；但是如果像奥斯曼帝国那样，继续选择把伊斯兰教作为社会团结和国家认同的黏合剂，那么其后果轻则堕入神权国家的牢笼，重则像奥斯曼帝国那样最终走向解体。

上述两难选择构成了土耳其民族问题的坚硬内核。值得注意的是，在反抗土耳其民族主义和世俗主义的过程中，库尔德人以文化和语言为武器，发展出自己的民族主义——库尔德民族主义。从此，土耳其的民族、宗教问题逐步合二为一，转化为土耳其主体民族主义与库尔德少数族裔主义之间的矛盾和冲突。

21世纪以来，具有"温和伊斯兰政党"之称的正发党走上政治前台，其宗教情怀和试图以民主手段解决库尔德问题的政治意图，一度给解决陷入死胡同的库尔德问题带来希望。然而，极度分化的民意和军方对库尔德问题的一贯强压态度，使得民主化的解决手段迟迟难以提上日程。总统制成功实施后，以埃尔多安为首的政府在弹压军方和政治异见势力后，理论上存在着以"伊斯兰情怀"和民主接纳为理念和路径的库尔德问题解决之道。但是，从新的国内外形势来看，埃尔多安政府将面临来自国内外多种政治变量的影响和掣肘，从容解决库尔德问题的条件并不比历史上有利多少。

从某种程度上来看，伊斯兰主义复兴后的土耳其，将不得不面对宗教与世俗主义、土耳其民族主义与库尔德族裔主义之间的多重斗争和冲突：土耳其主流社会内部的世俗主义与伊斯兰主义的斗争，库尔德族群内部的民族主义与宗教势力的斗争，以及两大族群围绕各自民族主义和宗教地位的斗争。这些"斗争"的相互交织、影响和渗透，将赋予土耳其的民族问题新的内涵和外延。

第二节　土耳其民族问题的特点

一　民族问题与国家安全之间存在着一种历史—结构性的联系

防范分裂或分离主义既是土耳其民族问题的重要成因，也是这一问题的重要组成部分，对土耳其国家来说，无论是历史上的亚美尼亚人和希腊人问题[①]，还是现实中依旧很严重的库尔德问题，其核心是外部力量试图利用少数民族问题而肢解土耳其。也就是说，土耳其民族问题的一个最大特点是"国家安全"。威胁国家安全的因素，既有国内因素，也有国际因素，地区性的国际因素权重似乎更大。从国内因素来看，土耳其拥有最多数量的库尔德人，他们主要居住在东南部和东部地区。历史上，这些地区出现过为数不少的以建立自己独立的民族国家为目的的库尔德人起义或叛乱。经过多年的镇压、平叛和各种军事管理措施的并用，如今，这些地区分离主义的风险大大降低。然而，如果把目光转向国际因素，转向与叙利亚、伊拉克和伊朗相邻的边境地区，则库尔德分离主义的风险与日俱增甚至迫在眉睫——尽管后来的土耳其"化腐朽为神奇"，将伊拉克北部库区的独立运动视为一个可以接受的方案，并千方百计将其化为一个有利于土耳其国家的政治方案，但只要这种跨界库尔德民族问题存在，土耳其自身的库尔德分离主义就难以根除，并且可能

[①] 历史上，亚美尼亚（族）人和希腊（族）人是晚期奥斯曼帝国或土耳其国家主权强有力的竞争者，希腊人和亚美尼亚人都试图通过分割晚期奥斯曼帝国或土耳其国家的领土而恢复或建立各自的"春秋大国"。这一历史记忆对后来土耳其国家的影响是深远的，原本可能只是少数民族权利保护问题的国内治理问题演变成危害国家安全的生死问题。在土耳其国家看来，承认库尔德人的少数民族地位问题，就意味着承认他们的自治地位，继而意味着库尔德人可能在土耳其的土地上建立一个库尔德国家，就像希腊人和亚美尼亚人一样，这种历史情节和思考问题的逻辑，贯穿土耳其国家处理民族问题尤其是库尔德问题始终。

在土耳其国家控制能力下降时，直接威胁到土耳其的国家安全。

库尔德民族问题的这种历史和结构性的安全化特征，不仅导致土耳其的民族问题长期难以得到解决，而且已然影响到土耳其国家和民众的政治和社会生活。库尔德问题安全化的最大受益者无疑是军队，他们屡次借口维护"安全与稳定"来控制国家政权，干预土耳其广大民众的生活。

不仅如此，民族问题的安全化，不仅体现在国内，从地缘政治的角度来看，土耳其民族问题的安全化处理，也影响到欧洲国家的集体安全。在欧盟看来，土耳其将库尔德问题安全化、用激烈的方式应对民族问题将会导致其国家安全和社会稳定长期处于不安全状态，而且这种不安全状态会通过土耳其加入欧盟而蔓延到欧盟国家，这是欧盟长期拒绝土耳其入盟的更深层次的原因。

二 民族问题与宗教问题深度勾连

在对土耳其国运影响深远的《洛桑条约》中，土耳其在捍卫自身领土完整和主权独立的前提下，承认了亚美尼亚人、希腊人和犹太人等非穆斯林的少数民族身份和地位，但拒绝承认同为伊斯兰教信徒的库尔德人的少数民族地位。这里，之所以出现这种选择性的承认，原因除了库尔德人体量巨大以外，与土耳其的奥斯曼帝国的传统以及伊斯兰教本身的传统密切相关——在奥斯曼帝国长期的实践中，是否信仰伊斯兰教几乎是他们划分"统治民族"和"被统治民族"的唯一标准；在伊斯兰教历史上，宗教信仰一直凌驾于民族、种族和族群之上。

土耳其建国后，受奥斯曼帝国和伊斯兰教双重传统的影响，土耳其统治阶层及绝大多数主体民众都将宗教信仰视为划分"民族"或"族群"的重要标准，他们将土耳其穆斯林视为一个"不可分"的整体，《洛桑条约》有关少数民族划分的标准和理念被毫无悬念地继承下来。1924年宪法直接剥夺了库尔德人的少数民族地位。在土耳其看来，库尔德人不仅是他们抗击外国侵略者的重要盟友，更是他们亲密的穆斯林兄弟，土耳其国家不应该将其穆斯林国民划分成两个民族。

然而，在随后进行的大规模世俗化过程中，原本认同"穆斯林一家亲"的库尔德人被土耳其民族主义运动驱赶得无处容身，他们为此发动了一次又一次的叛乱或暴动。特别值得注意的是，在反抗土耳其民族主义运动的过程中，库尔德人以自己的语言和文化为依托，祭起了库尔德民族主义的大旗。至此土耳其的宗教问题几乎完全被民族问题所覆盖，似乎在土耳其只有民族问题而无宗教问题。

经过数十年的民族国家建构和如影随形的世俗主义运动，土耳其并没有摆脱宗教对国家政治及民众社会生活的重要影响，正发党的崛起即所谓"温和伊斯兰教"回归都在表明，伊斯兰教仍然是土耳其社会结构的重要组成部分。2005年，皮尤调查公司的一项调查结果显示，在那些自认为是穆斯林的土耳其人中，有多达43％的人将宗教认同置于国家认同之前，认为自己首先是一名穆斯林，其次才是一名土耳其公民。[①]

以库尔德问题为核心的民族问题和以广大土耳其民众为载体的宗教问题在政治、社会和文化层面紧密地纠结在一起，一同对土耳其的政治体制和国家治理产生了深刻影响。从库尔德民族问题维度来看，库尔德民众反对土耳其国家民族主义，主张库尔德人平等的语言和文化权利以及政治参与权利。他们中的大部分人既反对以土耳其族为主体的国家民族主义，也反对这种民族主义所主导的世俗主义。而作为少数的库尔德精英，他们虽反对土耳其族主导的国家民族主义，但不反对与之相伴的世俗主义。在这部分精英眼里，库尔德民族主义的价值远高于与土耳其族人所共享的伊斯兰教。对广

[①] Pew Global Attitudes Project, Islamic Extremism: Common Concern for Muslim and Western Publics, Islamic Extremism: Common Concern for Muslim and Western Publics, 17 - Nation Pew Global Attitudes Survey, For Release: Thursday, July 14, 2005, 2: 00 PM EDT, http://www.pewglobal.org/files/pdf/248.pdf.

大土耳其民众来说，他们虽普遍抱有一定程度的民族主义情绪，因而对库尔德民族主义持天然的排斥态度，但他们自身对伊斯兰教却有着讲不清道不明的情感①，这一点又使得他们对库尔德民众抱有一定的同情心和接纳度。

上述情形使得土耳其的民族与宗教问题呈现出十分复杂的面相：从民族主义的立场来看，土耳其国家民族主义与库尔德民族主义在很大程度上势不两立，前者长期追求均质化的民族国家，反对国族主义以外的任何民族或族裔主义；后者则试图在土耳其这一现代民族国家实现某种程度的自治，甚至实现分离主义的建国诉求。从宗教角度来看，大部分土耳其主流社会民众与几乎相等比例的库尔德人不仅不存在紧张的对立关系，而且存在着"天然"契合成某种共同体的可能性。② 因此，当民族主义与世俗主义共同主导土耳其国家时，土耳其的民族问题（库尔德问题）便持续恶化，直至出现暴力性的库工党武装组织；当世俗主义有所弱化或者说"温和的伊斯兰教"政党如正发党执政时，库尔德民族问题便会出现缓和的迹象。在民族宗教问题上，土耳其政府显然处于一种两难状态：当政府选择一种低烈度的民族主义和世俗主义时，民族问题尤其是库尔德问题总体上便处于一种较为缓和的状态，但是主体民族的宗教情绪便趋于增强，世俗主义受到威胁；当政府的民族主义和世俗主义取向强烈时，主流社会的宗教气氛趋于弱化，世俗主义得到加强，但民族问题（库尔德问题）便趋于恶化。

土耳其的民族问题尤其是库尔德问题的解决，客观上需要强化土耳其族与库尔德族的共同纽带，而逊尼派伊斯兰教（两个民族或

---

① 据皮尤调查中心 2005 年的调查数据，有多达 62% 的土耳其民众认为，伊斯兰教对土耳其国家的政治有着重大影响。Pew Global Attitudes Project, Islamic Extremism: Common Concern for Muslim and Western Publics, Islamic Extremism: Common Concern for Muslim and Western Publics, 17 - Nation Pew Global Attitudes Survey, For Release: Thursday, July 14, 2005, 2: 00 PM EDT, http://www.pewglobal.org/files/pdf/248.pdf.

② 正如历史上在土耳其国家生死存亡的关头，库尔德人与土耳其族一道抗击外侵，共同保全和守护土耳其的经历一样，在现代条件下，两个民族仍然存在着结成某种新的共同体的可能性。

族群都信奉逊尼派伊斯兰教）显然是增强两个民族共同凝聚力的最好黏合剂。然而把伊斯兰教提升为民族国家建构或整合的政治文化基础，将从根本上影响甚至危害到土耳其近一个世纪奠定的世俗主义国家的根基。

民族问题与宗教问题的解决之道所存在的两难选择也体现在军队的作用方面，凯末尔所缔造的军队是土耳其世俗主义的坚定守护者，也是土耳其国家和社会秩序的最终保护神。民主党执政后，作为反对党的共和人民党在经历了1955年和1957年连续两次选举失败后，严厉指责民主党政府钳制新闻自由，偏离了凯末尔的原则。共和人民党的种种不满终于赢得了土耳其军队的支持。1960年5月27日发生了对土耳其政局和国运影响深远的军事政变，在这场政变中，民主党政府总理阿德南·曼德雷斯（Adnan Menderes）经审讯后被处死，军队成为这个国家的最后裁判者。其后土耳其军方又以各种理由发动了三次"改朝换代"的军事政变。在军方发动政变的诸多理由中，违背凯末尔的世俗化原则几乎是最重要的一条。土耳其军队把自身看作凯末尔奠定的世俗化路线的坚定守卫者，任何政党主导下的政府，只要采取的政策或立法威胁到国家的世俗主义走向，军队便强力介入，直至政权易主。

值得注意的是，政府在以强力解决宗教问题的同时，也使得民族问题（库尔德问题）没有了和平解决的前提和基础。在土耳其，军队总是武力或强力解决库尔德问题的积极倡导者和执行者，他们动辄诉诸武力的行为，是造成库尔德问题长期难以和平解决的重要原因之一。

土耳其的民族国家建构深深陷入民族问题与宗教问题勾连的二难选择中，经过长期世俗民族主义的洗礼，土耳其大体上完成了现代民族国家的初步构建。然而，随着全球化的进一步深入，以族裔、宗教为载体的身份政治重新回到各国政治舞台。在土耳其，一方面在主体民族中出现了宗教情绪复归的倾向（这在客观上有利于库尔德民族问题的解决），另一方面在库尔德少数群体中则出现了民族主义进一步强化的趋势，其结果是主体民族基于宗教的包容性被库尔德少数群体（尤其是精英）日益强化的民族主义情绪所消解，从而使土耳其处于宗教保守主义与（库尔德）民族主义双重困扰之中。①

三 土耳其民族问题事关全局性

在土耳其，民族问题不是一个边缘性的或细枝末节的问题，相反，它是贯穿土耳其民族国家发展过程的一个重大结构性问题。在某种程度上，可以说民族问题决定着整个土耳其国家的发展走向乃至国运。

第二次世界大战后，随着民主化进程的开启，土耳其现代国家的发展进入了一个新的历史时期。在此过程中，库尔德问题、伊斯兰主义以及军队的地位和作用，成为影响和决定国家民主化进程的

---

① 当前土耳其既受到库尔德问题的困厄，又面临宗教保守主义的严峻挑战。关于后者，笔者在2017年11月调研土耳其时发现，在国家安全问题上，许多土耳其教授和官员把"居伦运动"（Gulen Movement）视为仅次于IS和库工党的第三威胁因素。在IS实体被消灭之后，"居伦运动"成为威胁土耳其国家安全的第二种势力。"居伦运动"被认为是"全球最大的伊斯兰运动"，它的发起者费图拉·居伦（Fethullah Gülen）是土耳其著名的伊斯兰神学家、教育家和苏菲派精神导师，他坚持伊斯兰教的和平与非暴力理念，认为这些理念依然包含在《古兰经》中，他坚称"真正的穆斯林是安全的、可信的……他们骂不还口、打不还手……始终如一地用爱对待他人"，居伦也因此被称为"伊斯兰世界的甘地"。据称"居伦运动"的追随者不仅遍布土耳其朝野，而且在中亚、俄罗斯、欧美国家乃至若干非洲国家都有分布。在2016年7月15日因未遂军事政变被清洗之前，"居伦运动"在土耳其政府各部门尤其是警察和司法部门的势力是如此之强，以至于被称为"二政府"或"平行组织"甚至是"国中之国"。"居伦运动"的一个重要特点是重视教育，它在上述地区建立了数千所学校，同时该组织重视和经营媒体，在土耳其和伊斯兰世界内外都有较强的影响力。据称"居伦运动"在土耳其国内外共有多达500万名（一说800万名）追随者。从价值理念方面看，"居伦运动"奉行"爱、希望、对话、行动主义（activism）、相互接纳和尊重"，倡导不同宗教和伊斯兰各教派之间的相互对话和相互包容。值得注意的是，"居伦运动"的这些价值理念并不是建立在现代性的多元主义格局之上的，相反它提倡的是一种"回归先知时代"的共同体原则。因而从总体上看，"居伦运动"实质上是伊斯兰教在现代条件下所做的某种有限的自我调整，其内核依旧是"伊斯兰主义的"。政治上，"居伦运动"最初是伊斯兰色彩较为浓厚的正发党的坚定支持者，因而也是代表世俗主义的军方的反对者。在军方势力和土耳其社会的世俗主义力量遭到有力弹压之后，"居伦运动"反过来遭到埃尔多安政府的弹压和清洗，埃尔多安政府安在"居伦运动"上的罪名之一便是"反对世俗主义"，其中的曲折反复，充分反映了土耳其社会宗教保守主义的复杂面相。

"三大变量"①。在这三大变量中,库尔德问题居于首位或者说处于核心地位。

库尔德问题直接影响着土耳其的现代性和民主转型,它的存在使土耳其脆弱的政治体制和政治生态始终面临着威胁。"历史上,历届土耳其政府都在推行民主化战略方面面临着艰难的选择,因为民主化的推动意味着要打破现有的权力结构,这种权力结构的特点是军队的政治力量在现体制中占主导地位",而军队的这种政治主导作用的发挥,与库尔德问题尤其是以库工党为代表的武装暴力恐怖组织的存在有着密切的关联。从这个意义上来看,库尔德问题已成为影响土耳其民主化进程的重要因素,"成为巩固和深化土耳其民主的障碍"②。

2009年,正发党试图开启处理包括库尔德问题在内的民族问题③的民主解决方案。这一努力遭到共和人民党(CHP)和民族行动党(MHP)的激烈反对,这两个反对党宣称"正发党假设民主解决方案将增强社会团结和凝聚力,而实际上它增大了土耳其沿着族裔边界分裂和隔离的风险"。共和人民党坚称,民主化解决方案将削弱土耳其世俗的宪政制度和领土完整。此后,尽管正发党不断表示要用民主的办法解决库尔德问题,但其实施节奏明显放缓,这里,党派竞争成为库尔德问题民主化解决途径的障碍。④

最能证明库尔德问题成为党派竞争工具的现象是,反对用民主化的手段解决库尔德问题的共和人民党也曾是用民主化手段解决库尔德问题的倡导者。20世纪90年代,共和人民党主导的土耳其政府不论是在政治上,还是在意识形态上,均大力宣扬用民主手段解决库尔德问题的可能性和有利之处。共和人民党甚至还提出,军事手段不仅不

---

① 参见 Ergun Özbudun, *Contemporary Turkish Politics: Challenges to Democratic Consolidation*, Boulder, Colorado: Lynne Rienner Publishers, 2000, pp. 141 – 145。

② E. Fuat Keyman, "The CHP and the 'Democratic Opening': Reactions to AK Party's Electoral Hegemony", *Insight Turkey*, Vol. 12, No. 2, 2010, pp. 91 – 108。

③ 除库尔德问题以外,正发党的民族问题清单中,还包括了阿拉维人、罗姆人及其他少数群体问题。

④ E. Fuat Keyman, "The CHP and the 'Democratic Opening': Reactions to AK Party's Electoral Hegemony", *Insight Turkey*, Vol. 12, No. 2, 2010, pp. 91 – 108。

是解决库尔德问题的办法，还会导致问题恶化，认为民主化为库尔德问题的长期和可持续解决扫清了道路。为此，共和人民党还在其官方网站上提出了具体的解决库尔德问题的政策建议。从这一情况来看，共和人民党实际上是民主化解决库尔德问题的首创者。

那么是什么原因导致共和人民党站到了自己曾经立场的对立面？答案很明显是政党利益，或者说是为了在政党竞争立于主动而采取的斗争策略。这里，土耳其的国家利益与共和人民党的政党利益是相互冲突的。在共和人民党看来，如果正发党"民主地"解决了库尔德问题，那么它不仅很容易赢得大选，而且将形成一种难以动摇的"选举霸权"（the electoral hegemony）。

上述情况表明，库尔德问题已经成为横亘在土耳其民主化进程中的一个难以逾越的障碍。由于库尔德问题的存在，军方一直坚持以武力解决民族问题，并以此为由谋求对国家更大的控制。同样，由于库尔德问题的存在，土耳其的各个政党对土耳其的民主化进程尤其是库尔德问题的民主化解决路径充满分歧和争斗，它们都试图借助库尔德问题削弱对手，甚至因此千方百计阻止库尔德问题的解决。各个政党以库尔德问题为筹码，不惜以国家重大利益——民主化进程为代价，相互攻讦，相互拆台。2016年7月以后，土耳其军队干预政治的力量受到严重削弱，军队以库尔德问题为由实行更大控制的可能性大大降低。但是，由于政党之间围绕库尔德问题解决之道的争执、分歧和各怀心思，库尔德问题依然是影响土耳其民主化进程的重大因素。①

---

① 当然，或许可以期待的是，随着总统制转轨的顺利实施，大权在握的埃尔多安可能在条件适当的时候，重新提出库尔德问题的民主化解决方案。如果库尔德问题能够顺利进入民主化轨道，则不仅困扰了土耳其近一个世纪的民族问题可能得到有效解决，而且踟蹰了大半个世纪的民主化进程也将大大推进。从当前的情况来看，前景似乎不是很乐观：埃尔多安虽排除万难，实现了总统制，但他面临的政治阻力仍然不能小觑。如果埃尔多安在未来的政治角力中，站稳脚跟并且着手解决库尔德问题的民主化，那么由于强人政治的逻辑和实践，库尔德问题的解决和民主化进程的实现都有很大的不确定性；如果埃尔多安在内外政治压力或打击下，失掉手中独揽全局的权力，甚至军队控制国家的能力和欲望又借机复活，那么一切又回到了正发党执政前的原点。

四 民族问题具有强烈的"外部性"

从法理上来看，不论是库尔德问题，还是更大范围内的宗教问题或者说世俗主义问题，都是土耳其国家主权内部的问题，其解决之道应该取决于土耳其政府的主观意愿和选择。然而，由于土耳其特殊的历史经历和建国历程，以及所处的地缘政治环境，其民族问题的解决在很大程度上取决于众多直接或间接相关的外部主体。这些主体至少有：库尔德人所跨界的其他三个国家（伊朗、伊拉克、叙利亚），以及与这三个国家治乱直接相关的外部主体如美国、俄罗斯以及众多的阿拉伯国家；欧盟以及居住于这些国家的散居库尔德人；地域性的非国家组织如 IS 和其他暴力恐怖组织；等等。这些外部主体，由于受到各种利益和纷争的驱动，成为土耳其库尔德问题难以控制的变量。

从民族问题的宗教之维来看，由于受到地区性乃至世界性的宗教保守主义复兴的影响，经历了百年世俗主义洗礼的土耳其宗教保守力量开始出现大规模复兴的苗头[①]。2011 年"阿拉伯之春"以来，伴随着中东局势的日益恶化，伊斯兰教背景的宗教极端势力和恐怖主义开始崛起。与此同时，欧美国家的极右翼民族主义和宗教保守势力也开始登上政治舞台，并在一些国家取得不小的政绩。两种宗

---

① 实际上，第二次世界大战后随着民主化进程的开启，土耳其的伊斯兰教文化便出现了某种程度的回归。土耳其世俗力量的代表者军方，为了强化其政治和社会控制的合法性，以及保证土耳其的政治稳定和社会秩序，公开倡导一种"文化化"的伊斯兰教，这种做法为在土耳其社会有着深厚根基的伊斯兰教再次回归社会乃至影响土耳其的民主化进程打开了大门。21 世纪初，具有浓厚伊斯兰情结的正发党正式登上土耳其的政治主导者舞台。在正发党的领导下，蛰伏数十年的伊斯兰教不论是在社会领域，还是在政治领域不仅日益走向公开化，而且向政治和社会生活的中心部位渗透。正如一位土耳其裔美国人类学家所指出的那样，在凯末尔时代，伊斯兰教是"边缘化的"私人性质的东西，而凯末尔的世俗主义是处于统治和中心地带的、公共性质的东西。而到了正发党时期，情势正好颠倒：伊斯兰教在各种力量的推动下，日益进入中心地带，成为"公共性质"的东西，而原来居于牢固统治和中心地位的凯末尔世俗主义开始滑向边缘地带。参见 Esra Ozyurek, *Nostalgia for the Modern: State Secularism and Everyday Politics in Turkey*, Duke University Press, 2006。

教的极端主义和保守主义的相互激荡极大地影响了土耳其的世俗主义与宗教保守势力的基本格局。西方基督教社会的敌意以及伊斯兰恐惧症的生成使得包括土耳其在内的许多"伊斯兰国家"陷入了宗教复兴的热潮（狂热）。

外来宗教极端主义和保守主义思潮的输入，对土耳其国内本已活跃的宗教保守势力起了推波助澜的作用，它们纷纷要求恢复伊斯兰教参与国家政治和社会生活的权利，要求给予伊斯兰教更大的尊重和空间。这种宗教上的外来输入性催化，加上库尔德问题本身所带有的强烈受外部力量支配等特点，导致土耳其的民族问题具有很强的不可预测性及不确定性。

第三节　土耳其处理民族问题的经验与不足

土耳其是一个新生的民族国家，其民族问题深植于其民族国家产生的基因之中。"伊斯兰教、民族国家及世俗主义构成了理解现代土耳其的三角结构。"[①] 在应对民族问题的过程中，土耳其既有成功的经验可以总结，也有引以为戒的教训值得认真思考。与土耳其"民族问题"相关的三个结构性内容分别是，土耳其民族主义与库尔德问题、土耳其民族主义与传统文化，以及世俗主义与国家整合及社会团结问题。以下分别简单予以总结。

一　在土耳其民族主义构建与处理库尔德问题上的经验与不足

土耳其追求均质化的民族国家之路，并非像欧洲国家那样很大程度上是一个主动和相对渐进的过程，而是基于自身特定处境的一

---

① 刘义：《伊斯兰教、民族国家及世俗主义——土耳其的意识形态与政治文化》，《世界宗教文化》2015 年第 1 期。

种被动的、生存主义式的"应急"民族主义，这种民族主义的一个最大的特点是，受造于外部世界甚至直接受造于对手，缺乏稳定的内在规定性。

20世纪初期，内外交困的奥斯曼（土耳其）帝国，毅然从对手手中接过了民族主义武器，略经锻造，迅速聚拢起强大的抵抗力量，最终迎来土耳其共和国的诞生。共和国成立后，土耳其的民族主义者又从欧洲诸民族国家手中，全盘接过其民主制度（议会制），试图按照西方民族国家均质化的模型来塑造土耳其的民主政治格局。从晚期的奥斯曼帝国，到新生的土耳其共和国，土耳其新兴的民族主义不论在救亡图存，还是在民族国家构建中，都发挥了重大作用。这种在很大程度上是"功能性的"民族主义，不仅实现了国家的独立和生存权利，而且也为土耳其现代国家的构建做出了重要贡献。

然而也要看到，正是这种受造于西方列强的民族主义价值取向，在给土耳其带来巨大成功[①]的同时，也酿成经年不休的民族问题尤其是库尔德问题。土耳其民族主义是一种典型的舶来品，它的生长基础与传统的奥斯曼土耳其截然不同，前者建立在相对单一的族裔文化基础之上，后者则充满着巨大的族裔、宗教和文化多样性。由于采取了刚性极强的民族主义建国方案，土耳其民族国家的构建历程一开始便不平坦，历史上遗留下来的众多少数群体的文化特性和传统与均质化的民族国家要求发生了激烈的冲突，尤其是数量众多、文化语言特性比较突出的库尔德人，更是成为均质化民族国家构建历程中最大的"问题群体"。库尔德问题的棘手之处在于，它既涉及要求承认库尔德人文化权利和自由的"认同的政治"，又涉及"族群暴力"（迄今已导致4万多人死亡）。

库尔德问题的长期存在，不仅使土耳其在外交中，尤其是与欧盟（国家）的关系屡屡陷入尴尬和被动，从而直接影响到土耳其加入欧盟的进程，而且从战略上影响土耳其国家的经济社会乃至政治

---

① 这种土耳其民族主义的最大成功之处在于实现了传统帝国向民族国家的转型。

进程，严重影响到土耳其的国家发展战略。

在应对库尔德问题上，土耳其政府面临着艰难的两难选择：一方面，民主、和平地解决库尔德问题，是土耳其国家民主化进程中的客观要求，也是最符合土耳其国家利益的最佳方案；另一方面，由于政党政治和民主政治的逻辑惯性，包括执政党在内的任何主流政党都不敢轻易提出"民主化"的解决方案。[1]

如今，不论是土耳其国内还是国际社会都已经意识到，"政治解决"库尔德问题是唯一可行的解决方案，但是由于民主政治尤其是选票政治的影响，土耳其当局包括一些在野的主流政党，谁都不敢轻易在这方面采取实质性的措施。有学者认为，解决库尔德问题是一个系统工程，它至少需要四个条件：第一，基于安全化策略的军事解决方案让位于民主化的政治解决方案；第二，适当的国际环境——需要得到美国、欧盟和俄罗斯等重要国际主体"坚定而明确的政治和战略支持"；第三，执政党以外的其他政党对"政治解决库尔德问题"方案越来越支持；第四，越来越多的公众支持并同意库尔德问题的民主化解决方案。[2]

最后，如果允许我们概括性地对土耳其解决民族问题的不足之处，提出一点需要认真总结的教训的话，那么最重要的一点，莫过于没有能够正确处理"多样化"问题——这个"多样化"既包括作为奥斯曼土耳其遗产的国家性多样化问题，也包括库尔德人内部的多样化问题。

---

[1] 1999—2004 年，土耳其政界及媒体开始通过"去安全化"和回应库尔德人的诉求，寻求解决库尔德问题的新路径，采取了包括平等的公民身份、文化与语言表达自由、发展经济等措施。然而，2004 年库工党重新恢复恐袭，到 2006 年前 10 个月总共发动了 250 次袭击，以及土耳其国内日益严峻的民族主义情绪及话语，加上 2007 年的两次选举，严重恶化了库尔德问题解决的环境及形势，公民化的权利解决路径陷入停滞。Murat Somer, "Sustainable Democratization and the Roles of the U. S. and the EU: Political Islam and Kurdish Nationalism in Turkey", *Turkish Policy Quarterly* 5 (3), Fall 2006; Daniel L. Bynam & Kenneth M. Pollack, "Things Fall Apart: Containing the Spillover from an Iraqi Civil War", *The Saban Center for Middle East Policy at the Brooking Institution Analysis Paper*, Number 11, January 2007.

[2] E. Fuat Keyman, "The CHP and the 'Democratic Opening': Reactions to AK Party's Electoral Hegemony", *Insight Turkey*, Vol. 12, No. 2, 2010, pp. 91–108.

土耳其作为奥斯曼帝国事实上的"继承国",其最大的特点便是族裔、宗教和文化上的多样性,这一多样性并没有随着人口交换、强制迁徙等"民族纯化",以及随后土耳其民族主义建国方略的提出而消失,相反,随着土耳其国家民族主义运动的兴起和强化,库尔德人的族裔民族主义也在增强。土耳其政府在应对库尔德人"承认"的诉求时,没有选择包容多样性的方略,而是采取了过于刚性的"不承认",继而对该群体实施强制融入(同化主义)政策。民主化进程开启后,由于种种原因,土耳其政府不仅没有能够有效利用民主政治所提供的广泛政治参与和多元融入的机会,将库尔德人吸纳进主流政治框架之内,反而多次以种种手段阻止库尔德人以政党形式参与土耳其政治过程,最终导致库尔德问题脱离正常的民主政治程序,演变成久久难以解决的政治难题。

同样,在对待库尔德群体内部的多样性问题上,土耳其政府也存在着明显问题。土耳其政府缺乏对库尔德人自身多元性的把握,确切地说,缺乏对库尔德人自身在政治态度上的多元性事实的充分认识,在选择"民族政策"时有意无意将库尔德人作为一个整体处置。而事实上,由于包括时间在内的多种因素的共振,作为"库尔德问题"的重要"载体"——库尔德人已经发生重要变化:20世纪80年代大部分人生活在东南部的农村,由于1984—1999年库工党的暴力活动及东南部经济状况的恶化,大量库尔德人前往区域型城市或安纳托利亚西部的大都市。城市化使得原本相对比较均质化的库尔德人变得日益多元化,从政治取向上来看,西部的库尔德人倾向于从阶级立场上去选择投票对象,而东南部的库尔德人则存在三种情形:一是追随与库工党有密切联系的民主社会党[the Democratic Society Party(DTP)],致力于库尔德人的自治;二是宗教保守群体(主要认同伊斯兰教而不是库尔德民族主义)则倾向于将选票投给正义与发展党;三是还有一部分人支持土耳其国家和凯末尔主义。当谈及库尔德人的特性时,这种内部异质性是不能忽视的。实际上,即使是在库工党得势和受库尔德人欢迎的高峰期,土耳其东南部的多数库尔德人也未必有从土耳其分离出去的想法。①

二 在处理土耳其民族主义与传统文化方面的经验与不足

尽管在构建民族历史文化传统的过程中，土耳其民族主义者将触角延伸到比伊斯兰教创立更为久远的过去，但毫无疑问土耳其传统文化的结构性成分是伊斯兰文化。建国伊始，土耳其民族主义精英在大力驱逐伊斯兰教意识形态的同时，构建以西式政治文化为依托的民族主义。共和国早期的领袖们"是彻头彻尾的西化主义者，他们的意识形态深深根植于土耳其民族主义之中，决心消除宗教在公共生活中的影响，动辄以蒙昧主义的借口随心所欲地打击伊斯兰教"②。

宗教信仰地位的下降，使得民族主义日益变得狂热。事实上，"民族主义已经变成一种宗教替代物。在民族主义者看来，民族是一个替代的神灵"③。

这种很大程度上建立在"历史虚无主义"基础上的民族主义构建，对于土耳其共和国一开始就建立起强大的世俗主义传统，并继而在世俗主义的指导下发展和强化土耳其的政治、经济、社会及文化体制，显然具有十分重要的作用。事实上，凯末尔主义之所以在土耳其国家政治生活和传统中始终拥有巨大的影响力，甚至成为一个难以摆脱的路径依赖，与建国初期凯末尔党人激烈的民族主义构建方式有着密不可分的关联。

然而，同任何意识形态或统治性观念的构建一样，土耳其民族

---

① Ole Frahm, "Northern Iraq and its Neighbors: The Regional Dimension of the Kurdish Question", *Insight Turkey*, Vol. 9, No. 1, 2007.

② ［英］诺曼·斯通：《土耳其简史》，刘昌鑫译，中信出版社2017年版，前言第9页。

③ ［英］休·希顿-沃森：《民族与国家——对民族起源与民族主义政治的探讨》，吴洪英、黄群译，中央民族大学出版社2009年版，第610页。

主义构建不可能脱离其深厚的文化土壤，或者说不可能长久地离开滋养它的文化土壤。土耳其民族国家构建完成后，作为传统文化内核的宗教开始复苏[①]，"温和的世俗主义者认为激进的世俗化政策破坏了民众的宗教认同，弱化了土耳其的民族意识，导致社会道德沦丧与文化认同危机，因而应重新解释民族主义，重新评价宗教的社会文化功能"[②]。1973年，由保守民族主义者组成的"启蒙之家"提出"土耳其—伊斯兰合一论"，试图用伊斯兰教来重新构建民族主义。

1980年军事政变后，以世俗主义的捍卫者闻名的土耳其军方开始认识到，土耳其之所以出现政局不稳和社会骚乱是因为"民族文化倒退"，只有推行"土耳其—伊斯兰一体化"，用民族文化和伊斯兰价值观来改造政治和社会，"才能结束政治动荡、意识形态分化和道德沦丧的局面"，随后，土耳其军方发布"土耳其—伊斯兰一体化"报告。在该报告中"家庭、清真寺和兵营"被列为土耳其国家的"三大支柱"。军方试图通过将宗教和传统引入土耳其民族主义，加强土耳其的国家认同和统一，从而实现社会与政治的稳定与和谐。1983年大选后成立的祖国党政府延续了军方的这一立场，继续致力于伊斯兰教与民族文化和民族主义的融合。[③]

尽管"这种一体化的目的是集权而不是建立伊斯兰国家，在这里宗教仅被视为文化和控制社会的核心，将宗教在教育系统而非政治系统内得以扶植"[④]，但是毫无疑问，军方及祖国党的所为，为伊斯兰教全面回潮，并在土耳其民族主义中占据一种结构性的地位打

[①] 由于土耳其文字的拉丁化改革，"大部分土耳其人已经无法阅读奥斯曼时期的文学、诗篇或典籍——这将他们同自己的历史割裂开来"。现实中，唯一活着的文化便是伊斯兰教。参见[美]西恩·麦克米金《奥斯曼帝国的终结：战争、革命以及现代中东的诞生（1908—1923）》，中信出版社2018年版，第519页。

[②] 李艳枝：《土耳其政治发展道路的反思与启示》，《西亚非洲》2018年第4期。

[③] Hugh Poulton, *Top Hat, Grey Wolf and Crescent: Turkish Nationalism and the Turkish Republic*. London: Hurst & Company, 1997, p. 184. 李艳枝：《土耳其政治发展道路的反思与启示》，《西亚非洲》2018年第4期。

[④] Richard Tapper, "Introduction", in Richard Tapper ed., *Islam in Modern Turkey: Religion, Politics and Literature in a Secular State*, London & New York: I. B. Tauris, 1991, p. 16.

下基础。

20世纪90年代末期以来，在全球化和加入欧盟的策动下，伊斯兰民族主义政党美德党开始在其民族主义政纲里加入社会保守主义、文化多元主义、市场经济民主、人权、全球化等因素。美德党的这一行动说明，土耳其的伊斯兰民族主义者已经开始突破"民族—宗教"这样狭隘的议题，向多元、包容和现代性民族主义转变。最能体现这一点的是继承美德党（改革派）衣钵的正发党，该党反对外界给其贴上"伊斯兰主义"标签，以"保守的民主"来界定政党的民族主义取向。其党首埃尔多安宣称："正发党正试图用一种健康的方式，来塑造宗教与民主、传统与现代、国家和社会之间的关系。"[①]这里，伊斯兰教与民主的相容、相适应，已成为正发党所取向的新型民族主义。从某种程度上可以说，正发党所代表的温和伊斯兰主义"对凯末尔主义的民族主义的挑战已经在土耳其取得了胜利。凯末尔党人的民族主义需要重新解释和发展自我，必须与时俱进"[②]。

在经历了近一个世纪相争、相克和相容后，以埃尔多安为代表的土耳其民族主义者终于将自己的根基扎在伊斯兰传统文化之上。这里的"伊斯兰传统文化"，已不仅仅是"伊斯兰教的"，它融入了现代西方的多种价值理念如民主、平等、人权、多元，土耳其民族主义因此也变得更加开放与包容。当然，如何在民族主义内部，处理和协调好这些相互冲突的价值理念，是土耳其民族主义者持续面对的难题和挑战。

三 世俗主义与国家整合及社会团结方面的经验与不足

世俗主义是土耳其民族问题的一个核心内容。世俗主义在给土

[①] Kenan Cayir, "The Emergemce of Turkey's Contemporary 'Muslim Democrats'", in Ümit Cizre ed., *Secular and Islamic Politics in Turkey: The Making of the Justice and Development Party*, New York: Routledge, 2008, p. 76.

[②] 昝涛：《现代国家与民族建构——20世纪前期土耳其民族主义研究》，生活·读书·新知三联书店2011年版，第392页。

耳其国家和社会带来富含现代性的深刻变化的同时，也给土耳其的国家整合和社会团结带来不小的挑战。

总的来看，土耳其的世俗主义具有以下特点：第一，土耳其的世俗主义是一种精英的世俗主义，而非民众的世俗主义；第二，世俗化的路径选择趋向于伊斯兰教在政治上的边缘化，而非社会层面的边缘化；第三，世俗主义与西式民主体制存在内在冲突。以下简述之。

凯末尔时代开启的世俗主义征程，从源头上就存在着这样的不足：庸俗唯物主义和单纯的科学决定论武装起来的政治精英们，相信通过国家的强力控制和自上而下的灌输，历史上深受宗教浸染的广大民众迟早会成为精英们所设计的接受世俗主义和欧洲文明的"新人"[1]，忽视了宗教（社会）的世俗化是一个涉及万千大众的巨大工程[2]，忽视了人心或精神的改造是一个艰辛的系统工程，需要一点一滴地从政治、经济社会发展、精神文化建设等做起。

从精英的内部结构来看，以凯末尔为代表的许多土耳其开国精英来自奥斯曼帝国所征服的欧洲（巴尔干），这部分人因此也被称作"欧洲土耳其人"或"巴尔干土耳其人"[3]。他们身上有着小亚细亚土耳其人所没有的特质：自认为是"征服者"的后代；宗教精神相对欠缺，或者说世俗主义气息浓厚。以凯末尔本人为例，他来自港口城市萨洛尼卡，该城市"不是一个穆斯林占人口多数的城市，各种来自欧洲的物质和精神产品多是在这里产生直接影响，再通过这里影响到帝国的中心。'巴尔干土耳其人'得风气之先"，更容易接

---

[1] 董正华：《土耳其现代化道路的基本特点——以凯末尔改革为重点》，罗荣渠主编：《各国现代化比较研究》，陕西人民出版社1993年版。

[2] 在土耳其，伊斯兰教一向存在于两个层面，一个是"属于国家、学校和教权政治的那种正式的、合法的、教条式的宗教"，另一个是"属于人民大众而又主要通过托钵僧各大宗派得到表现的通俗的、神秘的、直觉的信仰"。实践证明，对世俗化进程构成严峻挑战的是第二个层面的伊斯兰教，它有着深厚而又广泛的群众基础。黄维民：《伊斯兰教与土耳其社会》，《西北大学学报》（哲学社会科学版）1997年第4期。

[3] Kemal H. Karpat, *Ottoman Past and Today's Turkey*, Leiden: Brill, 2000, p.12.

受以世俗主义为导向的改革。①

土耳其早期的世俗主义实际上是一种精英导向的单向度政治文化运动，它没有得到土耳其广大民众的广泛参与和认同。事实上，在安纳托利亚高原广袤的农村里，伊斯兰教仍然具有强大的生命力，牢牢地控制着广大农民的日常生活和内心。从世俗化的具体路径来看，土耳其的世俗化之路，既没有像欧洲宗教改革那样，真正着力于宗教本身的改革，将基督教的组织机构、基本教义和仪式等进行系统地解构和重释，使之成为一个纯粹个人的选择；② 也没有像一些社会主义国家那样，用无神论去改造乃至消灭宗教。土耳其的世俗主义实际上选择了一种体制上的激进主义道路：从国家权力中驱逐宗教势力，将宗教活动置于国家的管控之下，因而其结果只是导致宗教处于一种被政治边缘化的地位（而不是在广泛社会范围内的边缘化）。这种依靠精英和政治强力所维持的宗教边缘化，一旦遇到政治体制的转轨，便会遭遇危机。事实正是这样，1946 年土耳其开启西式民主化进程后，一人一票的大众民主很快将政治上边缘化的伊斯兰教拉回政治中心。在民主自由和政党政治的合力下，土耳其的伊斯兰教开始走向复兴，曾经如火如荼的世俗化运动开始面临挑战。③

---

① 昝涛：《土耳其革命史三题：国际法、领袖与帝国》，澎湃新闻网，2018 年 1 月 13 日。

② 事实上，早在共和国成立前的第一次世界大战时期，这种欧洲宗教改革式的伊斯兰教革新尝试就遭遇了严重危机，谢里夫领导的阿拉伯人起义为这种危机做了最好的注脚。

③ 1946 年民主化程序刚刚启动，土耳其的宗教势力就开始活跃起来，他们公开提出"复兴"伊斯兰教，要求恢复宗教教育。1946 年 12 月，土耳其大国民议会就这一议题进行辩论。随后是否应该恢复宗教教育以及如何恢复等话题在全国范围内被讨论。很快，从 1949 年开始，土耳其学校开始恢复宗教教育（将其作为选修课）；1950 年 10 月，选修课升级为必修课。与此同时，培养宗教师资的神学院也开始运转，尽管这些神学院内置于大学，隶属于教育部。最富象征意义的挑战世俗化的政治事件是两个伊斯兰政党即民族行动党和民族秩序党的成立。前者公开反对凯末尔的世俗主义政策，主张以"土耳其穆斯林的精神价值来教育、鼓舞青年一代"；后者则赤裸裸地宣扬恢复伊斯兰教为国教，恢复哈里发制度，宣称"通过复兴伊斯兰教的道德与德行"，来为民众"提供普遍的幸福和安宁"，该党还激烈谴责"资本主义对穆斯林兄弟的残酷剥削"，谴责土耳其政府给予异教徒的资本与土耳其资本同等的地位和权利。民族秩序党的主张得到许多农民、小资产阶级和宗教神职人员的拥护。参见黄维民《伊斯兰教与土耳其社会》，《西北大学学报》（哲学社会科学版）1997 年第 4 期。

第十章　土耳其政府处理民族问题的经验和不足

尽管有着宪法①和捍卫世俗主义的军方②的双重保障，民主化启动后的土耳其世俗主义始终面临着伊斯兰保守主义势力的严重挑战。从民族秩序党到救国党、福利党，再到繁荣党，一直到埃尔多安的正发党，伊斯兰保守势力一步一步从社会运动走向政治主张，从政党主张变成执政党的重要纲领乃至最终变成政府的基本价值取向。这样一个从边缘走向中心的历程，一方面说明，土耳其的世俗主义取向与其所选择的西式民主制度，存在着深刻的矛盾；另一方面也说明，影响或决定土耳其政治制度和体制的主要因素乃是其民情和文化传统。

一个国家的政治制度、体制和相应的价值理念选择，离不开其所依托的国情基础。以凯末尔为代表的土耳其世俗主义者深刻洞察到西方民族国家及文明竞争力和先进性，他们学习西方心之切切，急于从国家的顶层设计驱逐伊斯兰教在政治和公共空间的影响力和控制力。在凯末尔主义者看来，"文明只是意味着西方的现代文明，此外不可能是任何其他的东西"③。

凯末尔主义的世俗主义范式在特定的历史时期，对土耳其民族国家的缔造和发展起了巨大的推动作用。但是，这一脱离土耳其国情的范式选择，也对土耳其国家整合和社会团结带来不可忽视的消极影响：精英与民众、军队与政府④、城市与农村等围绕世俗主义的二元对立始终撕裂和困扰着土耳其的国家整合与社会团结。20世纪70年代以来，土耳其朝野在不同程度上，开始修正威权式的世俗主义范式，以使其更好地适应土耳其的国情。21世纪以来，有"温和伊斯兰主义"外相的正发党开始系统推动有关世俗主义的改革，该

---

① 土耳其宪法禁止任何人以任何方式利用或滥用宗教、宗教情感及宗教认为的神圣事物，实现个人和组织的政治目的。为实现宪法的这一立法目的，土耳其刑法甚至把成立以宗教为基础的政党的行为列为重罪，规定了高达15年刑期。
② 为捍卫凯末尔奠基的世俗主义，土耳其军方从1960年开始，连续多次发动军事政变，以阻止或遏制政界和社会上的伊斯兰保守主义运动。
③ ［英］伯纳德·刘易斯：《现代土耳其的兴起》，范中廉译，商务印书馆1982年版，第307页。
④ 世俗政党、宪法法院以及国家安全机构等，都是世俗主义的坚定捍卫者。

党推出的包括修宪在内的一系列改革,"实际上是世俗主义框架内的一次理念上的变革,其核心在于将传统的军人威权体制下的国家强制式的世俗主义,转化为现代条件下尤其是土耳其彻底民主化后的'自由的世俗主义'"①。

世俗主义是土耳其的百年传统,而伊斯兰主义则有着长达7个世纪的根基②,如何调和这两种传统,弥合土耳其精英与普通民众、军队(宪法法院等)与政府、城市与农村等各个维度和层面的人士在世俗主义问题上的分歧,从而为土耳其取得最大限度公约数的国家整合与社会团结,是摆在土耳其政府和人民面前的重大问题。可以预见,在可见的未来,土耳其的世俗主义既不可能继续沿着威权式的道路行进,更不能退回到伊斯兰主义的泥潭,其合乎实际和逻辑的取向是一种以伊斯兰文化为底色,西式理念为外相,混杂了各种主义如共和主义、民族主义、世俗主义、平民主义、国家主义、革命主义、多元主义、人权主义的复杂多面相的世俗主义。

---

① 周少青:《土耳其修宪中的世俗主义观念之争》,《中国民族报》2016年5月10日。
② 实际上,伊斯兰教在土耳其社会中的整合作用,就算在世俗主义凯歌奋进的时候也没停止过。

附　录

有关土耳其民族（宗教）问题的四个案例及实地调研

一　土耳其修宪中的世俗主义观念之争[①]

日前，土耳其大国民议会议长伊斯米尔·卡拉曼宣称，要从土耳其宪法中剔除世俗主义内容。卡拉曼是在一个与复兴伊斯兰文化相关的主题会议上作这番表态的。卡拉曼对在场的伊斯兰学者和作家说，"我们是一个穆斯林国家，应该有一部宗教化的宪法"。他还表示，"新宪法中将没有世俗主义的位置"。由于卡拉曼是国会修宪的主要负责人，此言一出，立刻引起土耳其国内外强烈的反响。批评者担心此举会破坏土耳其现代国家的世俗主义基础。

卡拉曼是土耳其正义与发展党党员，他的发言遭到最大的反对党共和人民党主席吉利达罗格鲁的强烈谴责。后者在社交媒体上说，"中东混乱的局势恰恰就是你这种思维造成的，这种做法是将宗教变成了政治的工具"。吉利达罗格鲁一针见血地指出："正是因为世俗主义的存在，每个人才能自由地践行自己的宗教！"卡拉曼的发言同样也引起了属于其同一政党阵营的土耳其总理及总统的不安与被动。土耳其总理达武特奥卢表态说，新宪法将继续采纳世俗主义原则，

[①] 周少青：《土耳其修宪中的世俗主义观念之争》，《中国民族报》2016年5月10日。

土耳其的世俗主义和民主特性"不容争辩"。他还进一步解释道，"新宪法将确保公民的宗教和信仰自由。保证国家对所有信仰群体一视同仁"。与此同时，宗教情结比较浓厚的总统埃尔多安也向外界公开表示坚持世俗主义价值观。同为正义与发展党党员，国会宪法委员会主席穆斯塔法·森拓普也表示，正义与发展党并没有讨论世俗主义价值的问题。

土耳其社会世俗主义程度比较深的精英群体和广大民众也对卡拉曼的去世俗化宣言表达了强烈的不满。一些地区甚至出现了反对去世俗化的街头游行和抗议。尤其是那些长期深受世俗化和西方化熏染的年轻人，更是明确地表达了对去世俗化的不满。一名大学生表示，"伊斯兰教在现代土耳其政治中不应有一席之地"。

很长一段时期里，世俗主义和反世俗主义是土耳其最敏感的社会断层线。自20世纪20年代土耳其国父凯末尔放弃建立"国教"、强力推行世俗主义价值观以来，世俗主义者和反世俗主义者的斗争一直没有间断。但至20世纪40年代末，随着民主化的逐步推行，土耳其社会的宗教势力迅速复兴，并逐步对凯末尔确立的世俗化政治秩序提出挑战。不过，在议会、司法尤其是军方力量的制衡和牵制下，宗教势力始终没有形成具有威胁性的政治力量。即使是在宗教根基十分深厚的正义与发展党执政后，宗教势力也没能从根本上撼动土耳其的世俗主义根基。

进入21世纪后，伴随着土耳其社会城乡差别、人群分层的日益扩大以及国际范围内宗教保守主义势力的兴起，原本就保守的正义与发展党为迎合广大农村地区及弱势人群试图通过复兴宗教文化而改善自身境遇的诉求。同时，也为了谋取更多的政治权力，逐渐加快了"复兴"伊斯兰文化的步伐。正义与发展党主导的政府和议会先是通过一系列法律法规，取消对伊斯兰教法的限制。近两年，又相继取消了妇女在学校和政府部门的头巾禁令，限制酒类销售，并尝试关闭公立大学的男女生混合宿舍。

特别需要强调的是，尽管自2002年以来，宗教情结较深的执政党正义与发展党采取了一系列有利于伊斯兰教信众的政治和法律措施，但从本质上看，这些举措不能单纯地解读为土耳其当局试图建立"伊斯兰政权"，或者简单地说土耳其的世俗主义"在倒退"。从国内情况来看，土耳其延续了近三个世纪的世俗主义国策在大部分时期都是靠军方的强制性力量维持的。这种世俗主义模式的一个最大不足是缺乏民主的合法性。通过民选上台的正义与发展党看到了这一不足，并且试图通过修改宪法而对其进行某种程度的矫正。从这个意义上说，土耳其政府新推行的修宪改革实际上是世俗主义框架内的一次理念上的变革，其核心在于将传统的军人威权体制下的国家强制式的世俗主义，转化为现代条件下尤其是土耳其彻底民主化后的"自由的世俗主义"。

关于这一点，总理达武特奥卢说得很清楚。他认为，在自由的世俗主义理念下，虔诚的穆斯林不会受到歧视，"我们的宪法将为自由的而不是威权化的世俗主义理念留下空间"。威权化的世俗主义也被称为"积极的世俗主义"，其主要特征是国家通过积极的立法等手段，强制推行宗教与教育、经济等领域的分离。自由的世俗主义也叫作"消极的世俗主义"，它的主要特点是国家在各种宗教信仰之间严守中立，既不禁止或限制某种宗教信仰，也不鼓励或提倡某种宗教信仰。前者比较有代表性的国家是法国，后者比较典型的是美国。

从外部环境来看，土耳其跨欧亚两个大洲，欧盟的和顺、繁荣与中东的动乱与破败给土耳其提供了两个截然相反的案例。在处理宗教问题上，究竟是追随欧盟，还是步中东诸国的后尘，土耳其人实际上已经给出了明确的答案——他们热切地希望加入欧盟，认真地承诺其将践行的"自由的世俗主义"价值观以《欧洲人权公约》为基准。

当然，也要看到，土耳其的这种世俗主义范式的转型成功与否，不仅取决于宪法及相关法律对"自由的世俗主义"如何界定和设计，而且取决于土耳其政府能否妥善地处理一系列相关问题。这些问题择其要有：实施全面发展战略，努力消除地区和人群之间的经济和社会差异，最大限度地避免边缘化的地区和群体用复兴伊斯兰教的做法来改善其处境；引导民众树立正确的宗教观，让民众知晓"荣耀"伊斯兰教的正确途径是国家保障公民个人的宗教信仰自由，而不是通过国家干预来实现某个宗教的尊崇地位；引导民众正确认识欧美国家"妖魔化"伊斯兰教的现实，而不要将其理解为基督教与伊斯兰教之间的对立；正确处理政治体制改革与宗教的关系，杜绝利用民间伊斯兰教势力来推动议会制向总统制的过渡，如此等等。

总之，伊斯兰教对于正义与发展党来说，犹如一个熊熊燃烧的火炬，把握得好的话，可以收到照亮自己、温暖和笼络占国民97%的信众的效果；处理得不好，也可能引火烧身，陷国家以及伊斯兰教于两不利的处境。

二 土耳其新课改——去世俗化的关键一步？[①]

新学年伊始，土耳其社会围绕小学、初中教材的重新设置问题进行了激烈讨论。新课改大致涉及进化论的取舍、"吉哈德精神"的引进、宗教课程的加强，以及涉及世俗主义的极力倡导者、"土耳其之父"凯末尔的内容在教学中的篇幅和时间压缩等。这场课改在2018年全面实施。届时，土耳其的小学和初中阶段的学生将在宇宙观、人生观和科学观等方面受到很大影响。

据称，改革教材的建议由一个与政府关系亲近的保守的教师工会提出，经与不同的相关团体和人群反复协商而成，先后有超过18万人参加了咨询、协商和征求意见。但是，反对派工会表示他们没有参加过协商，课改草案形成的过程是不透明的。

关于课改中的进化论地位问题，土耳其教育部部长伊勒马兹称，"我们并不反对进化论。遗传、突变、变异、适应这些进化论方面的内容依然存在于教科书"。伊勒马兹强调，政府并没有完全从教科书

---

① 周少青：《土耳其新课改——去世俗化的关键一步？》，《中国民族报》2017年9月26日。

中删去进化论，只是将其中关于人的起源等内容推后到大学时期。他认为，作为中学生，学习进化论有些"超前"。对此，土耳其非营利智库组织"教育改革行动"的玛蒂娜表示难以理解。她说，既然孩子能理解"吉哈德"，就没有理由不理解进化论。

在谈到引入"吉哈德"的必要性时，土耳其教育部部长伊勒马兹表示，"'吉哈德'是我们宗教中的一个元素，但这个词已经被极端组织滥用，我们需要在'吉哈德'问题上正本清源"。在他看来，"吉哈德"实际上意味着"服务社区、增加福利、确保安全和彼此谅解"。

土耳其当局的课改计划遭到土耳其世俗力量包括反对党共和人民党的激烈反对，他们指责执政的埃尔多安正发党企图用伊斯兰主义和保守的价值观取代土耳其共和国的世俗主义根基。

土耳其最大的教师工会组织之一的负责人伊尔迪里姆说，当局删除进化论的目的，"是想用宗教经书上的信条教导学生关于人类起源的问题，好像我们都来自亚当夏娃似的"。他还猛烈抨击引进"吉哈德"的做法。他说："今天，你去问问任何一个走出清真寺的人对'吉哈德'的看法，他们中99%的人都会告诉你，'吉哈德'是中东乱象的主要原因之一。"

另一个有着10万会员的教师工会的负责人安多干指出，课改不仅使得生物学，而且所有课程都将在更宗教的环境中进行教学，"这个新课程将会对我们的学生和这个国家的未来带来非常有害的影响"。她指出："土耳其正在被重新设计，这很危险。我们的老师将会在街道和教室里抗议，不管政府做什么，我们都会按照世俗和科学的价值对学生进行教育。"

世俗派反对党共和人民党的泰兹詹说，"通过嵌入'吉哈德'教育的价值观念，他们试图用那种将中东变成血海的观念，扼杀孩子们的大脑"。

埃尔多安主导下的课程改革计划，反映着土耳其社会新的政治和宗教发展走势。受困于加入欧盟经年不得的挫折，受益于执政以来土耳其综合国力与经济发展水平的迅速发展，尤其是在经历了2016年惊险的未遂军事政变以及2017年通过成功的修宪而极大地增强了大总统的权力之后，埃尔多安决然走上了一条与过去有所不同的治理之道。

为了回报和继续吸引右翼党团、伊斯兰宗教势力和广大农村的支持者，同时也为了"复制"更多的基于宗教保守理念的支持者，埃尔多安政府毅然触动数十年来历届政府不敢公然染指的教育世俗化领域，将许多具有十分明显伊斯兰色彩的内容写入课改议程，把执政的基础寄托在培养"虔诚的下一代"教育方案上。

埃尔多安政府的课改方案，具有强烈的政治功利主义和实用主义倾向。在他们设计的教材中，不仅充斥着反IS、反库尔德工人党和海外流亡人士居伦的内容，而且连2016年发生的未遂军事政变也写了进去。在关于政变的描述中，教材引用《古兰经》称，"勇气意味着反对残忍"，将政府挫败政变的行为描述为"传奇、英勇"，等等。

埃尔多安政府的课改计划，在迎合备受全球性的"伊斯兰恐惧症"煎熬的国内保守宗教势力和民众以换取他们的支持的同时，使得那些居住在发达城市的高学历、高收入人群，亲西方群体和库尔德人，尤其是大量的世俗主义者感到惊恐：他们惊恐于土耳其社会的日益宗教化，惊恐于凯末尔以来100多年的土耳其世俗主义的文明成果可能毁于一旦，惊恐于土耳其可能因此变成第二个巴基斯坦。

土耳其的世俗主义远景堪忧。

三 "土耳其人的民族主义和宗教情怀相互交织"

受土耳其耶尔德勒姆巴亚济特大学（Yildirim Bayazit）邀请，笔者于2017年11月11—23日前往土耳其安卡拉进行调研。本人先后走访了耶尔德勒姆巴亚济特大学、安卡拉大学、首都大学等几所高校和研究机构，访谈了土耳其历史学、政治学、宗教社会学、法学、国际关系、国家安全等领域的专家学者，初步了解土耳其在民族国家建构、土耳其民族主义、少数人权利保护及国家安全方面的现状和面临的挑战。

令笔者印象深刻的是，不论是在土耳其国家历史的重建、民族国家的构建进程中，还是在现实的政治考量和政治参与方面，宗教确切说伊斯兰教都占有很重要的地位。用一些学者的话来讲，"在土耳其，伊斯兰教是我们的传统文化，我们不能丢弃它，就跟你们中国一样，实现现代化并不意味着要丢掉你们的国学"，但是他们也强调，"重视以伊斯兰教为代表的传统文化，并不意味着我们要回到中世纪，相反，土耳其人的眼光一直是往前看的，在当前所谓伊斯兰国家中，土耳其的现代化程度是最高的，这无疑得益于土耳其恰当地处理了传统文化与现代化的关系问题"。

一位宗教社会学学者指出，在伊斯兰教问题上，土耳其人与阿拉伯人和波斯人及库尔德人都不一样，土耳其人一向很世俗，很注意享受现实生活，不容易被那些极端的宗教圣战分子所诱惑。他提请笔者注意，"迄今为止在欧美国家包括土耳其本土引爆身上炸弹的恐怖分子中，没有一个是土耳其人"。他认为，之所以如此，原因有四个：第一，土耳其人曾经统治欧亚（非）大陆长达900年（包括奥斯曼帝国前期的若干小帝国），具有很强的历史自豪感和民族自信心，"从来不屑去做令人不齿的恐怖主义暴力活动"。第二，也许更为关键的一点是与中东其他国家比较，土耳其人从没有失去对自己国家的管控，他认为国家强有力的控制是土耳其没有像其他中东国家那样出现大规模恐怖主义活动的重要原因。第三，土耳其有专门的机构控制和管理宗教人士的活动，在清真寺阿訇或伊玛目的讲学受到严密的监控，具有极端主义情绪和观点的宗教领袖在那里没有机会发表具有煽动性的宗教观点。他提到，在土耳其每一个伊玛目都受到政府的资助，受到政府的直接控制。第四，土耳其人把这种对宗教人士的控制，延伸到欧美国家土耳其裔人的清真寺。据这位学者称，土耳其至今都保持着给这些身在他国的土耳其裔宗教人士按月发工资的传统，通过对经济来源的控制，土耳其当局牢牢控制着这些国家的宗教人士的思想和布道，使他们不至于让宗教极端分子钻了空子洗了脑。而相关国家也乐于接受土耳其国家的这种宗教控制。原因是，如果斩断了土耳其当局的工资输送链条，那么这些国家的阿訇或伊玛目就有可能被来自恐怖主义链条上的资金所收买和控制，继而走向极端化。

当笔者问及在库尔德问题上，"炽热的"土耳其民族主义扮演了何种角色的时候，一位学者认为土耳其"不存在头脑发热的民族主义，只存在普遍的宗教情感"。他向笔者提出的例证是，在土耳其的 29 名部长中，有 18 名是非土耳其族人，共和国有史以来的 11 名总统中，有 4 位属于非土耳其族，他认为这个比例足以说明，主体民族的土耳其族裔主义处于非常温和与包容的状态。谈到库尔德问题时，有学者指出，库尔德人与土耳其族人历史上非常友好，"是地地道道的穆斯林兄弟"，库尔德人曾为土耳其共和国浴血奋战，"我们亲如兄弟"。但是后来，库尔德人受到西方民族国家思想和理论的毒害，试图把土耳其的一部分分离出去，建立一个独立的库尔德国家，冲突由此而发。一位学者还认为，土耳其族是一个来源十分丰富的混合民族，我们虽然尝试构建国族意义上的土耳其民族，但我们从来不以族裔或血缘区分我们的公民。这一点实际上也深刻影响到土耳其境内的库尔德人，他给出的一个例子是库工党领袖厄贾兰。他说从族裔或血缘上讲，厄贾兰是亚美尼亚人，他是典型"库尔德文化"的库尔德人，而不是族裔或血缘上的库尔德人，库工党接受这样的人做领袖，显然受到土耳其族人的影响。

关于外界普遍担心的土耳其世俗化可能逆转问题，许多学者和专家不以为然。他们大多认为，土耳其不会也不可能回到所谓"中世纪"。他们认为经历了一个世纪的世俗化进程，土耳其如今已变得非常世俗化，与这种世俗化进程相伴而形成的土耳其人的生活方式已经内化为土耳其人的民族性格，而一个民族的"民族性格"是很难改变的。

在谈到土耳其国家安全问题时，相关专家认为，土耳其面临的最大安全威胁是"伊斯兰国"，其次是库工党，再次是"居伦运动"。在有形的IS被摧毁后，残余的圣战恐怖分子的破坏作用仍然不能低估。长远地看，土耳其国家的心腹之患是库工党和寄居美国的居伦及其大量的追随者。

四 "圣索菲亚现象"带给世界的思考

2020年，土耳其总统埃尔多安正式宣布废除1934年通过的内阁法令，重新将位于伊斯坦布尔的圣索菲亚博物馆改为清真寺，此举又一次将地跨欧亚、被认为是连接伊斯兰教与基督教桥梁的土耳其推向舆论的风口浪尖。

圣索菲亚清真寺的原身是东正教大教堂，它的修建者是拜占庭皇帝查士丁尼，教堂修建历时五年，于公元537年竣工。1204年第四次十字军东征占领君士坦丁堡后，该教堂在半个多世纪的时间里以罗马天主教堂的面貌示人。1453年奥斯曼帝国军队攻陷君士坦丁堡后，圣索菲亚大教堂被征服者略加调整后变更为清真寺。1934年，出于种种内外因素的考量，在土耳其国父凯末尔的支持下，沿用了近500年的清真寺被改为博物馆——展出的主要内容是一些镶嵌画和建筑物本身。从清真寺到博物馆的变身一度被赋予了多重意义：它被认为是土耳其世俗化的坚实一步；同时也被认为是土耳其与西方及周边国家甚至伊斯兰教与基督教"和解"的重要标志。80多年来，圣索菲亚博物馆成为土耳其文化包容和文明共存的一个重要象征。1985年圣索菲亚博物馆被列入世界文化遗产名录。2010年圣索菲亚博物馆所在的伊斯坦布尔被认定为"欧洲文化之都"。

进入21世纪以来，伴随着世界范围内的各类民族主义思潮的兴起，以"温和伊斯兰主义"著称的土耳其正发党也蠢蠢欲动，以复兴伊斯兰教来表达其民族主义情绪。正发党治下的土耳其对内解禁头巾、按照伊斯兰传统修改教科书，对外以伊斯兰教的代言人自居，公开发声力挺伊斯兰世界的种种诉求。但是，即便如此，直到2019年3月当反对党提出要变更圣索菲亚博物馆的用途时，埃尔多安总统都予以断然拒绝，他当时表示"只有人民才有权决定是否在圣索菲亚博物馆做礼拜"，并强调"这是一个政治问题"。

那么，是什么因素导致埃尔多安最终下定决心将圣索菲亚博物馆改回清真寺？原因显然有多种，择其要，第一，在2019年的地方选举中，正发党丢掉了富有象征意义的伊斯坦布尔和安卡拉，这一事件使埃尔多安认识到在未来的大选中，进一步争取宗教保守群体选民的重要性。自1934年改清真寺为博物馆以来，土耳其的宗教保守分子一直没有停止过博物馆复改清真寺的斗争。每逢周年或宗教节庆，总有数量不等的宗教保守分子通过游说、静坐、示威等行为进行抗议。据土耳其的一个民调机构于2020年6月中旬所做的调查，有高达70%的受访者支持博物馆改清真寺提案。第二，从与基督教（东正教）国家的关系角度来看，近期以来，土耳其与美国、俄罗斯等国家关系不睦甚至龃龉不断，促使土耳其下决心以"纯内政"的方式发泄或表达对美俄等国的不满。第三，也是最直接的原因是，近年来的经济下滑加上新冠病毒的肆虐，土耳其面临着严重的经济与社会危机。正发党急需一个能够激活"历史荣耀"和"宗教自豪感"的事件来转移民众的视线，"提振"他们的信心。

除了上述"工具性的"原因外，有一个深层面的原因更值得关注：冷战后特别是21世纪以来，伴随着被视为"上帝的报复"的宗教复兴运动在全球的勃兴，宗教民族主义逐渐成为一个影响各国乃至地区和全球政治与社会稳定的极其重要的因素。在美国，福音民族主义的崛起催生了影响全球的"特朗普现象"；在印度，印度教民族主义支撑下的莫迪政府四面出击；在缅甸，佛教民族主义制造出令全球关注的罗兴伽少数群体问题，如此等等。从这个意义上来说，土耳其的博物馆改清真寺的"圣索菲亚现象"不过是这种全球性的宗教民族主义的一个插曲或局部。

"圣索菲亚现象"是全球性宗教民族主义勃兴的一个缩影，与之关联的问题很多，至少涉及：一国如何对待和处理其历史遗留和文化遗产问题；国家凝聚力和社会团结建设问题；文化包容或不同文明的相处问题；多数民主原则与少数人权利保护问题；等等。其中一个贯穿始终的问题是政党竞争与民粹主义问题。

当前世界一个令人不安的现象是，政党为了攫取权力或获取所希望的政治利益，不惜无原则甚至无价值底线地投选民所好；而选民则利用政党对选票的无限偏好心理提出违背政治正义和基本人权原则的无理诉求。政党竞争与民粹主义的携手共进，导致已有的价值原则和共识，在许多国家甚至国际社会都不再受到尊重或支持。国家或人群判断是非的主要标准和原则是，是否有利于自身利益最大化。这也是为什么此次博物馆改清真寺事件发生后，利益最攸关的希腊反对声最为强烈，它宣称土耳其的行为是"对整个文明世界的公开挑战"；而本应持热烈赞成态度的神权国家沙特阿拉伯则出人意料的反应平淡，总部位于其领土的《阿拉伯新闻报》甚至发表了题为《埃尔多安改变圣索菲亚博物馆的地位，向极端主义者示好》的评论。

在宗教民族主义猖獗的时代，清真寺林立的土耳其，容不下一座文化多元、历史悠久的博物馆；在印度教神庙多如牛毛的印度，容不下穆斯林少数群体使用了数百年的清真寺。同样，在美国，保守而激进的福音基督徒不仅将打击的锋芒对准育龄妇女、同性恋群体和移民，而且作为特朗普政府的铁杆票仓，他们将目光转向外交领域，支持以色列迁都耶路撒冷，支持美国政府无底线地制裁所谓"异教国家"。

"不确定性与日俱增"是这个时代最真实的写照，安全和确定性是许多国家和人们共同体孜孜以求的共同目标。国家安全、地区安全和世界安全已成为跨国家跨地区跨族群的共同愿望。然而，如果没有价值观安全的护航，如果已达成的价值原则和共识得不到起码的尊重和遵守，所有这些安全目标都将无所依托。这也许是"圣索菲亚现象"带给我们最大的思考。

以上笔者简要地回顾了受访的土耳其学者的观点，这些观点显然具有相当程度的本土性、主观性和宣传性目的，但这些学者透露的一些历史细节和知识点还是让笔者多少感到意外，土耳其似乎与我们从媒体上了解到的刻板化形象大不相同。

各种迹象表明，土耳其正处于巨变中。以埃尔多安为首的土耳其政府为了弥合分歧，最大限度地团结一切可以团结的人，对土耳其的世俗力量和传统宗教力量均做出一定程度的妥协，他一方面高调纪念凯末尔去世 79 周年活动，表示继续守护凯末尔的"遗产"，"努力使土耳其成为一个现代文明国家"；另一方面，对传统宗教势力表示，土耳其不会丢弃其传统的伊斯兰文化。笔者接触到的大部分土耳其人表示，土耳其不会放弃其世俗主义的建国道路，也不会全盘倒向西方的政治制度、社会文化和生活方式。

奥斯曼—土耳其大事简表*

1453年，苏丹穆罕默德二世攻占君士坦丁堡，终结了拜占庭帝国的统治，巩固了奥斯曼帝国在小亚细亚和巴尔干地区的统治，在拜占庭帝国灰烬中诞生的奥斯曼帝国成为随后几个世纪世界事务的主导者，同时君士坦丁堡城墙的陷落也结束了基督教世界和教皇至高无上的权威。文化方面，君士坦丁堡的陷落影响更为深远：许多君士坦丁堡的居民逃到了欧洲各地特别是意大利，直接引发了文艺复兴运动，文艺复兴点燃了对古典文学、艺术和科学的新兴趣；在经济上，奥斯曼的征服导致欧洲和亚洲之间的陆地贸易关闭，这促使欧洲探险家开辟海上新航路，并继而开启地理大发现。因此，许多历史学家都将君士坦丁堡的陷落视为中世纪的结束和现代时期的开端[①]。从这个意义上来看，可以说奥斯曼帝国塑造了世界。

15—16世纪，扩张到亚洲和非洲。

1683年，奥斯曼帝国征战欧洲，受阻于维也纳战役，帝国长期衰退的历程从此开始。

1908年，青年土耳其党人通过革命（政变）建立君主立宪，但在第一次世界大战期间沦为军事独裁，奥斯曼帝国在第一次世界大战中与德国和奥匈帝国结盟。

---

* 土耳其及其前身奥斯曼帝国发展的几个重要历史节点，根据英国广播公司的专题报道制成。Turkey country profile – BBC News 2018/11/28.

① https：//www.thomaswhite.com/world-markets/turkey-east-meets-west/.

1918—1922 年，战败的奥斯曼帝国遭到列强瓜分，激起了反对外国占领与苏丹统治的民族独立运动，并最终取得胜利。

1923 年，土耳其共和国宣布成立，穆斯塔法·凯末尔为首任总统，不久就开始了全面世俗化的征程。

1950 年，民主党赢得大国的议会选举，标志着土耳其民主化进程进入了一个新的历史时期。

1952 年，土耳其放弃凯末尔的中立政策并加入北约。

1960 年，军队发动了反对执政党民主党的第一次政变；1974 年，土耳其军队占领塞浦路斯北部，将该岛分割。起因是，希腊军方在该岛国煽动政变，并罢免了时任总统马卡里奥斯时，土耳其随即也对邻国塞浦路斯岛进行了干预。土耳其干预塞浦路斯的一个重要原因是，在该国土耳其族公民为少数者，而希腊族占据多数者的地位。1974 年 8 月，土耳其在军事行动和占领大片土地的基础上，成立了只有土耳其一国承认的北塞浦路斯土耳其共和国。

1984 年，分离主义组织库尔德工人党掀起武装叛乱，最终演变成长达数十年的大规模的冲突。

1999 年，欧盟正式宣布土耳其为入盟候选国家，土耳其又一次启动"民主、人权及少数族群保护"的政治与法律。

2011 年，叙利亚内战爆发，导致周边各国边境地区局势紧张，大量难民涌入土耳其。

2016 年，军事政变未遂，随后埃尔多安进行大规模的政治清洗活动。

2017 年，通过公投将议会制改为总统制。

2018 年，埃尔多安当选总统，他的权力得到加强。

2020 年，埃尔多安总统下令将圣索菲亚博物馆改为清真寺，招致国际社会广泛批评。

参考文献

（一）中文著作

［美］戴维森：《从瓦解到新生：土耳其的现代化里程》，张增健、刘同舜译，学林出版社1996年版。

［美］西恩·麦克米金：《奥斯曼帝国的终结：战争、革命以及现代中东的诞生（1908—1923）》，中信出版社2018年版。

［英］伯纳德·刘易斯：《现代土耳其的兴起》，范中廉译，商务印书馆1982年版。

［英］杰拉尔德·豪厄特主编：《世界历史词典（简本）》，商务印书馆1988年版。

［英］诺曼·斯通：《土耳其简史》，刘昌鑫译，中信出版社2017年版。

［英］休·希顿-沃森：《民族与国家——对民族起源与民族主义政治的探讨》，吴洪英、黄群译，中央民族大学出版社2009年版。

董正华：《土耳其现代化道路的基本特点——以凯末尔改革为重点》，罗荣渠主编：《各国现代化比较研究》，陕西人民出版社1993年版。

哈全安：《土耳其通史》，上海社会科学院出版社2014年版。

哈全安、周术情：《土耳其共和国的政治民主化进程研究》，上海三联书店2010年版。

黄维民：《中东国家通史：土耳其卷》，商务印书馆2002年版。

李秉忠：《土耳其民族国家建设和库尔德问题的演进》，社会科学文献出版社2017年版。

罗荣渠主编：《各国现代化比较研究》，陕西人民出版社1993年版。

王绳祖主编：《国际条约集（1917—1923）》，世界知识出版社1961年版。

昝涛：《现代国家与民族建构——20世纪前期土耳其民族主义研究》，生活・读书・新知三联书店2011年版。

周少青：《权利的价值理念之维：以少数群体保护为例》，中国社会科学出版社2016年版。

（二）中文论文

陈德成：《土耳其的多党制半总统制政体》，《西亚非洲》2000年第2期。

陈鹏：《"近代中国人的土耳其认知"研究的回顾与展望》，《民族史研究》2013年总第12辑。

戴东阳：《康有为〈突厥游记〉稿刊本的差异及其成因》，《近代史研究》2000年第2期。

戴东阳：《戊戌变法时期康有为的土耳其观与其联英策》，《史学月刊》2000年第4期。

关林译：《土耳其开始直面悲惨的历史》，选自英国《经济学家》周刊2005年4月20日，《国外社会科学文摘》2006年第6期。

海裔：《游荡在伊斯坦布尔：近现代中国为何关注土耳其》，澎湃新闻网，2015年6月14日。

黄维民：《伊斯兰教与土耳其社会》，《西北大学学报》（哲学社会科学版）1997年第4期。

李秉忠、梁钦：《库尔德建国活动的新进展》，载《中东格局变迁背景下的土耳其历史和国家治理学术研讨会论文集》，2017年10月13—15日（西安）。

李艳枝：《试论土耳其阿拉维派穆斯林的特征及处境》，《世界民族》2009年第1期。

李艳枝：《土耳其政治发展道路的反思与启示》，《西亚非洲》2018年第4期。

李振环：《土耳其，又一正视历史的榜样》，《光明日报》2014年4月26日。

刘义：《伊斯兰教、民族国家及世俗主义——土耳其的意识形态与政治文化》，《世界宗教文化》2015年第1期。

曲兵：《难民危机下的欧盟与土耳其关系》，载《中东格局变迁背景下的土耳其历史和国家治理学术研讨会论文集》，2017年10月13—15日（西安）。

［土耳其］奥尔罕·帕慕克：《父亲的书箱——在诺贝尔文学奖颁奖典礼上的演讲》，刘钊译，《译林》2007年第2期。

［土耳其］悉纳·阿克辛（Sina Aksin）：《近代土耳其如何进行文化革命?》，凤凰评论，http：//news.ifeng.com/a/20170105/50525756_0.shtml。

王三义：《少数民族与晚期奥斯曼帝国的社会变革》，《世界民族》2011年第6期。

王三义：《希腊脱离奥斯曼帝国：是否关乎"拯救文明"?》，《历史教学问题》2017年第1期。

王三义：《亚美尼亚人问题的起源和演变》，《世界民族》2004年第6期。

魏本立：《土耳其1982年宪法与1961年宪法的比较研究》，《西亚非洲》1985年第6期。

严天钦：《"土耳其化政策"与土耳其的民族认同危机》，《世界民族》2018年第2期。

尹婧：《土耳其切尔克斯人问题探析》，《世界民族》2017年第2期。

应辰：《亚美尼亚大屠杀100年：土耳其为何拒绝承认"种族灭绝"》，https：//www.thepaper.cn/newsDetail_forward_1331028。

昝涛：《土耳其革命史三题：国际法、领袖与帝国》，澎湃新闻网，2018年1月13日。

昝涛:《"字母革命"与土耳其现代化》,《世界知识》2009 年第 11 期。

张瑞华:《土耳其库尔德人的"民族认同"路径探析》,《世界民族》2016 年第 3 期。

周少青:《土耳其新课改——去世俗化的关键一步?》,《中国民族报》2017 年 9 月 26 日。

周少青:《土耳其修宪中的世俗主义观念之争》,《中国民族报》2016 年 5 月 10 日。

朱传忠:《土耳其正义与发展党修宪政治研究》,《阿拉伯世界研究》2015 年第 2 期。

邹珊:《北部伊拉克:渴望独立的库尔德人》,《三联生活周刊》2014 年第 28 期。

(三) 英文文献

Alexander Laban Hinton, Thomas La Pointe, Douglas Irvin-Erickson, *Hidden Genocides: Power, Knowledge, Memory*, Rutgers University Press, 2013.

Alireza Nader, Larry Hanauer, Brenna Allen, Ali Scotten, *Regional Implications of an Independent Kurdistan*, Published by the RAND Corporation, Santa Monica, Calif. Library of Congress Cataloging-in-Publication Data is available for this publication, 2016.

Almairac, "Turkey: A Minority Policy of Systematic Negation", in International Helsinki Federation for Human Rights (IHF), 2006.

Aylin Güney, "The People's Democracy Party", *Turkish Studies*, 3 (1), 2002.

Benedict Anderson, *Imagined Communities: Reflection on the Origin and Spread of Nationalism*, revised edition. London and New York: Verso, 2006.

Bernard Lewis, *The Political Language of Islam*, Chicago University

Press, 1991.

Biray Kolluoğlu, "Excesses of Nationalism: Greco-Turkish Population Exchange", *Journal of the Association for the Study of Ethnicity and Nationalism*, 2013.

Carl Dahlman, "The Political Geography of Kurdistan", *Eurasian Geographyand Economics*, Vol. 43, No. 4, 2002.

Chris Kutschera, "Mad Dreams of Independence: the Kurds of Turkey and the PKK", Middle East Report, No. 189, the Kurdish Experience, 1994, Printed by Middle East Research and Information Project, Inc.

Christie Lawrence, U. S. – Turkish Relations: Re-situating the "Kurdish Question", A Thesis Submitted to the Sanford School of Public Policy, Duke University, Durham, NC, 2016.

CIA, 2015, "Turkey", The World Factbook, Retrieved on September 1, 2018.

CIA, 2016, "Turkey", The World Factbook, https://www.cia.gov/library/publications/resources/the-world-factbook/fields/400.html#TU.

Daniel Fried, "U. S. Turkish Relations and the Challenges Ahead", Hearing of the Europe Subcommittee of the House Foreign Affairs Committee (Washington, D. C., March 15, 2007).

Daniel L. Bynam & Kenneth M. Pollack, "Things Fall Apart: Containing the Spillover from an Iraqi Civil War", The Saban Center for Middle East Policy at the Brooking Institution Analysis Paper Number 11, January 2007.

E. Fuat Keyman, "The CHP and the 'Democratic Opening': Reactions to AK Party's Electoral Hegemony", *Insight Turkey*, Vol. 12, No. 2, 2010.

Eliot Grinnell Mears, *Modern Turkey: A Politico-economic Interpretation, 1908 – 1923*, New York: the Macmillan Company, 1924.

Emile Marmorstein, "Religious Opposition to Nationalism in the Middle East", *International Affairs*, Vol. 28, No. 3, 1952.

Ergun Özbudun, *Contemporary Turkish Politics: Challenges to Democratic Consolidation. Boulder*, Colorado: Lynne Rienner Publishers, 2000.

Eric Hobsbawm, *Nations and Nationalism Since 1780 Programme, Myth, Reality*, Cambridge University Press. 1992.

European Commission, Turkey 2005 Progress Report, November 2005, http://ec.europa.eu/enlargement/key_documents/pdf/2005/package/sec_1426_final_en_progress_report_tr.pdf.

Forrest Watson, "Mitigating Anti-American in Turkey Through Public Diplomacy", Department of International Relations, a Master's thesis, Bilkent University, June 2007.

George J. Andreopoulos ed., *Conceptual and Historical Dimensions of Genocide*, University of Pennsylvania Press, 1994.

George William Rendel, Memorandum by Mr. Rendel on Turkish Massacres and Persecutions of Minorities since the Armistice (memorandum), British Foreign Office: FO 371/7876. 20 March 1922.

Graham E. Fuller, "The New Turkish Republic: Turkey as a Pivotal State in the Muslim World", *Pivotal State Series*, Dec 2007.

Gunnar M. Karlsen ed., *Freedom of Religion in Turkey: The Secular State Model, the Closing Down of the Welfare Party, and the Situation of Christian Groups*, The Norwegian Helsinki Committee, 1998.

Resat Kasaba ed., *The Cambridge History of Turkey Vol. 4*, The Cambridge University Press, 2008.

Hugh Poulton, *Top Hat, Grey Wolf and Crescent: Turkish Nationlism and the Turkish Republic*, London: Hurst & Company, 1997.

John Shindeldecker, "Turkish Alevis Today", at http://www.sahkulu.org/

Justin McCarthy, *Death and Exile: The Ethnic Cleansing of the Ottoman*

Muslims, 1821 – 1922, Princeton, N. J.: Darwin Press, 1995.

Kemal H. Karpat eds., *Ottoman Past and Today's Turkey*, Leiden: Brill, 2000.

Kemal Kirifl çi, "Turkey's Foreign Policy in Turbulent Times", Chaillot Paper No. 92, September 2006.

Kenan Cayir, "The Emergence of Turkey's Contemporary 'Muslim Democrats'", in Ümit Cizre ed., *Secular and Islamic Politics in Turkey: the Making of the Justice and Development Party*, New York: Routledge, 2008.

Kevin Boyle and Juliet Sheen eds., *Freedom of Religion and Belief: A World Report*, London and New York: Routledge, 1997.

Krishan Kumar, "Empires and Nations: Convergence or Divergence?", In George Steinmetz, ed., *Sociology and Empire: The Imperial Entanglements of a Discipline*, Duke University Press, 2013.

Lokman I. Meho and Kelly L. Maglaughlin eds., *Kurdish Culture and Society*, New York: Greenwood Press, 2001.

Lootfy Levonian, *The Turkish Press, 1932 – 1936*, Beirut: American Press, 1937.

Manus I. Midlarsky, *The Killing Trap: Genocide in the Twentieth Century*, Cambridge University Press, 2005.

Mehrdad R. Izady, *Kurds: A Concise Handbook*, Taylor and Francis, 1992.

M. Hakan Yavuz & Nihat Ali Özcan, "The Kurdish Question and Turkey's Justice and Development Party", *Middle East Policy*, Vol. XIII, No. 1, Spring 2006.

Michael Gunter, *The Kurds Ascending*, New York: Palgrave MacMillan, 2008.

Murat Somer, "Sustainable Democratization and the Roles of the U. S. and the EU: Political Islam and Kurdish Nationalism in Turkey", *Turkish*

Policy Quarterly 5 (3), Fall 2006.

Mustafa Suphi Erden, "The Exchange of Greek and Turkish Populations in the 1920s and its Socio-economic Impacts on Life in Anatolia", *Journal of Crime, Law & Social Change International Law*, 2004.

Mutlu, "Ethnic Kurds in Turkey: A Demographic Study", *Servet*, 1996.

Nigar Karimova and Edward Deverell, *Minorities in Turkey*, Published by Utrikespolitiska Institutet, The Swedish Institute of International Affairs, 2001.

Norman M. Naimark, *Fires of Hatred: Ethnic Cleansing in Twentieth-Century Europe*, Harvard University Press, 2002.

Norman Naimark, *Fires of Hatred: Ethnic Cleansing in 20th Century Europe*, Harvard University Press, 2002.

Ole Frahm, "Northern Iraq and its Neighbors: The Regional Dimension of the Kurdish Question", Vol. 9 / Number 1, *Insight Turkey*, 2007.

"Ozkok to Powell: Keep Your Promises…", Erdogan to Powell: Do Not Make Us Meddle with Terrorists, Milliyet, April 4th 2003.

Paul J. White, "Primitive Rebels or Revolutionary Modernizers? The Kurdish National Movement in Turkey", 2ed Books, 2000.

Pew Global Attitudes Project, Islamic Extremism: Common Concern for Muslim and Western Publics, Islamic Extremism: Common Concern for Muslim and Western Publics, 17 – Nation Pew Global Attitudes Survey, For Release: Thursday, July 14, 2005, 2:00 PM EDT, http://www.pewglobal.org/files/pdf/248.pdf.

Richard Tapper, "Introduction", in Richard Tapper ed., *Islam in Modern Turkey: Religion, Politics and Literature in a Secular State*, London & New York: I. B. Tauris, 1991.

Robert Lowe, *The Syrian Kurds: A People Discovered*, Chatham House-Middle East Programme Briefing Paper, January 2006.

Robert Olson, *The Kurdish Question and Turkish-Iranian Relations: From*

World I to 1998, California: Mazda Publishers, 1998.

Roma Rights Field Report, *Budapest: European Roma Rights Center*, 1997, at http://errc.org/rr_spr1997/field.shtml.

Rummel, R. J., "Statistics of Turkey's Democide Estimates, Calculations, And Sources", University of Hawai'i, 1997.

Seymour M. Hersh, "The Act", *The New Yorker*, November 27, 2006.

Sina Aksin, *Turkey, from Empire to Revolutionary Republic: The Emergence of the Turkish Nation from 1789 to Present*, Feb. 1, 2007.

Stanford J. Shaw and Ezel Kural Shaw, *History of the Ottoman Empire and Modern Turkey, Volume II: Reform, Revolution, and Republic: The Rise of Modern Turkey, 1808 – 1975 (v. 2)*, May 27, 1977.

Stanford Shaw & Ezel Kural Shaw, *History of the Ottoman Empire and Modern Turkey*, Vol. 2, Cambridge University Press, 1977.

Svante E. Cornell, "The Kurdish Question in Turkish Politics", *Orbis*, Vol. 45, No. 1, 2001.

Swain, Simon Adams, J. Maxwell, Janse, Mark, *Bilingualism in Ancient Society: Language Contact and the Written Word*, Oxford [Oxfordshire]: Oxford University Press, 2002.

Taner Akçam, *From Empire to Republic: Turkish Nationalism and the Armenian Genocide*, Zed Books Ltd, 2004.

Taner Akçam, *The Young Turks' Crime Against Humanity: The Armenian Genocide and Ethnic Cleansing in the Ottoman Empire*, Princeton/Oxford: Princeton University Press, 2012.

Taner Akçam, *A Shameful Act: The Armenian Genocide and the Question of Turkish Responsibility*, Henry Holt and Company, 2007.

Adam Jones, *Genocide: A Comprehensive Introduction*, Taylor & Francis, 2010.

Toni Alaranta, *National and State Identity in Turkey: The Transformation of the Republic's Status in the International System*, Rowman and Littlefield Publishers, 2015.

Umut Özsu, *Formalizing Displacement: International Law and Population Transfers*, Oxford University Press, 2015.

U. S. Department of State, "Turkey Country Report on Human Rights Practices for 1998", the Bureau of Democracy, Human Rights, and Labor, 1998.

Veli Yadirgi, *The Political Economy of the Kurds of Turkey: From the Ottoman Empire to the Turkish Republic*, Sep. 19, 2017.

William Miller, *The Ottoman Empire 1801 – 1913*, Cambridge University Press, 1913.

William Miller, *The Ottoman Empire and its Successors*, Cambridge University Press, 1936.

William Yale, *The Near East: A Modern History*, London: Mayflower, 1959.

Yasin Bor, "The Effects of The Kurdish Question on Turkey's Foreign and Security Policy with Reference to the Western World", University of Leicester, 2013.

Zeynep Kezer, "Building Modern Turkey: State, Space, and Ideology in the Early Republic", *Culture Politics & the Built Environment*, Dec 29, 2015.

（四）其他

Department of Economic and Social Affairs, Population Division, World Population Prospects: The 2017 Revision (Medium-fertility variant), See also http://www.worldometers.info/world-population/turkey-population/.

Former HDP deputy co-chair Tuğluk sentenced to 10 years in jail over "terror organization membership", March 16 2018, Hurriyet Daily News.

"Inclusive HDP Candidate List Aspires to Pass 10 pct Election Threshold", *Hurriyet Daily News*, 7 April 2015.

"International Genocide Scholars Association Officially Recognises Assyrian, Greek Genocides" (PDF) (Press release), IAGS, 16 December 2007.

Martin van Bruinessen, "Kurds, Turks and the Alevi Revival in Turkey", http://www.arches.uga.edu/~godlas/alevivanb.html.

Mehmet GUR et al., "Urban-Rural Interrelationship and Issues in Turkey", https://www.fig.net/resources/proceedings/fig_proceedings/morocco/proceedings/TS1/TS1_6_gur_et_al.pdf, p.3.

"Restrictions on the Use of the Kurdish Language", In Human Rights Report.

The World Factbook, https://www.cia.gov/library/publications/resources/the-world-factbook/geos/tu.html. Retrieved on September 1, 2018.

Tuğrul Ansay and Don Wallace, Jr. eds., Introduction to Turkish Law, Netherlands: Kluwer Law International, 2011.

Turkey rally explosions caused by homemade bombs. BBC News 6 June 2015, http://allaboutturkey.com/armenians.htm.

"Turkey Threatens to Expel 100,000 Armenians", BBC News, March 17, 2010.

"Turkish Police Arrest Pro-Kurdish Opposition Politicians in Raid on HDP Party HQ", *Russia Today*, 8 Jan. 2016.

Worldometers (www.worldometers.info//).